Culinária de Todas as Cores
200 Receitas
de Grelhados Suculentos

Culinária de Todas as Cores
200 Receitas
de Grelhados Suculentos

Louise Pickford

PubliFolha

Um livro da Hachette Livre UK Company
Título original: *All Colour Cookbook: 200 Barbecue Recipes*
Publicado originalmente na Grã-Bretanha em 2009 pela Hamlyn,
uma divisão do Octopus Publishing Group Ltd,
Endeavour House, 189 Shaftesbury Avenue, WC2H 8JY, Londres, Inglaterra.

Copyright © 2009 Octopus Publishing Group Ltd
Copyright © 2015 Publifolha Editora Ltda.

Todos os direitos reservados. Nenhuma parte desta obra pode ser
reproduzida, arquivada ou transmitida de nenhuma forma ou por nenhum
meio sem a permissão expressa e por escrito da Publifolha Editora Ltda.

Proibida a comercialização fora do território brasileiro.

COORDENAÇÃO DO PROJETO: PUBLIFOLHA
Editora-assistente: Nina Bandeira
Coordenadora de produção gráfica: Soraia Pauli Scarpa
Produtora gráfica: Mariana Metidieri

PRODUÇÃO EDITORIAL: ESTÚDIO SABIÁ
Edição: Silvana Salerno
Tradução: Cynthia Costa
Preparação de texto: Paola Morsello
Revisão: Valéria Braga, Hebe Lucas
Editoração eletrônica: Pólen Editorial

Dados Internacionais de Catalogação na Publicação (CIP)
(Câmara Brasileira do Livro, SP, Brasil)

Pickford, Louise
   200 receitas de grelhados suculentos / Louise Pickford ;
[tradução Cynthia Costa]. – São Paulo : Publifolha, 2015. –
(Coleção culinária de todas as cores)

   Título original: All colour cookbook: 200 barbecue recipes.
   2ª reimp. da 1ª ed. de 2010
   ISBN 978-85-7914-102-7

   1. Grelhados (Culinária) 2. Receitas I. Título. II. Série.

09-09380   CDD-641.76

Índices para catálogo sistemático:
1. Grelhados : Culinária : Economia doméstica   641.76

Este livro segue as regras do Acordo Ortográfico da Língua
Portuguesa (1990), em vigor desde 1º de janeiro de 2009.

Impresso na China.

PUBLIFOLHA

Divisão de Publicações do Grupo Folha
Al. Barão de Limeira, 401, 6º andar
CEP 01202-900, São Paulo, SP
Tel.: (11) 3224-2186/ 2187/ 2197
www.publifolha.com.br

NOTA DO EDITOR
Apesar de todos os cuidados tomados na elaboração das receitas deste livro,
a editora original não se responsabiliza por erros ou omissões decorrentes da
preparação dos pratos.
Pessoas com restrições alimentares, grávidas e lactantes devem consultar um
médico especialista sobre os ingredientes de cada receita antes de prepará-la.
As fotos podem conter acompanhamentos ou ingredientes meramente ilustrativos.
Observações, exceto se orientado de outra forma:
• Use sempre ingredientes frescos
• O forno deve ser preaquecido na temperatura indicada na receita
Equivalência de medidas:
• 1 colher (chá) = 5 ml
• 1 colher (sopa) = 15 ml
• 1 xícara (chá) = 250 ml

sumário

introdução	6
petiscos	16
bifes e costelas	42
espetos, hambúrgueres e cachorros-quentes	70
peixes e frutos do mar	104
pratos vegetarianos	134
saladas, molhos e marinadas	160
sobremesas	200
índice	234
créditos	240

introdução

introdução

O churrasco sempre lembra o verão e refeições ao ar livre, que todo mundo adora. As tardes de lazer, o tempo bom e o aroma delicioso da carne assando no carvão ou na churrasqueira elétrica explicam por que esse método primitivo de cozinhar evoluiu da necessidade à reunião social. A palavra "churrasco", em português, vem de "churrasquear", chamuscar. Em inglês, *barbecue* parece vir do espanhol *barbacoa*, que é a armação de madeira usada para defumar carne e peixe, ou um estrado que serve de cama.

A técnica do churrasco é de origem indígena. No Brasil, o churrasco se originou do chamado "fogo de chão", técnica de cozimento usada pelos índios do sul que logo conquistou todo o país.

Faz-se um buraco na terra, colocam-se gravetos e sobre eles os espetos com a carne, que vai assando ao longo do dia. Assim, o churrasco tornou-se um evento social e foi incorporado à cultura gastronômica.

Fazer um churrasco pode ser uma desculpa para ficar ao ar livre, onde a comida parece ser ainda mais saborosa. A refeição é mais informal, e todos ficam mais descontraídos. Para muitos, é uma das maneiras favoritas de receber a família e os amigos. E não é preciso ter churrasqueira a carvão: você pode fazer um churrasco numa churrasqueira elétrica ou a gás.

Os kebabs apresentados neste livro são os espetos orientais. Em geral, são de cordeiro, a carne mais consumida no Oriente.

tipos de churrasco

Há dois tipos de churrasco: feitos com a queima de carvão ou madeira ou na churrasqueira elétrica ou a gás. Quem mora em apartamento pode usar a churrasqueira elétrica. A churrasqueira assa o alimento em alta temperatura e

em pouco tempo, mas também pode assar a carne lentamente, se for colocada sobre lascas de madeira em brasa, o que garante um maravilhoso sabor defumado. Neste livro, foram incluídas algumas receitas em que é preciso ter uma churrasqueira com tampa, para adotar um método parecido com o do forno comum. Mas a maioria pode ser feita do modo tradicional, tanto na churrasqueira a carvão quanto na elétrica.

Qual das duas é melhor? Para o sabor, eu sempre optaria pela de carvão (na qual se pode usar madeira também), mas, pela conveniência, escolho de longe a churrasqueira elétrica, sobretudo se estiver cozinhando para apenas duas pessoas.

churrasqueira a carvão

Ela queima carvão ou madeira. Alimentos preparados nesse tipo de churrasqueira têm sabor apurado, com um leve toque defumado, bastante apreciado. A carne fica mais firme e escura por fora, enquanto por dentro se mantém úmida e suculenta. Apesar disso, esse tipo de churrasqueira dá mais trabalho, leva mais tempo para esquentar e exige atenção contínua.

Devido ao preço e à conveniência, churrasqueiras a carvão portáteis são a opção ideal para preparar o jantar de duas pessoas.

Existem também modelos portáteis bons para se levar a piqueniques e viagens. Você pode regular o calor, e elas têm um sistema que permite aproximar ou afastar a grelha do carvão, conforme necessário.

A churrasqueira de mesa nada mais é do que uma caixa com pernas. O carvão queima num compartimento da caixa, e a grelha fica logo acima.

A grelha pode ser ajustada à temperatura desejada. Esse tipo de churrasqueira geralmente vem com tampa.

Já o tipo "kettle", sobre três pés, é ainda mais versátil, e seu formato protege o carvão das correntes de ar. A grelha fica em cima, e a tampa arredondada pode ser usada para cobri-la, transformando-a num forno. Além disso, possui um sistema de ventilação que facilita o controle da temperatura.

combustível

O carvão é o combustível mais usado em churrasqueiras e pode facilmente ser encontrado em mercados. Sempre leia a embalagem, pois certos tipos de carvão contêm aditivos químicos. Quanto mais puro o carvão, mais rápido ele queima e mais tempo dura. O carvão puro é também mais difícil de encontrar, mas procure em lojas especializadas em produtos para churrasco. Se preferir queimar lenha, use as espécies duras. Lascas de madeira podem ser usadas para criar mais fumaça e acentuar o sabor defumado.

como queimar carvão

Disponha uma camada de carvão de cerca de 10 cm de altura no meio da grade da churrasqueira (que protege o compartimento de carvão). Acenda o fogo usando fósforo e álcool em gel (ou outro produto próprio para isso) e deixe queimar por 40-45 minutos, até o carvão ficar avermelhado e coberto com um pouco de cinza.

Mexa o carvão usando um espeto longo. Se precisar de mais de uma temperatura, empurre alguns carvões para cima de outros para formar uma dupla camada. Essa área vai ficar mais quente. As áreas com apenas uma camada ficam em temperatura média. Isso dura 1 hora, mas você pode acrescentar carvões conforme necessário. A churrasqueira está quente quando se consegue manter a mão 12 cm acima do carvão por apenas 2 segundos; em temperatura média, quando é possível mantê-la por 3-4 segundos; e fria, por 5-6 segundos. Uma alternativa é mover a grelha para aumentar ou diminuir a exposição ao calor.

usando madeira

Coloque pequenos troncos de madeira sob a grade da churrasqueira e acenda o fogo com fósforo e álcool em gel (ou outro produto próprio para isso). Adicione lascas de madeira por cima e deixe queimar até ficarem incandescentes e com cinzas, mas sem chamas.

churrasqueiras a gás

Esse tipo é muito prático, pois esquenta em segundos e basta girar um botão para mudar a temperatura. A maioria possui uma chapa e uma grelha, assim é possível preparar qualquer corte de carne e peixe. Não importa se o jantar é para um grande grupo ou para apenas duas pessoas, o processo fica sempre fácil.

O tipo mais simples de churrasqueira a gás tem forma de mesa, com pernas e um reservatório de gás em vez de carvão.

Já o tipo maior e mais caro vem com uma tampa e às vezes tem também um porta-pratos, além de termômetro e outros acessórios. A tampa a faz funcionar como um forno.

Há, ainda, uma versão mais sofisticada, que mais parece uma cozinha portátil e agrada ao churrasqueiro mais exigente. É feita, em geral, de aço escovado e vem cheia de acessórios.

O gás é vendido em mercados e lojas de produtos para churrasco, e pode-se encher o refil sempre que necessário.

cozinhando na churrasqueira

O modo mais comum de cozinhar na churrasqueira é o "método de cozimento direto". O alimento é cozido diretamente sobre o calor (entre 200 e 250ºC), o que garante um sabor puro e pronunciado. Isso pode ser feito em todos os tipos de churrasqueiras e é ideal para carnes, peixes e legumes que levam menos de 10 minutos para cozinhar.

Na churrasqueira tradicional, assim que o carvão estiver quente (avermelhado e incandescente) e na posição desejada, passe óleo na grelha e só depois a coloque sobre o calor. Espere 5 minutos para a grelha esquentar, pois assim o alimento não gruda. Coloque o alimento sobre a grelha e vire até que os dois lados estejam cozidos.

A churrasqueira a gás, por sua vez, precisa ser preaquecida por 15 minutos antes de receber o alimento. Deixe esquentar e depois ajuste na temperatura desejada. Passe óleo na grelha ou na chapa antes de colocar o alimento, e depois siga a receita.

Para peças maiores de carne e peixe e cortes gordos, como costela e picanha, o melhor método é o "cozimento indireto". O alimento é cozido mais lentamente e em temperatura mais baixa quando a grelha é colocada sobre uma assadeira. Assim, a gordura cai na assadeira e não sobre o carvão, o que aumentaria muito a fumaça. Para usar esse método, é preciso que a churrasqueira tenha tampa.

Usando a churrasqueira tradicional, afaste o carvão ou a madeira para as bordas sob a grade, deixando um espaço livre no centro. Depois coloque a assadeira com a grelha na direção desse espaço vazio. É preciso ter uma tampa também.

Cozinhar indiretamente na churrasqueira a gás é fácil, pois em geral ela tem duas bocas. Preaqueça a churrasqueira, depois abaixe o fogo para médio. Se tiver duas bocas, desligue uma. Se tiver três, desligue a do meio. Coloque a assadeira com a grelha e o alimento sobre a boca desligada, cubra e siga a receita.

defumar

Se a receita pede que o alimento seja defumado, o método mais simples e barato é usar papel-alumínio. Corte um retângulo de 60 cm de comprimento de papel-

-alumínio e dobre-o ao meio. Deixe um punhado de lascas de madeira ou serragem de molho em água fria por 30 minutos, pelo menos. Retire e coloque numa metade do papel-alumínio. Dobre a outra metade por cima e feche as beiradas. Fure o "pacote" dez ou mais vezes com uma faca. Coloque na churrasqueira quente, diretamente sobre o carvão, a madeira ou as bocas de gás acesas, embaixo da grelha. Depois de alguns minutos, a madeira vai começar a soltar fumaça. O alimento já pode ser colocado na grelha untada com óleo. Cubra com uma tampa e cozinhe pelo tempo determinado.

equipamento

- spray de óleo para untar
- espetos longos
- pincel
- luvas térmicas
- termômetro de carne (para ver se está pronta)
- fósforos e álcool em gel ou produto para acender o fogo
- combustível suficiente para uma refeição
- uma chapa ou frigideira (para usar na churrasqueira tradicional)
- palha de aço para limpar
- uma grelha tipo cesta para alimentos pequenos
- espetinhos de madeira ou metal
- um lampião caso não haja luz

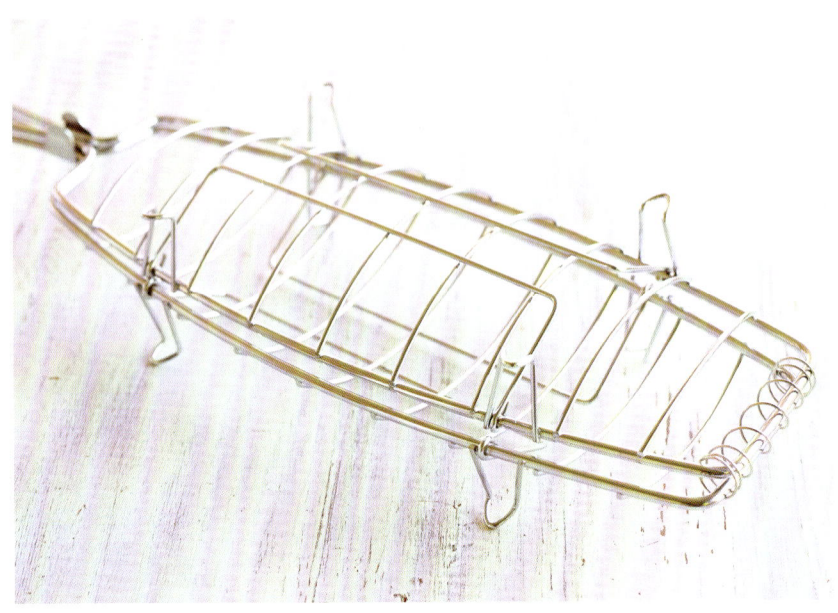

limpeza

Toda churrasqueira precisa estar bem limpa. Por isso, é melhor limpar logo após o uso, enquanto a grelha ainda está quente, usando palha de aço para eliminar todas as sobras de alimentos.

Sempre mantenha a churrasqueira seca quando não estiver em uso. Cubra com uma lona em dias chuvosos. Use um spray ou passe um pouco de óleo na grelha depois de limpá-la, evitando, assim, que enferruje.

segurança

- Consulte a previsão do tempo antes do churrasco, para evitar ventos fortes na churrasqueira a carvão.
- Sempre tenha um extintor de incêndio e um cobertor antifogo à mão. Areia também pode ajudar a controlar o fogo do carvão, e sal grosso impede que a grelha engordurada pegue fogo.
- Cozinhe sempre perto da casa ou da mesa onde está servindo para não ter de caminhar muito segurando alimentos quentes.

- Coloque a churrasqueira num lugar protegido, com pouco vento, e evite áreas com capim seco e madeira.
- Coloque a churrasqueira portátil sobre uma superfície plana e firme. Evite colocá-la sobre chão de madeira.
- Nunca deixe o carvão queimando ou o alimento cozinhando sem supervisão.
- Não use sandálias ou chinelos enquanto estiver manuseando a churrasqueira, pois pode queimar os pés.
- Deixe o carvão e a madeira esfriarem completamente antes de jogá-los fora, o que pode levar 2 horas.

segurança com alimentos

- Se for marinar um alimento por 1 hora ou menos, deixe num lugar fresco. Se for deixar por mais tempo, é melhor levar à geladeira e retirar 1 hora antes de usá-lo.
- Se for grelhar legumes para comer mais tarde, deixe-os esfriar num lugar fresco e conserve na geladeira até o momento de usá-los.
- Carne de porco e frango tem de estar completamente cozida para o consumo. Use um termômetro para verificar ou insira um espeto na parte maior da peça. Se o líquido que escorrer for claro, está cozido. Se ainda houver algum sangue, continue cozinhando.
- Lembre-se de que crianças pequenas, pessoas mais velhas e mulheres grávidas são mais vulneráveis a alimentos contaminados, e as causas mais comuns de contaminação são o armazenamento inadequado e o uso de utensílios sujos.

petiscos

espetos de camarão e bacon

4 porções
Preparo: **15 minutos**, mais o tempo da marinada
Cozimento: **4-6 minutos**

4 **fatias de bacon** sem casca
12 **camarões** grandes limpos com a cauda
12 **tomates-cereja**
12 **folhas de manjericão**
óleo para pincelar
sal e **pimenta**
1 **limão-siciliano** para servir

Deixe 12 espetinhos de molho em água fria por 30 minutos. Corte as fatias de bacon em 3 pedaços pela largura. Use o lado não cortante da faca para alisar as fatias, deixando-as mais fininhas.

Enrole uma fatia de bacon em cada camarão e coloque um em cada espetinho. Complete colocando um tomate-cereja e uma folha de manjericão. Tempere com sal e pimenta.

Pincele os espetinhos com um pouco de óleo e grelhe por 2-3 minutos de cada lado, até os camarões dourarem. Esprema o limão por cima e sirva quentes.

Variação: canapés de tâmara, queijo de cabra e bacon. Corte 4 fatias de bacon em 3 pedaços e alise com a faca, como acima. Tire o caroço de 12 tâmaras e recheie-as com queijo de cabra. Enrole as tâmaras recheadas nos pedaços de bacon. Coloque-as em espetinhos e grelhe por 2-3 minutos de cada lado, até o bacon cozinhar.

espetos de frango yakitori

4 porções
Preparo: **15 minutos**, mais o tempo da marinada
Cozimento: **4-6 minutos**

3 colheres (sopa) de **shoyu**
1½ colher (sopa) de **saquê** ou **vinho tinto** ou **branco seco**
1 colher (sopa) de **açúcar**
300 g de **sobrecoxa de frango** sem pele em fatias longas de 1 cm de largura
75 g de **Maionese** (p. 158)
1 colher (chá) de **wasabi**

Misture o shoyu, o saquê e o açúcar numa panelinha e aqueça um pouco para dissolver o açúcar. Deixe esfriar. Coloque o frango numa travessa, adicione esse molho e deixe marinando no mínimo por 1 hora.

Deixe 8 espetinhos de churrasco de molho em água fria por 30 minutos. Misture a maionese ao wasabi numa tigela, cubra e reserve.

Coloque o frango nos espetinhos e grelhe por 2-3 minutos de cada lado, ou até assar por inteiro. Sirva com o molho de maionese com wasabi.

Variação: teriyaki de atum. Coloque 3 colheres (sopa) de shoyu, 3 colheres (sopa) de saquê, 2 colheres (sopa) de mirin (tempero para arroz) e 1 colher (sopa) de açúcar numa panela e aqueça até o açúcar dissolver. Espere esfriar. Deixe 4 filés de atum (150 g cada um) marinando nesse molho por 15 minutos. Retorne o molho à panela e deixe engrossar por 2-3 minutos. Enquanto isso, grelhe os filés de atum por 1 minuto de cada lado. Sirva-os cobertos com o molho teriyaki.

asinhas apimentadas

4 porções
Preparo: **10 minutos**, mais o tempo da marinada
Cozimento: **8-10 minutos**

8 **asas de frango** grandes
1 ramo de **salsinha** para decorar
gomos de limão para servir

Marinada
1 **dente de alho**
5 cm de **gengibre** fresco picado
suco e raspas de 2 **limões**
2 colheres (sopa) de **shoyu** light
2 colheres (sopa) de **óleo de amendoim** ou **azeite**
2 colheres (chá) de **canela em pó**
1 colher (chá) de **açafrão**
2 colheres (sopa) de **mel**
sal

Molho de pimentão
2 **pimentões amarelos**
2 colheres (sopa) de **iogurte natural**
1 colher (sopa) de **shoyu**
1 colher (sopa) de **coentro** picado
pimenta-do-reino

Deixe 8 espetinhos de churrasco de molho em água fria por 30 minutos.

Bata os ingredientes da marinada no liquidificador ou processador até obter um creme.

Grelhe os pimentões por 10 minutos, virando de vez em quando, até murcharem e escurecerem. Retire e coloque-os num saco plástico. Feche e deixe até esfriar. Depois tire a pele, as sementes e a parte branca e bata a polpa no liquidificador ou processador com o iogurte até ficar cremoso. Passe para uma tigela, tempere com o shoyu e a pimenta e misture o coentro. Cubra e leve à geladeira até a hora de usar.

Retire o frango do molho, coloque as asas nos espetinhos e grelhe por 4-5 minutos de cada lado, pincelando com o restante da marinada. Decore com o ramo de salsinha e sirva com o molho de pimentão e os gomos de limão.

Variação: camarões apimentados. Faça a marinada como na receita, mas com apenas 1 colher (sopa) de mel. Misture 20 camarões grandes e limpos a esse molho e deixe marinar por 30 minutos. Coloque os camarões nos espetinhos e unte-os com óleo. Grelhe por 2-3 minutos de cada lado e sirva acompanhado dos gomos de limão.

espetinhos de vieira e linguiça

4 porções
Preparo: **10 minutos**, mais o tempo da marinada
Cozimento: **4-6 minutos**

12 **vieiras** (só a parte branca)
12 folhas grandes de **sálvia**
150 g de **linguiça** fina em 12 pedaços
2 colheres (sopa) de **azeite**
1 colher (sopa) de **suco de limão-siciliano**
1 **dente de alho** amassado
sal e **pimenta** a gosto

Deixe 12 espetinhos de madeira de molho em água fria por 30 minutos.

Enrole as vieiras nas folhas de sálvia e enfie cada uma num espetinho com um pedaço de linguiça. Misture o azeite, o limão, o alho, o sal e a pimenta e espalhe sobre os espetinhos. Deixe marinar por 1 hora.

Grelhe os espetinhos por 2-3 minutos de cada lado, até as vieiras ficarem bem cozidas. Sirva imediatamente.

Variação: vieiras ao pesto. Tempere 12 vieiras (em metade da concha) com um pouco de pimenta. Unte uma frigideira antiaderente com um pouco de óleo e grelhe as conchas com as vieiras por 3-4 minutos, até cozinharem (elas vão assar através da concha). Sirva com 1 colher de Pesto (p. 158).

quesadillas de presunto e queijo

4-8 porções
Preparo: **10 minutos**
Cozimento: **4-6 minutos**

4 **pães sírios** de 23 cm
  (ou pão tipo tortilha)
200 g de **presunto** cozido
  em fatias
2 **tomates** fatiados
200 g de **mussarela** fatiada
2 colheres (sopa) de **coentro**
sal e **pimenta** a gosto

Coloque 1 pão sírio numa frigideira antiaderente, cubra com presunto, tomate, mussarela e coentro. Tempere com sal e pimenta a gosto. Ponha outro pão por cima para formar uma quesadilla mexicana e grelhe por 2-3 minutos, virando na metade desse tempo. A massa vai escurecer um pouco e ficar crocante. Faça a outra quesadilla e sirva como indicado abaixo.

Transfira a quesadilla para uma travessa, deixe esfriar um pouco e sirva cortada em triângulos.

Variação: quesadillas de espinafre e queijo. Bata 250 g de espinafre picado com 75 g de queijo branco, 2 colher (sopa) de parmesão, 1 colher (sopa) de mascarpone (ou requeijão firme), um pouco de noz-moscada e sal e pimenta a gosto. Use esse recheio para fazer 2 sanduíches de tortilhas. Grelhe como indicado na receita. Sirva em triângulos.

queijo de cabra temperado

4-6 porções
Preparo: **10 minutos**, mais o tempo da marinada
Cozimento: **2 minutos**

2 pedaços de 125 g de **queijo de cabra** ou 250 g de **queijo de cabra** fatiado
75 ml de **azeite**
1 colher (sopa) de **ervas** variadas
1 **pimenta vermelha** sem sementes picada
raspas de 1 **limão**
4-6 **pães sírios** grandes
azeite para pincelar
1½ colher (chá) de **tomilho seco**
sal e **pimenta** a gosto

Disponha o queijo de cabra num recipiente pequeno de cerâmica e reserve. Misture o azeite, as ervas, a pimenta, as raspas de limão, um pouco de sal e pimenta e espalhe sobre o queijo reservado. Deixe marinar por 1 hora.

Coloque os pães sírios sobre uma tábua. Pincele com o azeite e tempere com tomilho, sal e pimenta. Leve os pães à churrasqueira quente, com o lado temperado para cima, até ficarem crocantes.

Corte o pão em triângulos e sirva com o queijo e o molho.

Variação: pão com manteiga de alho. Numa panelinha, derreta 50 g de manteiga e junte um dente de alho amassado e um pouco de pimenta. Toste 4 pães sírios dos dois lados até ficarem crocantes. Pincele os pães com essa manteiga de alho e corte em triângulos para servir.

babaganuche com pão torrado

6 porções
Preparo: **10 minutos**, mais o tempo de descanso e da marinada
Cozimento: **22-27 minutos**

1 **berinjela** de cerca de 500 g
1 **dente de alho** amassado
1 colher (sopa) de **suco de limão**
1 colher (sopa) de **coentro** picado
2 colheres (chá) de **tahine**
uma pitada de **pimenta-de-caiena**
4 **pães sírios**
azeite para pincelar
sal e **pimenta** a gosto

Lave a berinjela, faça furinhos com um garfo e grelhe-a por 20-25 minutos, virando sempre, até que a polpa fique macia e a casca chamuscada. Reserve até esfriar o suficiente para ser manuseada.

Pressione a polpa da berinjela contra uma peneira para eliminar o excesso de líquido. Bata no liquidificador com o alho, o suco de limão, o coentro, o tahine, a pimenta-de-caiena e sal e pimenta a gosto, até ficar cremoso. Transfira para uma tigela, cubra e deixe marinar por muitas horas para acentuar o sabor.

Pincele os pães sírios levemente com azeite e torre-os por 1 minuto de cada lado. Corte-os em tiras para servir com a pasta.

Variação: pasta de berinjela, tomate e azeitona.
Corte uma berinjela média em fatias de 5 mm, pincele com azeite e tempere com sal e pimenta. Grelhe por 2-3 minutos de cada lado, até ficar macia. Deixe esfriar e corte em cubinhos. Misture a berinjela com um tomate picado, 50 g de azeitonas pretas picadas, 1 dente de alho amassado, 1 colher (sopa) de coentro fresco picado, 2 colheres (sopa) de azeite e um pouco de suco de limão. Sirva com 4 pães sírios torrados, como na receita.

bruschetta italiana

6 porções
Preparo: **5 minutos**
Cozimento: **2 minutos**

6 fatias de **pão italiano**
3 **tomates** maduros
4 colheres (sopa) de **Azeite aromatizado** (p. 196)
6 fatias de **bresaola** ou presunto cru
pimenta

Torre o pão na churrasqueira por 1 minuto de cada lado, até escurecer um pouco. Retire.

Corte os tomates ao meio e esfregue-os bem num dos lados do pão. Por cima, espalhe azeite aromatizado.

Coloque as fatias numa travessa, com o lado com tomate para cima, e disponha uma fatia de bresaola ou presunto cru sobre cada uma. Tempere com pimenta e sirva com um pouco mais de azeite aromatizado.

Variação: bruschetta de tomate. Misture 3 tomates maduros em cubos, 1 dente de alho amassado, 1 colher (sopa) de manjericão picado, 1 colher (sopa) de azeite e sal e pimenta a gosto. Torre seis fatias de pão italiano como na receita e sirva com essa mistura de tomate.

salada de melão e presunto

4-6 porções
Preparo: **5 minutos**

1 **melão-cantalupo**
  sem sementes
1 **melão** tipo gália ou amarelo
12 fatias finas de **presunto cru**
folhas de **hortelã** para decorar

Molho
75 g de **queijo gorgonzola**
2 colheres (sopa) de **suco de limão**
5 colheres (sopa) de **leite**
2 colheres (sopa) **hortelã** picada
sal e **pimenta** a gosto

Comece pelo molho. Misture o queijo e o suco de limão numa tigelinha com um garfo até virar uma pasta. Junte o leite e a hortelã e tempere com sal e pimenta.

Corte os melões em fatias finas. Se preferir, fatie um melão e use um boleador para fazer bolinhas com a polpa do outro.

Disponha o melão em pratos individuais com fatias de presunto. Espalhe o molho por cima e ao redor, decore com hortelã e sirva na hora.

Variação: salada de pimentão assado, pimenta e manjericão. Grelhe na churrasqueira 3 pimentões vermelhos por cerca de 15 minutos, virando-os a cada 3-4 minutos. Enquanto isso, asse duas pimentas verdes grandes da mesma forma, por 4-5 minutos, virando-as na metade do tempo. Coloque os pimentões e as pimentas num saco plástico, feche e deixe esfriar, depois descasque e tire as sementes. Transfira para uma tigela com 3 colheres (sopa) de azeite, 2 colheres (sopa) de vinagre, um dente de alho amassado e sal e pimenta a gosto. Misture e sirva com folhas de manjericão.

pão de alho com queijo

4 porções
Preparo: **5 minutos**
Cozimento: **10 minutos**

1 **baguete** pequena
75 ml de **azeite**
1 **dente de alho** amassado
2 colheres (sopa) de **tomilho** picado
125 g de **mussarela de búfala** fatiada
sal e **pimenta** a gosto

Faça 20 cortes na baguete, sem atravessar até o outro lado. Misture o azeite, o alho, o tomilho, o sal e a pimenta numa tigela e pincele a baguete com essa mistura.

Coloque uma fatia de mussarela em cada corte. Embrulhe o pão em duas folhas de papel-alumínio. Asse na churrasqueira em temperatura média por 5 minutos, depois abra o papel (usando luvas) e asse por mais 5 minutos. Sirva quente.

Variação: espetos de pão, tomate e mussarela.
Corte uma baguete pequena em cubos de 2,5 cm e coloque-os em espetinhos (deixados previamente de molho em água fria por meia hora), alternando-os com cubos de mussarela e tomates-cereja. Coloque num recipiente de cerâmica. Misture 4 colheres (sopa) de azeite com 1 colher (sopa) de ervas picadas e sal e pimenta a gosto. Espalhe esse molho sobre os espetinhos e deixe marinar por 1 hora. Asse na churrasqueira em temperatura média por 2-3 minutos, ou até o queijo derreter.

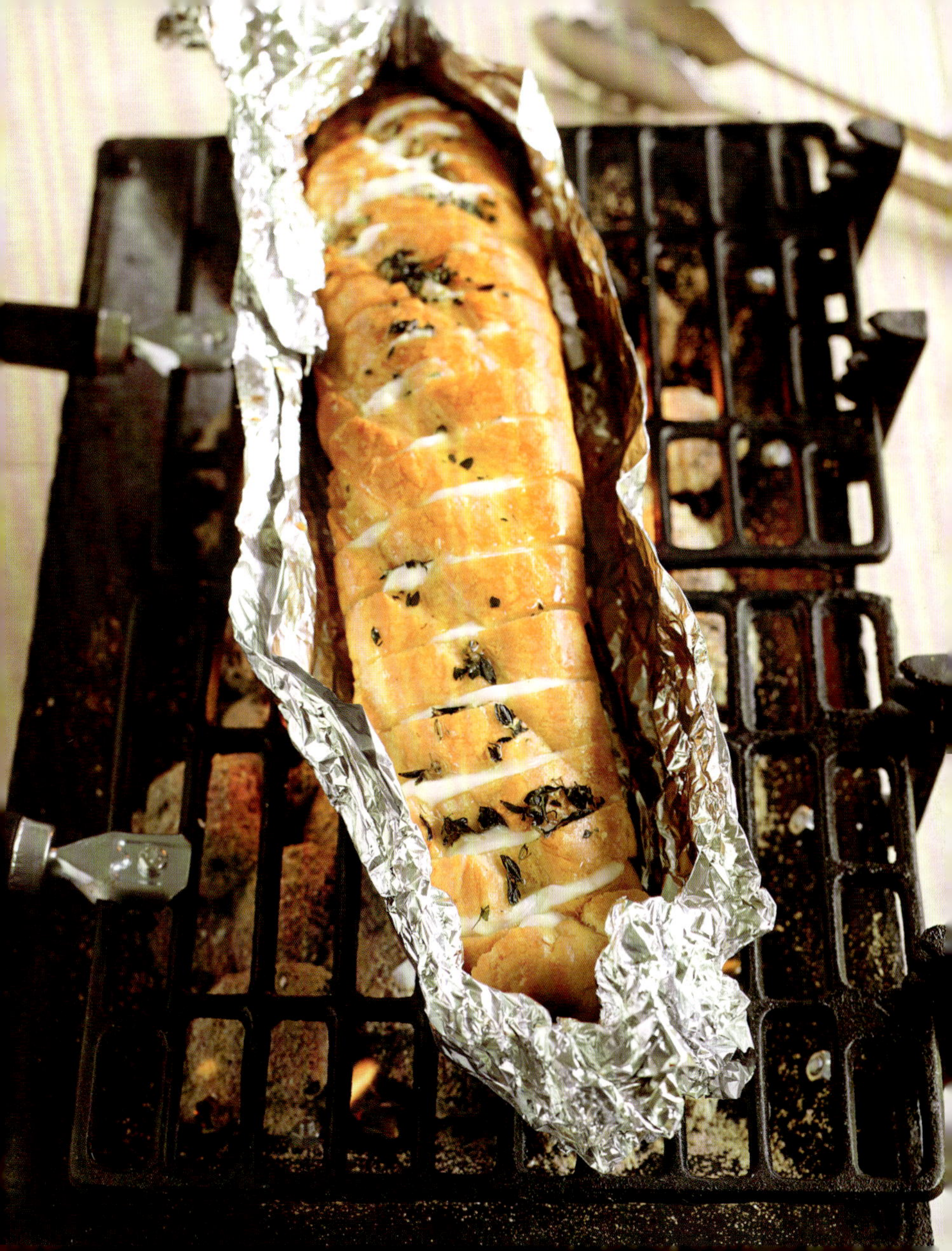

aspargos com presunto cru

4 porções
Preparo: **10 minutos**
Cozimento: **8-10 minutos**

24 **aspargos** crus
4 fatias de **presunto cru**
2 **pimentões espanhóis de Piquillo** fatiados
4 ramos de **tomilho**
4 **filés de alici**
sal e **pimenta** a gosto
Aïoli para servir (p. 122)

Ferva os aspargos em água com sal por 2 minutos. Coe e passe sob água fria. Deixe escorrer bem.

Abra uma fatia de presunto sobre a tábua, coloque sobre ela 3 aspargos, uma fatia de pimentão, um ramo de tomilho e um filé de alici. Por cima, coloque mais 3 aspargos. Enrole e feche com fio de cozinha. Faça 4 rolinhos.

Asse os rolinhos na churrasqueira em temperatura média por 6-8 minutos, virando sempre, até dourarem e ficarem macios. Sirva com o Aïoli.

Variação: "soldados" de aspargos. Pincele 20 aspargos com um pouco de azeite, tempere e grelhe na churrasqueira quente por 3-4 minutos, virando na metade do tempo, até dourarem e ficarem macios. Sirva cinco "soldados" de aspargo por pessoa, acompanhados de um ovo com gema mole como molho.

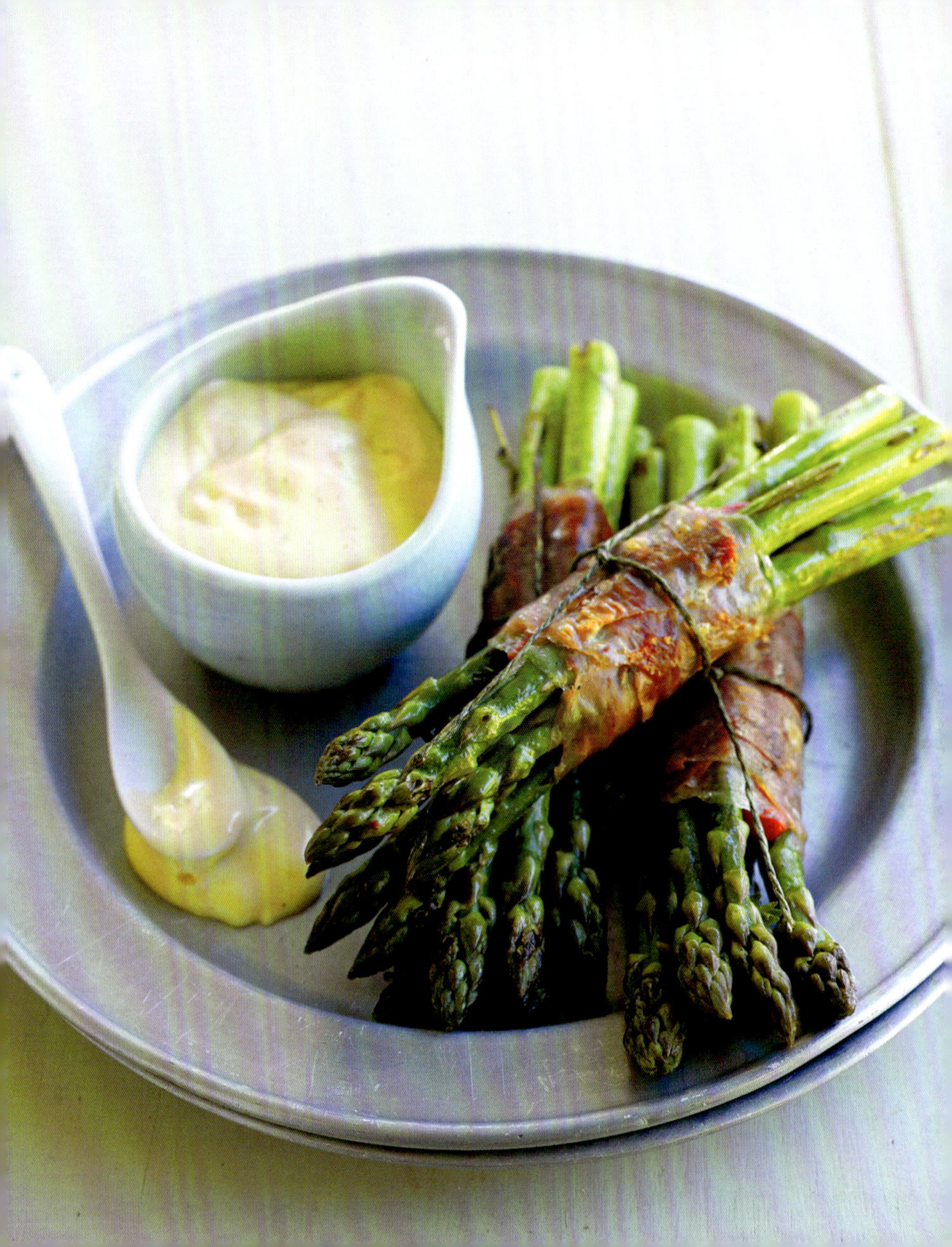

espetinhos de frango

6 porções
Preparo: **20 minutos**, mais o tempo da marinada
Cozimento: **8 minutos**

500 g de **sobrecoxa de frango** sem pele em fatias
2 **dentes de alho** amassados
2 colheres (chá) de **gengibre** ralado
1 **pimenta vermelha** picada
raspas de 1 **limão**
2 colheres (sopa) de **shoyu** claro
1 colher (sopa) de **óleo de gergelim**
1 colher (sopa) de **açúcar**
¼ de colher (chá) de **pimenta-do-reino**
6 talos de **alho-poró** (ou espetinhos)

Coloque o frango numa travessa não metálica. Misture todos os outros ingredientes e deixe marinar por 1 hora.

Retire as folhas dos talos de alho-poró. Espete algumas fatias de frango marinado em cada espetinho. Coloque uma fatia dobrada e virada para um lado, e a próxima para o outro, em ziguezague. Asse na churrasqueira quente por 3-4 minutos de cada lado e pincele a marinada por cima na metade do tempo. Sirva quente.

Variação: espetos de frango com iogurte. Misture 150 g de iogurte natural com 2 colheres (sopa) de coentro em pó, 1 colher (sopa) de cominho em pó e 1 de canela em pó, 2 dentes de alho amassados, raspas e suco de ½ limão, 1 colher (sopa) de mel e sal e pimenta a gosto. Prepare 500 g de sobrecoxa de frango como na receita, mas, em vez de usar o outro molho, deixe marinar nessa mistura de iogurte por 1 hora. Distribua em 6 espetinhos de metal e asse como acima. Sirva com salada verde.

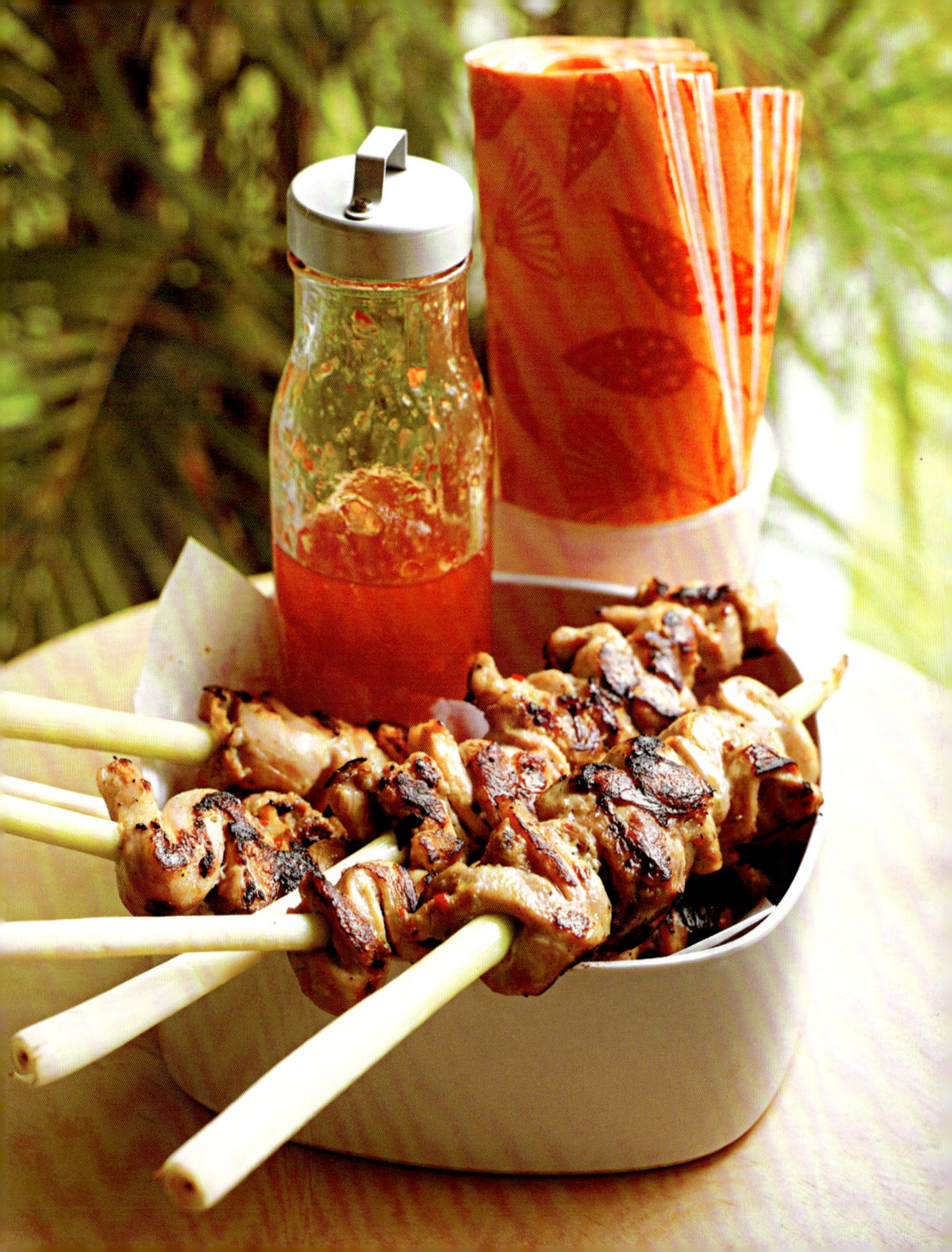

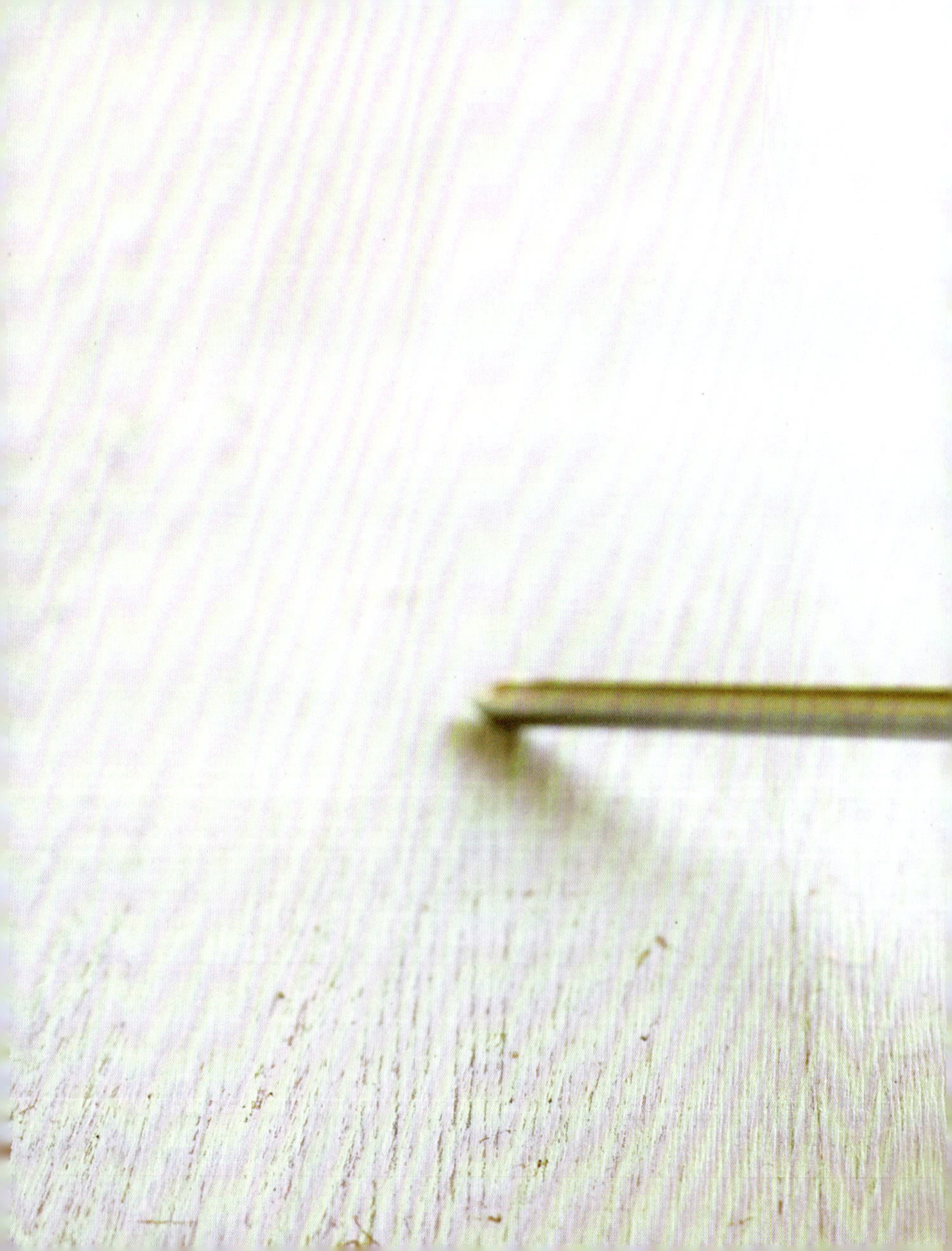

bifes e costelas

cordeiro com salada de figo

4 porções
Preparo: **15 minutos**, mais o tempo da marinada
Cozimento: **4-6 minutos**

100 ml de **azeite**
1 porção de **Tempero de alecrim, coentro e limão** (p. 192)
1 **dente de alho** amassado
12 **costeletas de cordeiro**
125 g de **rúcula**
4 **figos** fatiados
75 g de **azeitonas pretas** picadas
2-3 colheres (chá) de **suco de limão**
sal e **pimenta** a gosto
Molho de tahine para servir (p. 98)

Coloque 2 colheres (sopa) de azeite, o Tempero de alecrim, coentro e limão, o alho, sal e pimenta a gosto num saco plástico com fecho hermético. Junte as costeletas, cubra-as bem com o molho e feche o plástico. Deixe marinar em lugar fresco por 1-4 horas.

Retire as costeletas e elimine o excesso de molho. Asse na churrasqueira quente por 2-3 minutos de cada lado, depois embrulhe em papel-alumínio e reserve por 5 minutos.

Enquanto isso, faça a salada. Coloque a rúcula, os figos e as azeitonas numa tigela grande e misture bem. Bata o restante do azeite com 2-3 colheres (chá) de suco de limão, sal e pimenta a gosto. Espalhe sobre a salada e misture. Sirva com o cordeiro e um pouco de Molho de tahine.

Variação: filés de cordeiro com manteiga de hortelã. Misture 125 g de manteiga derretida com 2 colheres (sopa) de hortelã picada e um pouco de pimenta. Coloque em papel-alumínio, enrole e deixe esfriar por 1 hora. Tempere 4 filés de cordeiro de 200 g e asse-os na churrasqueira quente por 3-4 minutos de cada lado. Sirva com pedaços da manteiga por cima.

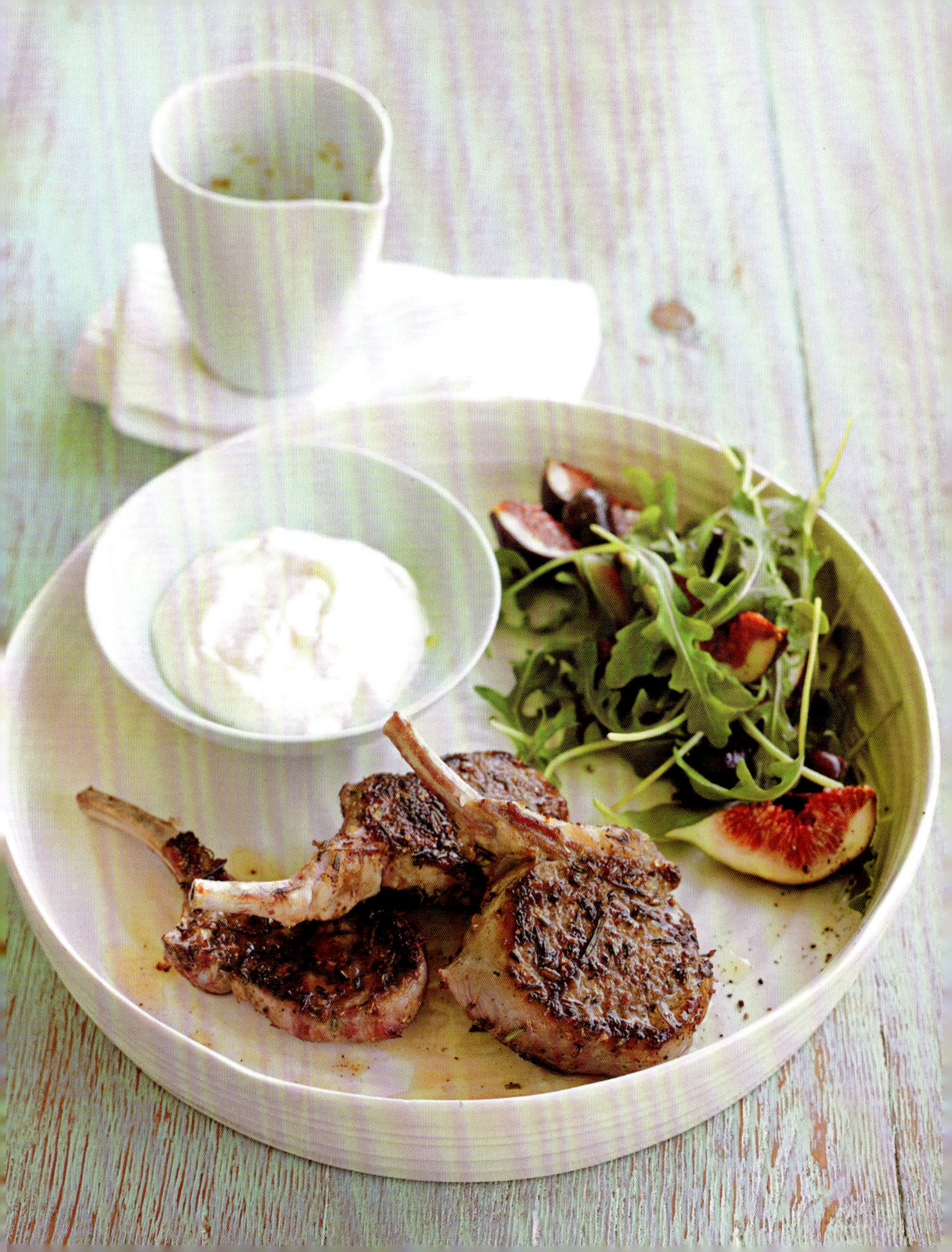

costela de porco assada

4 porções
Preparo: **20 minutos**, mais o tempo da marinada
Cozimento: **1h10-1h25**

1 kg de **costela de porco** magra
1 colher (sopa) de **azeite**, mais um pouco para pincelar
4 colheres (sopa) de **Tempero de churrasco defumado** (p. 194)

Molho barbecue
250 ml de **purê de tomate**
200 ml de **mel** ou **melado**
75 ml de **vinagre de vinho branco**
2 colheres (sopa) de **molho inglês**
1 colher (sopa) de **mostarda**
1 colher (chá) de **alho desidratado** (ou 1 dente de alho amassado)
¼ de colher (chá) de **páprica defumada**
sal e **pimenta** a gosto

Coloque a costela numa travessa grande não metálica. Misture o azeite e o Tempero de churrasco e espalhe sobre a costela. Cubra e deixe marinar de um dia para o outro na geladeira.

Enquanto isso, faça o Molho barbecue. Coloque todos os ingredientes na panela e aqueça em fogo baixo até começar a ferver. Deixe apurar por 10-15 minutos até engrossar um pouco, retire e reserve.

Tire a costela da travessa, pincele com um pouco de azeite e asse na churrasqueira em temperatura média por 10 minutos de cada lado. Pincele com o molho barbecue e transfira para uma grelha colocada sobre uma fôrma.

Asse indiretamente (p. 12) por mais 25-30 minutos de cada lado, cobrindo sempre com mais molho, até dourar e ficar macia. Sirva com salada verde.

Variação: asas de frango com mostarda e mel.
Pincele 12 asas grandes de frango com um pouco de azeite e tempere-as com sal e pimenta. Asse na churrasqueira em temperatura média por 15 minutos de cada lado. Misture 2 colheres (sopa) de shoyu, 2 colheres (sopa) de mostarda e 1 colher (sopa) de mel. Pincele esse molho sobre as asas e asse por mais 1-2 minutos de cada lado.

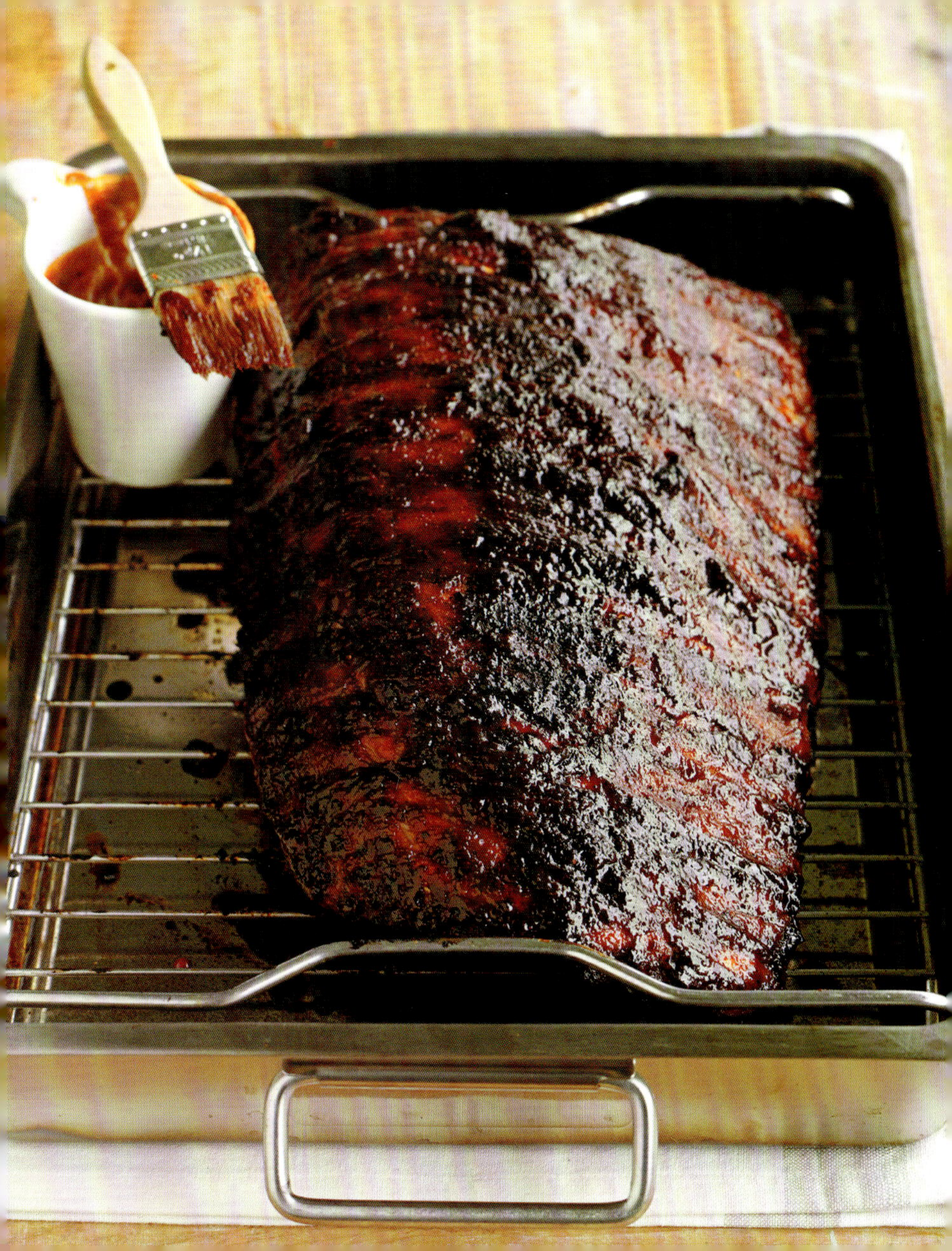

bife com chimichurri

4 porções
Preparo: **20 minutos**
Cozimento: **6-8 minutos**

4 **bifes de contrafilé** altos
(200 g cada um)
azeite para pincelar
sal e **pimenta** a gosto

Chimichurri
um punhado de **coentro**
um punhado de **salsinha**
2 colheres (sopa) de **orégano**
   seco
2 **dentes de alho** picados
1 colher (chá) de **páprica defumada**
150 ml de **azeite extravirgem**
2 colheres (sopa) de **vinagre de vinho tinto**

Molho
polpa de 1 **abacate** em cubos
12 **tomates-cereja** cortados
   ao meio
2 **pimenta**s vermelhas
   picadas
2 colheres (sopa) de **coentro**
suco de ½ **limão**

Bata todos os ingredientes do chimichurri no liquidificador ou processador até obter um creme. Tempere a gosto e reserve.

Pincele os bifes com um pouco de azeite e tempere com sal e pimenta a gosto. Asse na churrasqueira quente por 3-4 minutos de cada lado, até ficar no ponto de sua preferência. Retire e reserve por 3 minutos.

Enquanto isso, faça o molho. Coloque o abacate, os tomates, a pimenta, o coentro, o suco de limão e um pouco de sal e pimenta numa tigela e misture bem.

Sirva os bifes cobertos com chimichurri e, por cima, o molho.

Variação: bife com molho verde. Comece pelo molho. Bata no processador um punhado de salsinha e meio punhado cada de hortelã, manjericão e cebolinha, 1 dente de alho amassado, 1 colher (sopa) de azeitonas verdes picadas, 1 colher (sopa) de alcaparras, 2 filés de alici, 1 colher (chá) de mostarda, 2 colheres (chá) de vinagre branco, 150 ml de azeite, e sal e pimenta a gosto. Asse os 4 bifes como na receita acima e sirva-os com esse molho verde.

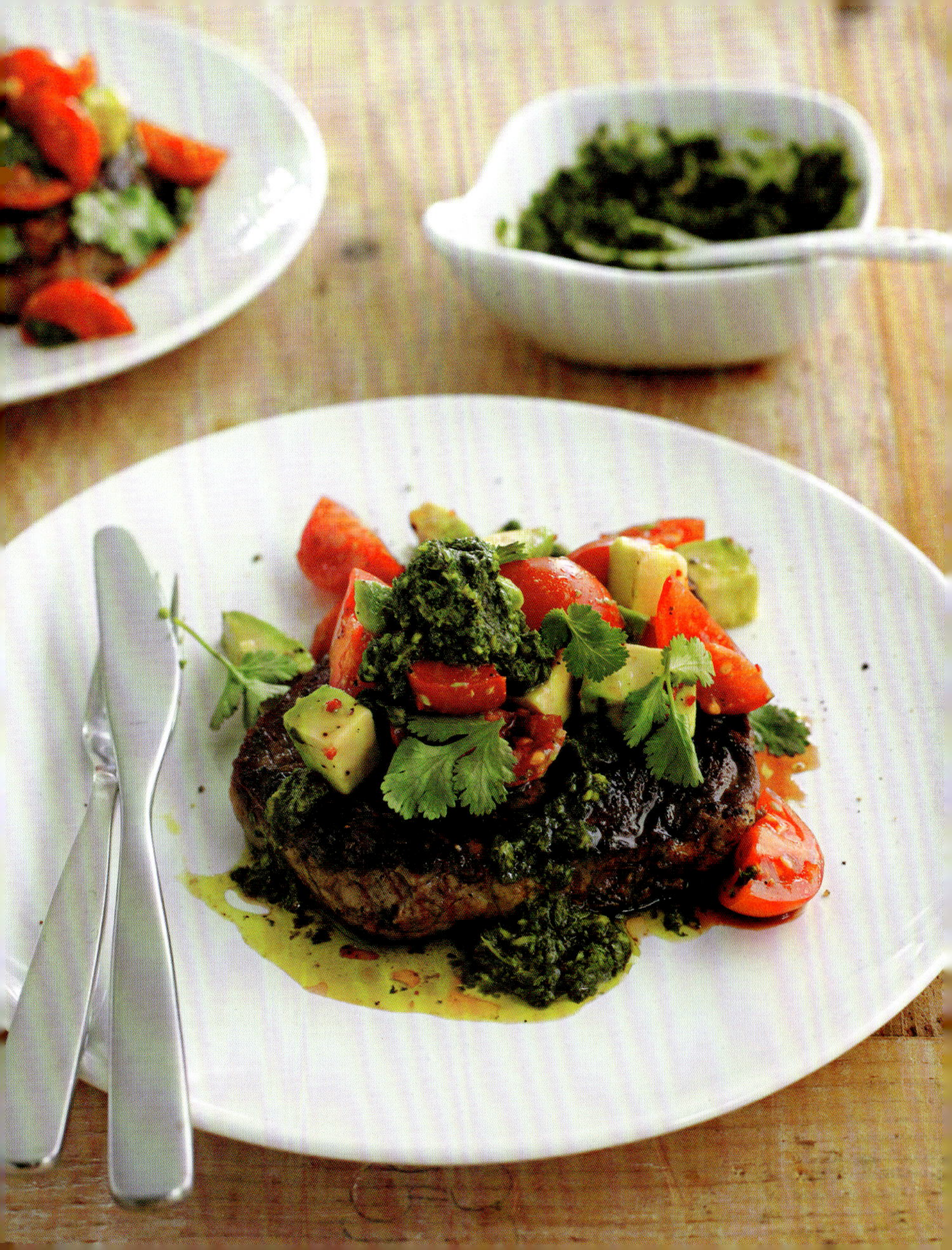

medalhão ao molho provençal

4 porções
Preparo: **8 minutos**
Cozimento: **14-17 minutos**

50 g de **manteiga**
4 **cebolas redondinhas** picadas
1 colher (sopa) de **mostarda em grãos**
1 colher (sopa) de **mostarda de Dijon**
2 colheres (sopa) de **patê de azeitona preta pronto** ou **caseiro** (veja ao lado)
150 ml de **vinho branco**
4 **medalhões de carne** (200 g cada um)
2 colheres (sopa) de **pimenta-do-reino**
2 colheres (sopa) de **creme de leite fresco**
2 colheres (sopa) de **estragão** picado
sal e **pimenta** a gosto

Derreta a manteiga numa frigideira até começar a espumar. Junte as cebolas e frite levemente por 5-6 minutos, até ficarem macias. Adicione as mostardas e o patê de azeitona e despeje por cima o vinho branco. Deixe ferver em fogo baixo por 2 minutos, depois retire.

Pressione os medalhões sobre a pimenta-do-reino. Asse na churrasqueira quente por 3-4 minutos de cada lado ou até o ponto de sua preferência. Disponha nos pratos para servir e reserve até acabar o molho provençal.

Misture o creme de leite e o estragão ao restante do molho, tempere a gosto com sal e pimenta e aqueça sem deixar ferver. Espalhe um pouco do molho sobre cada medalhão e sirva na hora com aspargos, batatas fritas caseiras e molho de maionese com mostarda.

Variação: tapenade caseira. Bata 125 g de azeitonas pretas picadas, 2 filés de alici, 2 dentes de alho amassados, 2 colheres (sopa) de alcaparras, 1 colher (sopa) de mostarda, 4 colheres (sopa) de azeite e um pouco de suco de limão no liquidificador ou processador até obter um creme. Tempere a gosto.

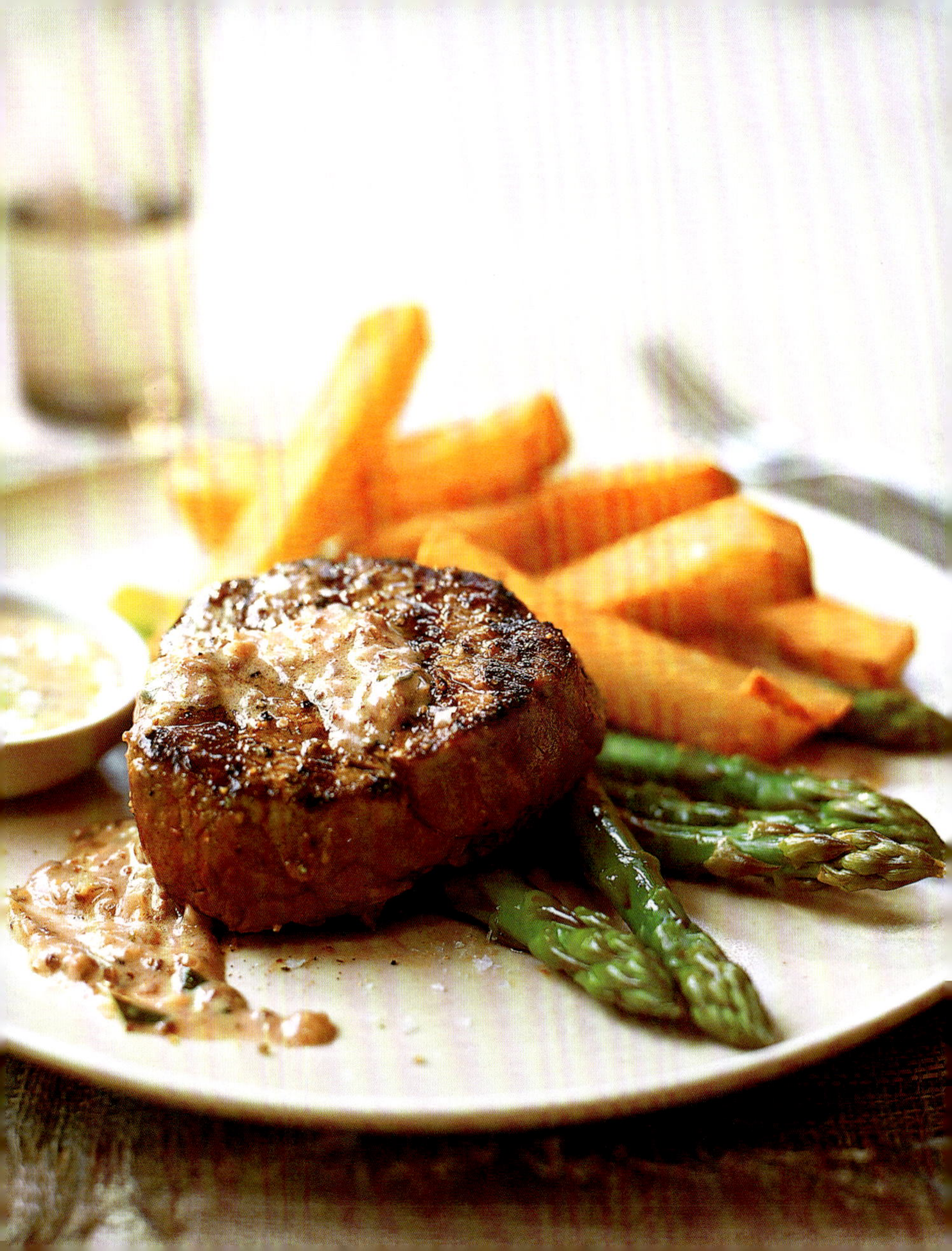

steaks com manteiga de alho e ervas

4 porções
Preparo: **10 minutos**, mais o tempo de resfriamento
Cozimento: **10 minutos**

4 **costeletas de novilho** ou **bistecas** (500 g cada uma)
1½ colher (sopa) de **tomilho** picado
2 colheres (sopa) de **azeite**
sal e **pimenta** a gosto

Manteiga de alho e ervas
125 g de **manteiga** em temperatura ambiente
1 **dente de alho** amassado
2 colheres (sopa) de **alcaparras**
1 colher (sopa) de **salsinha** picada

Coloque os ingredientes da manteiga numa tigela e tempere a gosto. Modele em forma de bastão, embrulhe em filme de PVC e leve à geladeira até a hora de usar. Corte em pedaços.

Tempere as costeletas com sal, pimenta, tomilho e azeite. Asse na churrasqueira quente por 5 minutos de cada lado, depois embrulhe em papel-alumínio e reserve por mais 5 minutos. Cubra com a manteiga e sirva.

Variação: steaks com cogumelos. Tempere e pincele com azeite 4 cogumelos grandes. Grelhe os cogumelos sem o talo na churrasqueira quente por 5-6 minutos de cada lado, até ficarem macios. Enquanto isso, siga a receita para assar 4 costeletas de novilho ao ponto de sua preferência. Sirva com os cogumelos, um pouco de salsinha picada e suco de limão e bastante azeite.

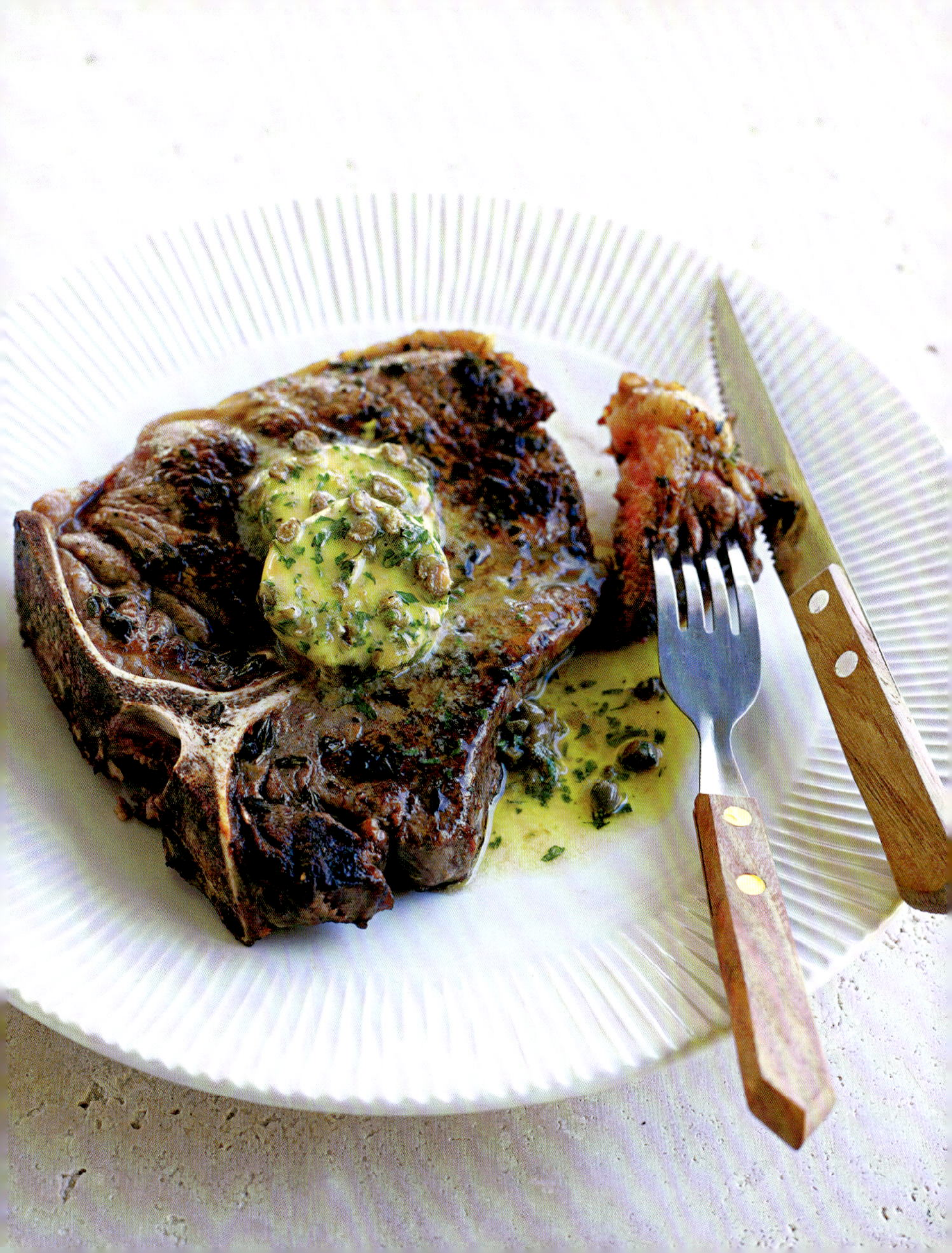

costelas ao molho hoisin

4 porções
Preparo: **25 minutos**
Cozimento: **65-70 minutos**

1 kg de **costela de porco** magra
4 colheres (sopa) de **vinagre de vinho branco**
tirinhas de **cebolinha** para decorar

Molho hoisin para churrasco
50 ml de **molho hoisin***
50 ml de **ketchup**
2 colheres (sopa) de **vinagre de vinho branco**
2 colheres (sopa) de **shoyu**
2 colheres (sopa) de **mel**
1 **dente de alho** grande amassado
1 colher (chá) de **gengibre** ralado
1 colher (chá) de **óleo de gergelim**
½ colher (chá) de **cinco especiarias chinesas*** **(pimenta, dill, cravo, canela e anis)**

* *À venda em lojas de produtos orientais.*

Coloque a costela numa panela grande com o vinagre e água suficiente para cobri-la com sobra de 5 cm. Deixe ferver e cozinhe por 20 minutos. Tire da água e deixe secar em papel-toalha. Transfira para uma tigela.

Enquanto isso, coloque todos os ingredientes do molho numa panela e deixe ferver em fogo baixo. Cozinhe por 6-8 minutos até encorpar um pouco.

Pincele a costela com a marinada e asse indiretamente (p. 12) na grelha em temperatura média por 45-50 minutos, virando com frequência até que a costela fique macia e brilhante. Salpique as tirinhas de cebolinha por cima e sirva com arroz branco.

Variação: filés de salmão ao molho hoisin. Faça o molho como na receita e deixe esfriar. Pincele 4 filés de salmão de 200 g com um pouco do molho e asse na churrasqueira em temperatura média por 3-4 minutos de cada lado. Sirva com salada verde.

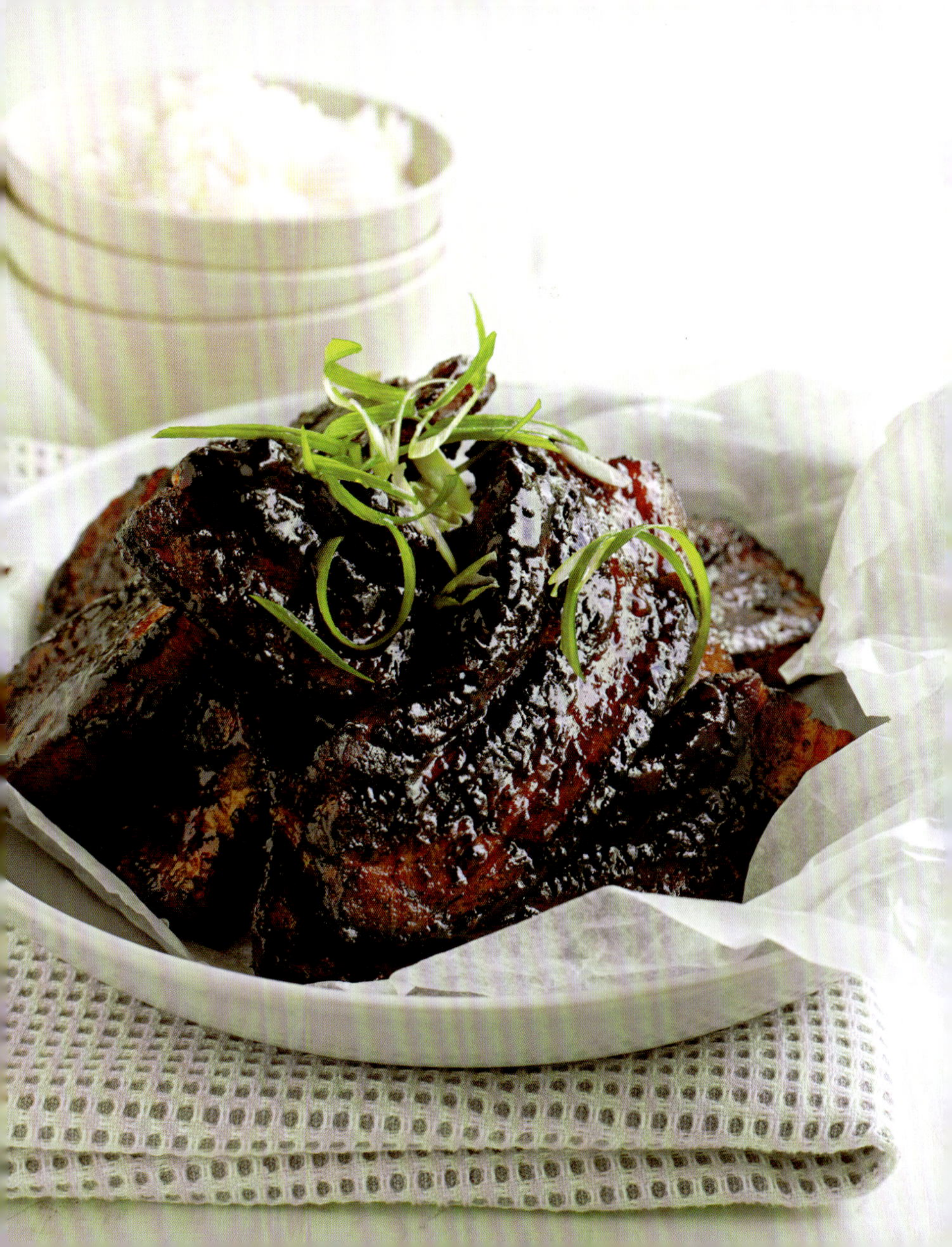

lombo com molho de rum e melado

6 porções
Preparo: **5 minutos**, mais o tempo da marinada
Cozimento: **1h40-1h50**

1 kg de **lombo de porco fresco**
1 colher (sopa) de **azeite**
2-4 colheres (sopa) de **jerk spice*** ou outros temperos de sua preferência

Molho de rum e melado
125 ml de **melado**
100 g de **açúcar mascavo**
4 colheres (sopa) de **rum escuro**
suco de 1 **laranja**
2 colheres (sopa) de **vinagre**
½ colher (chá) de **canela em pó**
sal e **pimenta** a gosto

* *Tempero picante da Jamaica.*

Coloque o lombo numa travessa e pincele com o azeite. Esfregue-o com os temperos e deixe marinar de um dia para o outro na geladeira. Deixe em temperatura ambiente por 1 hora antes de assar e retire da marinada.

Grelhe o lombo na churrasqueira quente por 10 minutos de cada lado até dourar bem, transfira para uma grelha colocada sobre uma assadeira e asse indiretamente (p. 12) por 1 hora.

Enquanto isso, prepare o molho. Coloque os ingredientes numa panela e aqueça até o açúcar derreter. Deixe ferver em fogo baixo por 10 minutos até ficar encorpado e com consistência de melado.

Pincele o lombo com esse molho e asse por mais 10-15 minutos de cada lado, até que fique brilhando e quase derretendo.

Acompanhamento: salada de batatinha. Cozinhe 750 g de batatas-bolinhas até ficarem macias. Coe as batatas e corte em quatro. Misture 4 colheres (sopa) de maionese, 4 colheres (sopa) de cebolinha picada, 1 colher (sopa) de vinagre de vinho branco, 2 colheres (chá) de mostarda em grãos e sal e pimenta a gosto. Espalhe o tempero sobre as batatinhas, deixe esfriar e sirva.

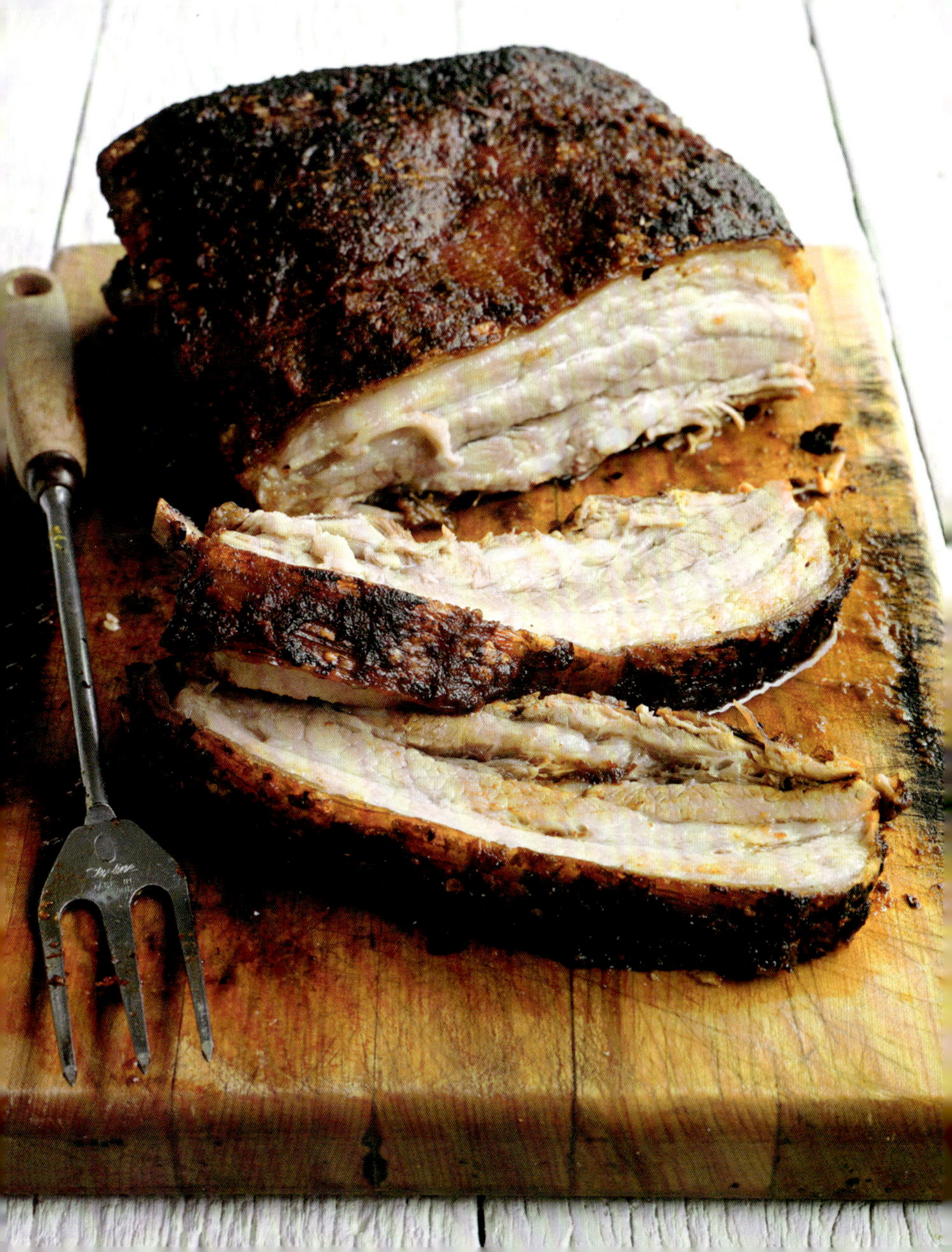

lombo com erva-doce e estragão

4 porções
Preparo: **5 minutos**, mais o tempo de resfriamento
Cozimento: **8-10 minutos**

4 filés de **lombo de porco** (250 g cada um)
1 colher (sopa) de **azeite**
2 colheres (sopa) de **Tempero de erva-doce** (p. 192)
gomos de limão-siciliano para servir

Manteiga de estragão
125 g de **manteiga**
2 colheres (sopa) de **estragão** picado
sal e **pimenta** a gosto

Pincele os filés de lombo com o azeite, espalhe por cima o tempero e coloque numa travessa baixa. Deixe marinar em lugar fresco por 2 horas.

Enquanto isso, bata a manteiga, o estragão e um pouco de pimenta e sal até ficar homogêneo. Modele em forma de bastão e embrulhe em filme de PVC. Leve à geladeira até a hora de usar.

Asse os filés na churrasqueira quente por 4-5 minutos de cada lado, embrulhe em papel-alumínio e reserve por 5 minutos. Corte a manteiga em fatias e sirva com os filés e gomos de limão.

Variação: salmão assado com manteiga de estragão. Tempere sem exagero 4 filés de salmão (200 g cada um), pincele com azeite e asse na churrasqueira quente por 3-4 minutos de cada lado. Deixe descansar um pouco e sirva com fatias da manteiga de estragão, seguindo a receita acima.

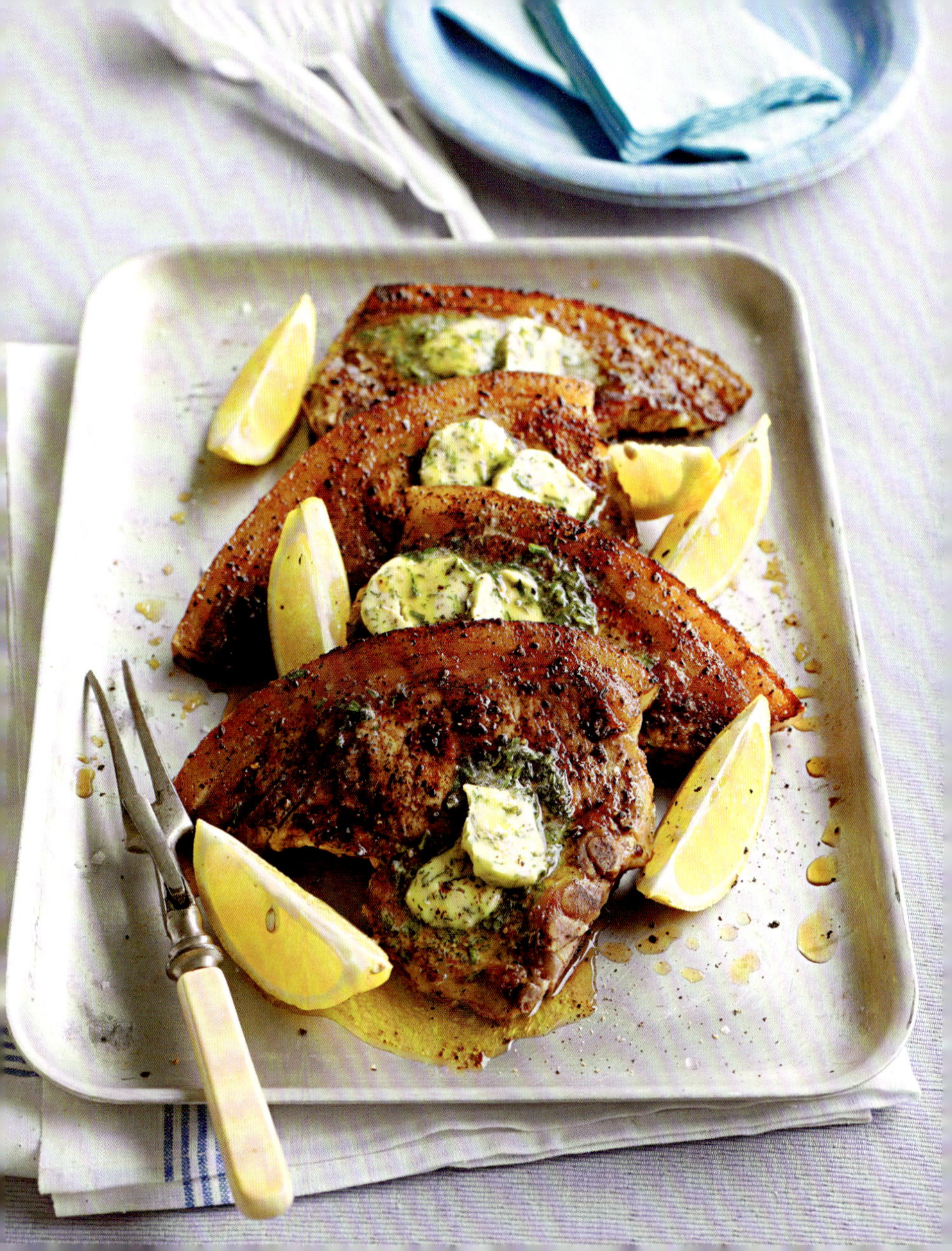

carne enrolada com presunto

8 porções
Preparo: **30 minutos**
Cozimento: **25 minutos**, mais o tempo de descanso

2 colheres (sopa) de **tomilho** picado
raspas de 2 **limões**
4 colheres (sopa) de **azeite** extravirgem
2 peças de **miolo de alcatra** (750 g cada uma)
12 fatias grandes de **presunto cru**
4 **batatas** grandes (1,250 kg no total)
sal e **pimenta** a gosto

Misture o tomilho, as raspas de limão, 2 colheres (sopa) do azeite e sal e pimenta a gosto e espalhe sobre a carne. Embrulhe as peças de carne com as fatias de presunto para dar sabor e manter a umidade. Coloque palitos para segurar.

Asse numa chapa quente por 25 minutos, virando com frequência (ou use o método indireto de assar na grelha, p. 12). Retire, embrulhe em dois pedaços de papel-alumínio e reserve por 20 minutos.

Enquanto isso, corte as batatas em fatias de 1 cm e deixe de molho em água quente por 5 minutos. Coe bem, pincele com o restante do azeite e tempere com sal e pimenta. Asse as fatias de batata na churrasqueira por 3-4 minutos de cada lado, até dourarem.

Fatie a carne e sirva com as batatas e salada de espinafre (veja abaixo).

Acompanhamento: salada de espinafre. Lave e seque 125 g de folhas de espinafre e coloque-as numa tigela. Bata 2 colheres (sopa) de azeite, 2 colheres (sopa) de vinagre de vinho, uma pitada de açúcar, sal e pimenta. Espalhe sobre as folhas, misture e sirva.

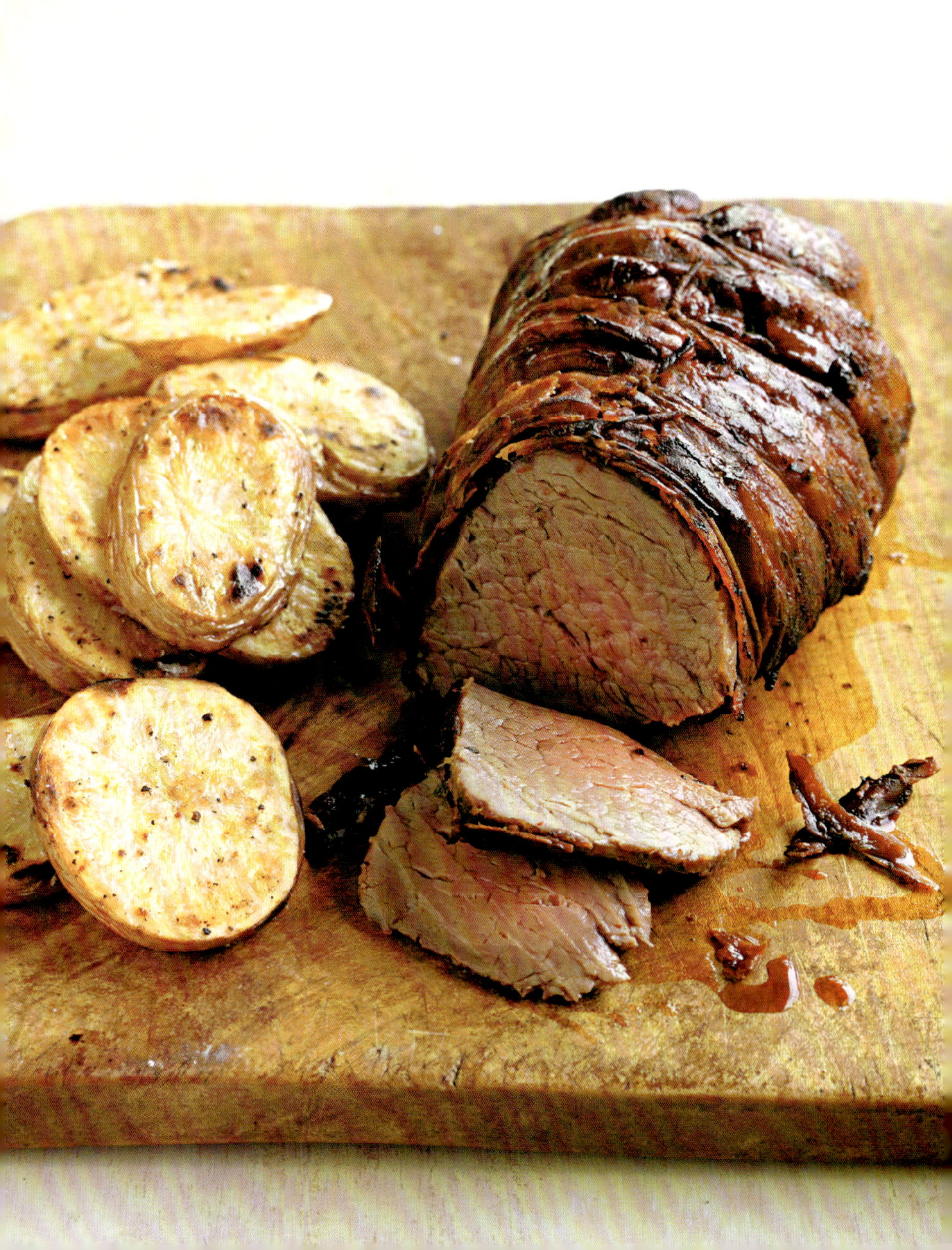

frango com salada marroquina

4-6 porções
Preparo: **15 minutos**, mais o tempo da marinada
Cozimento: **12-16 minutos**

4 **filés de peito de frango** com a pele (250 g cada um)
2 colheres (sopa) de **mel** misturadas a 1 colher (chá) de **suco de limão**
1 colher (sopa) de **azeite**
2 colheres (chá) de **tomilho seco**
sal e **pimenta** a gosto

Salada marroquina
1 **berinjela** pequena
2 colheres (sopa) de **azeite**
2 **pães sírios**
250 g de **tomates-cereja** em quartos
1 **pepino** picado
75 g de **azeitonas pretas** picadas
½ ramo de **hortelã**, de **coentro** e de **salsinha**
1 **romã** descascada
suco de ½ **limão**
1 colher (chá) de **açúcar**

Faça cortes leves nos filés de frango e coloque-os numa tigela. Adicione o mel com limão, o azeite, o tomilho e pitadas generosas de sal e pimenta. Espalhe sobre o frango e deixe marinando em lugar fresco por 1 hora.

Retire o frango da marinada, reservando o molho, e asse na churrasqueira em temperatura média por 6-8 minutos de cada lado, até dourar e cozinhar por inteiro. Reserve por 5 minutos.

Aqueça o molho restante numa panela até ferver e reduzir um pouco. Pincele o frango já cozido.

Enquanto isso, faça a salada. Corte a berinjela em fatias de 5 mm. Pincele com um pouco de azeite e asse na churrasqueira quente por 1-2 minutos de cada lado. Torre os pães na churrasqueira por 30 segundos de cada lado até ficarem crocantes. Corte em pedaços e coloque numa tigela grande. Junte os tomates, o pepino, as azeitonas, as ervas e as sementes de romã. Bata o restante do azeite, o suco de limão, o açúcar e um pouco de sal e pimenta e acrescente à salada. Misture bem e sirva com o frango.

Variação: asas de frango com romã. Siga a receita acima, substituindo o peito de frango por 12 asas grandes. Deixe marinar por 1 hora e asse na churrasqueira por 10-12 minutos de cada lado. Deixe esfriar por 5 minutos antes de servir com salada verde.

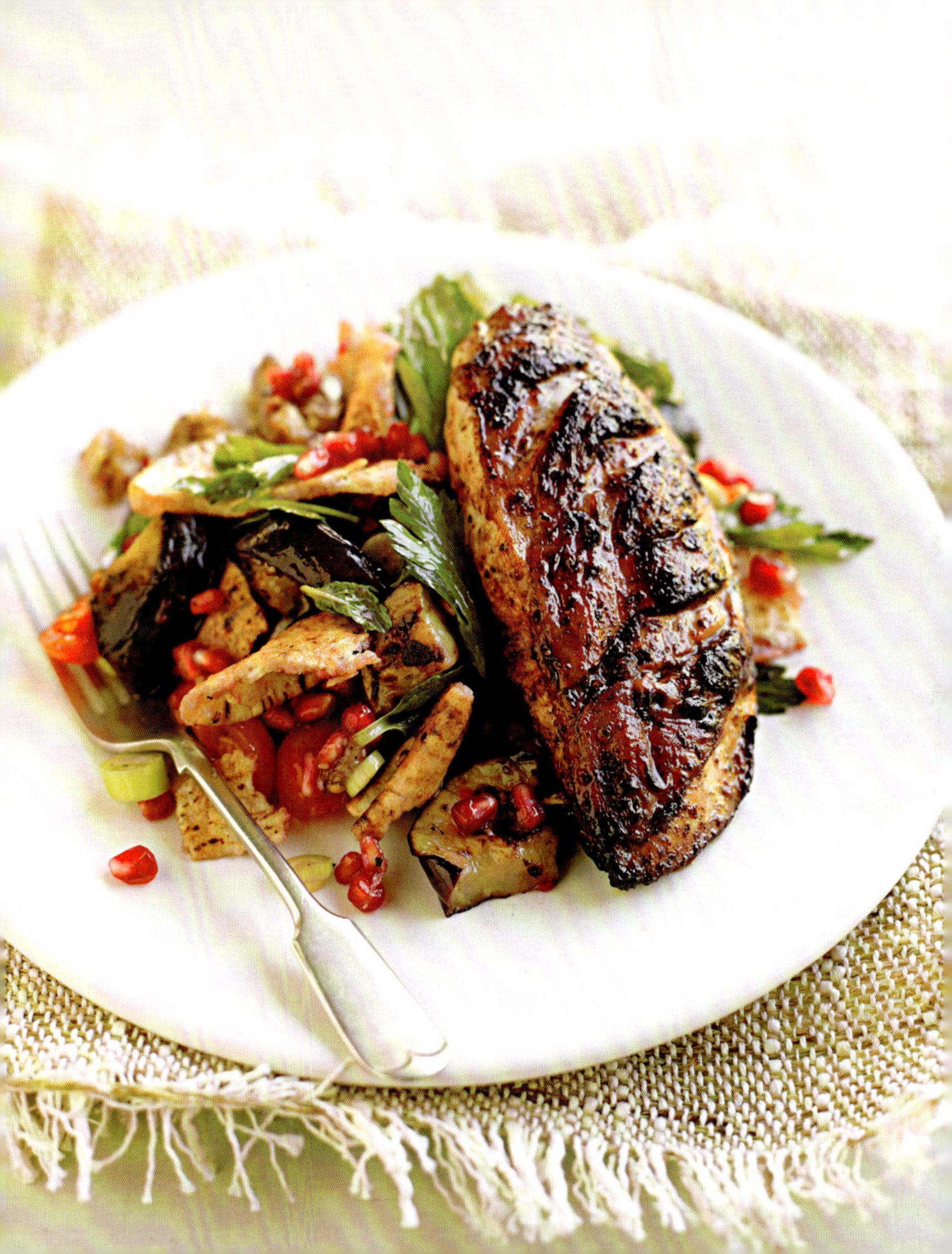

frango no espeto com limão

4 porções
Preparo: **15 minutos**
Cozimento: **40 minutos**

1 **frango** de 1,5 kg
2 colheres (sopa) de **azeite** extravirgem
sal e **pimenta** a gosto

Molho de limão
3 **limões** cortados ao meio
óleo para untar
1 **dente de alho** amassado
75 ml de **azeite**
uma pitada de **açúcar**
1 **pimenta vermelha** picada
2 colheres (sopa) de **salsinha** picada

Peça para o açougueiro limpar o frango retirando os miúdos.

Tempere o frango com sal e pimenta e pincele com o azeite. Cruze 2 espetos de metal no frango (da asa à coxa) para mantê-lo deitado. Asse na churrasqueira quente, com o peito para baixo, por 5 minutos. Diminua a temperatura e asse coberto por mais 15 minutos em fogo baixo/médio. Vire-o e cozinhe por mais 20 minutos. Reserve por 10 minutos.

Enquanto isso, pincele óleo em 2 gomos de limão e coloque-os, com a polpa para baixo, na churrasqueira quente. Asse por 10 minutos, virando sempre, até ficarem macios. Deixe esfriar.

Esprema os gomos de limão numa tigela e junte o alho, o azeite, o açúcar, a pimenta, a salsinha e sal e pimenta a gosto.

Corte o frango numa tábua em pedaços grandes com uma faca longa, e disponha-os numa travessa. Espalhe o molho por cima e sirva decorado com pimenta, salsinha e os gomos de limão restantes.

Acompanhamento: salada de agrião, alface-crespa e amêndoa. Torre 100 g de amêndoas, castanhas ou nozes no forno preaquecido a 190°C por 5-6 minutos, até ficarem bem douradas. Deixe esfriar. Misture 50 g de folhas de agrião, 50 g de alface-crespa, as amêndoas e 75 g de uvas-passas brancas numa tigela. Acrescente um pouco de azeite e vinagre balsâmico e tempere com sal e pimenta. Sirva com o frango.

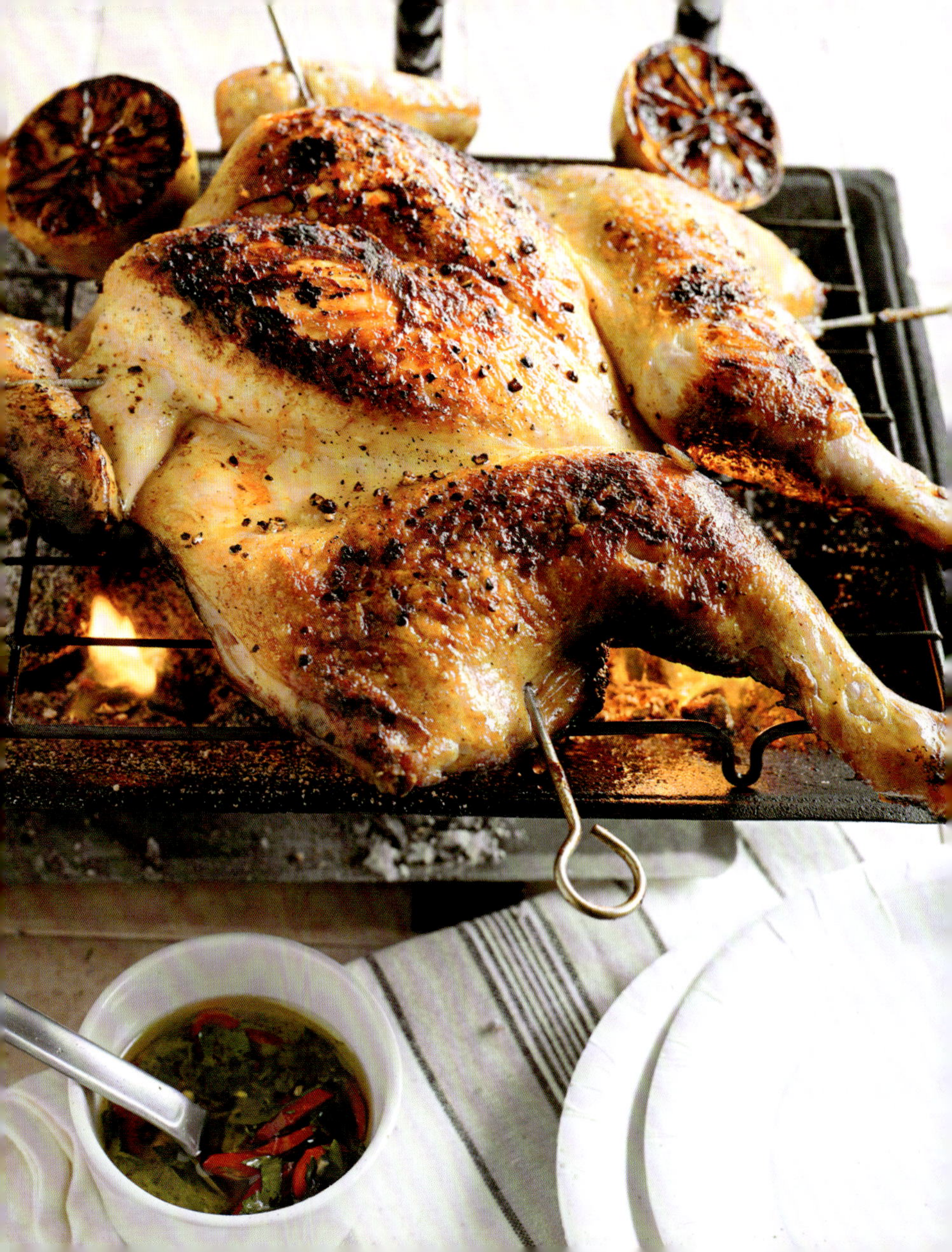

cordeiro com salada de beterraba e queijo

4 porções
Preparo: **15 minutos**, mais o tempo da marinada
Cozimento: **40-45 minutos**

2 filés de lombo de **cordeiro** (250 g cada um)
1 colher (sopa) de **azeite**
1 colher (sopa) de **orégano seco**
500 g de **beterrabas** pequenas
200 g de **vagem**
125 g de **queijo feta** ou **branco**
100 g de folhas de **miniespinafre**
100 g de **nozes** torradas
sal e **pimenta** a gosto

Molho de nozes e framboesa
3 colheres (sopa) de **óleo de nozes** (ou **azeite**)
2-3 colheres (chá) de **vinagre de framboesa (ou de maçã)**
2 colheres (chá) de **mostarda em grãos**

Pincele os lombos de cordeiro com o azeite e espalhe por cima o orégano, sal e pimenta. Deixe marinando por 1 hora.

Enquanto isso, coloque as beterrabas numa panela com água fria, ferva e cozinhe por 20 minutos até ficarem macias. Escorra, corte-as em gomos e passe para uma tigela. Junte um pouco de azeite e coloque as beterrabas em espetos. Asse na churrasqueira quente por 6-8 minutos de cada lado, até escurecerem um pouco. Transfira de novo para a tigela.

Ferva as vagens em água com sal por 3 minutos. Retire, enxágue em água fria e seque bem. Junte a beterraba e o queijo, o espinafre e as nozes.

Bata os ingredientes do molho com um pouco de sal e pimenta.

Asse o cordeiro na churrasqueira quente por 4-5 minutos de cada lado e deixe esfriar um pouco. Sirva em fatias com a salada e o molho.

Variação: lombo grelhado com molho de hortelã.

Tempere sem exagero 8 filés de lombo (125 g cada um), pincele com azeite e asse na churrasqueira quente por 3-4 minutos de cada lado. Reserve por alguns minutos. Enquanto isso, bata 2 colheres (sopa) de hortelã picada, 5 colheres (sopa) de vinagre de vinho branco, 2 colheres (sopa) de azeite, 2 colheres (chá) de açúcar e um pouco de sal e pimenta. Espalhe sobre os filés e sirva com salada verde.

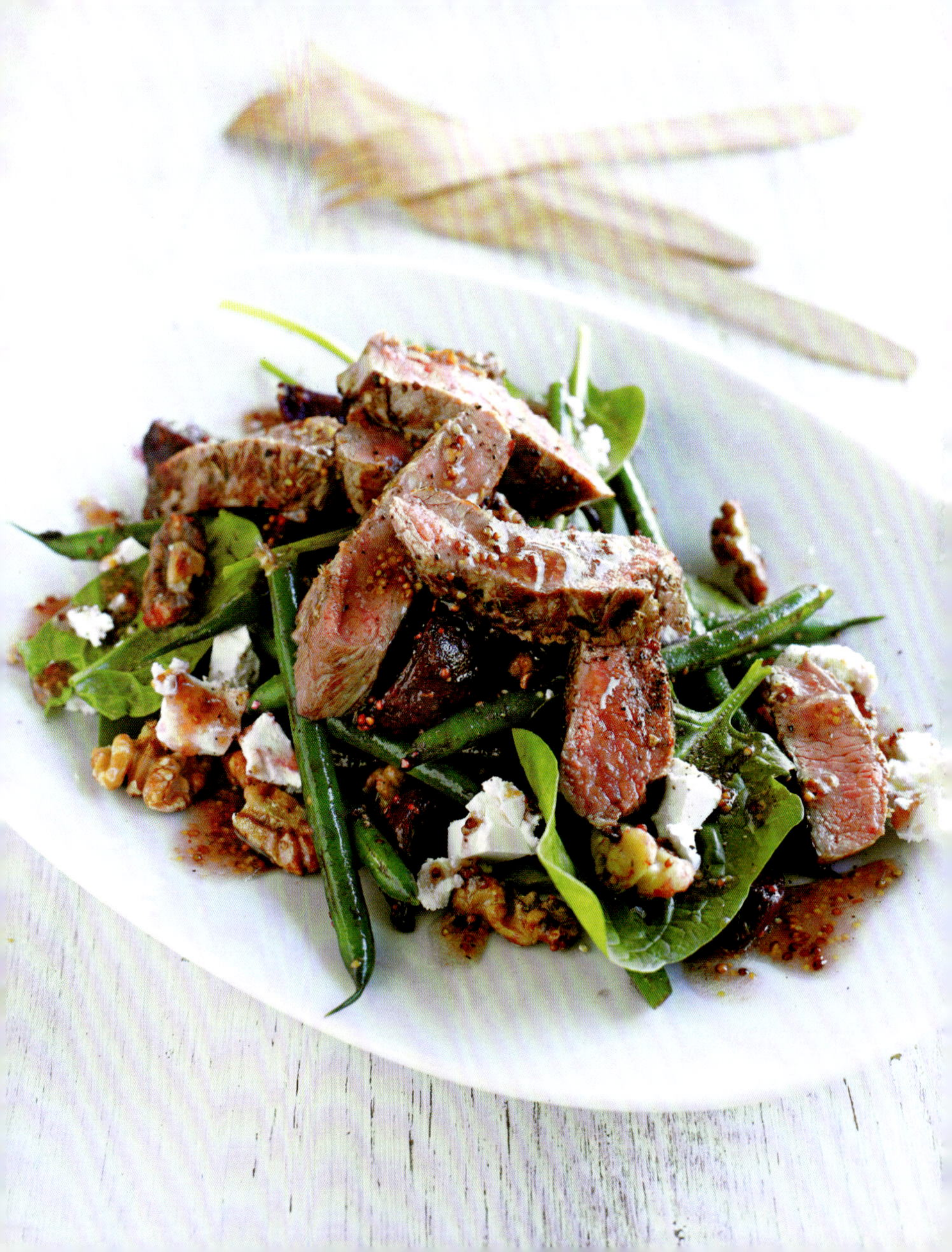

bife com batatinhas

4 porções
Preparo: **10 minutos**
Cozimento: **20 minutos**

500 g de **batata**
3 colheres (sopa) de **azeite**
1 **clara**
1 colher (chá) de **mostarda em grãos**
½ colher (chá) de **açafrão em pó**
250 g de **tomates-cereja**
250 g de **champignons frescos**
4 **bifes de lombo bovino** (200 g cada um)
pimenta a gosto

Deixe as batatas de molho em água quente por 5 minutos. Escorra, corte as batatas ao meio e depois em lascas generosas. Coloque 1 colher (sopa) de azeite numa tigela e acrescente a clara, a mostarda, o açafrão, um pouco de pimenta e bata até a clara ficar um pouco espumosa. Junte as batatas e misture bem.

Disponha as batatas em fileira na chapa quente da churrasqueira e grelhe por 10 minutos. Adicione os tomates e asse por mais 5 minutos, até as batatas dourarem e a pele dos tomates começar a soltar.

Enquanto isso, pincele os champignons e os bifes com o restante do azeite e tempere os bifes com um pouco de pimenta. Grelhe os bifes por 3-4 minutos de cada lado, até o ponto de sua preferência. Deixe descansar por 5 minutos enquanto grelha os champignons.

Coloque um bife, algumas batatinhas e salada em cada prato e sirva na hora.

Acompanhamento: salada de agrião. Misture 125 g de folhas de agrião com 125 g de alface-crespa numa tigela. Junte 50 g de nozes torradas. Misture 2 colheres (sopa) de vinagre de vinho branco, 2 colheres (sopa) de mostarda em grãos, ½ colher (chá) de açúcar e um pouco de sal e pimenta numa tigela e bata com 3 colheres (sopa) de azeite. Espalhe o molho sobre a salada.

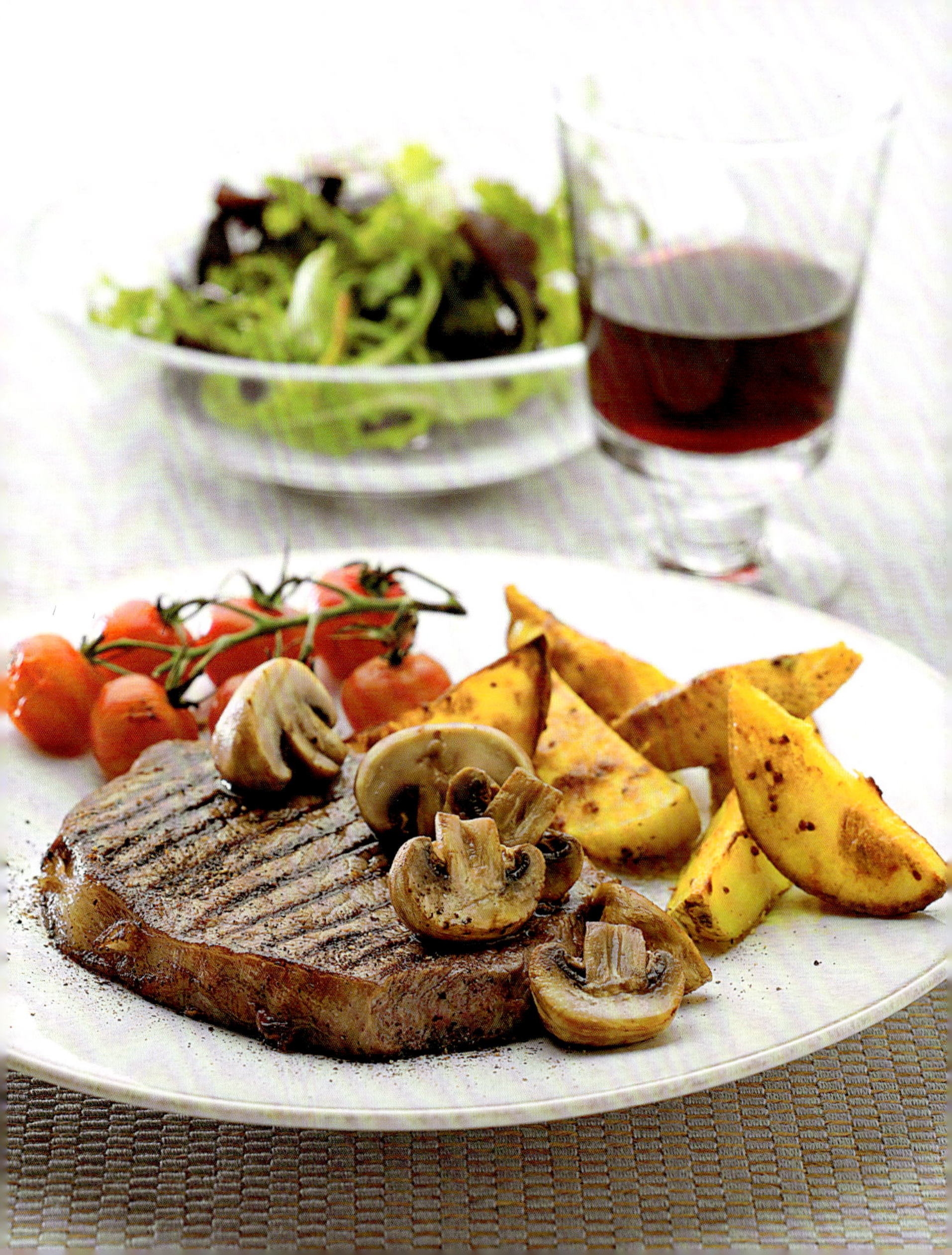

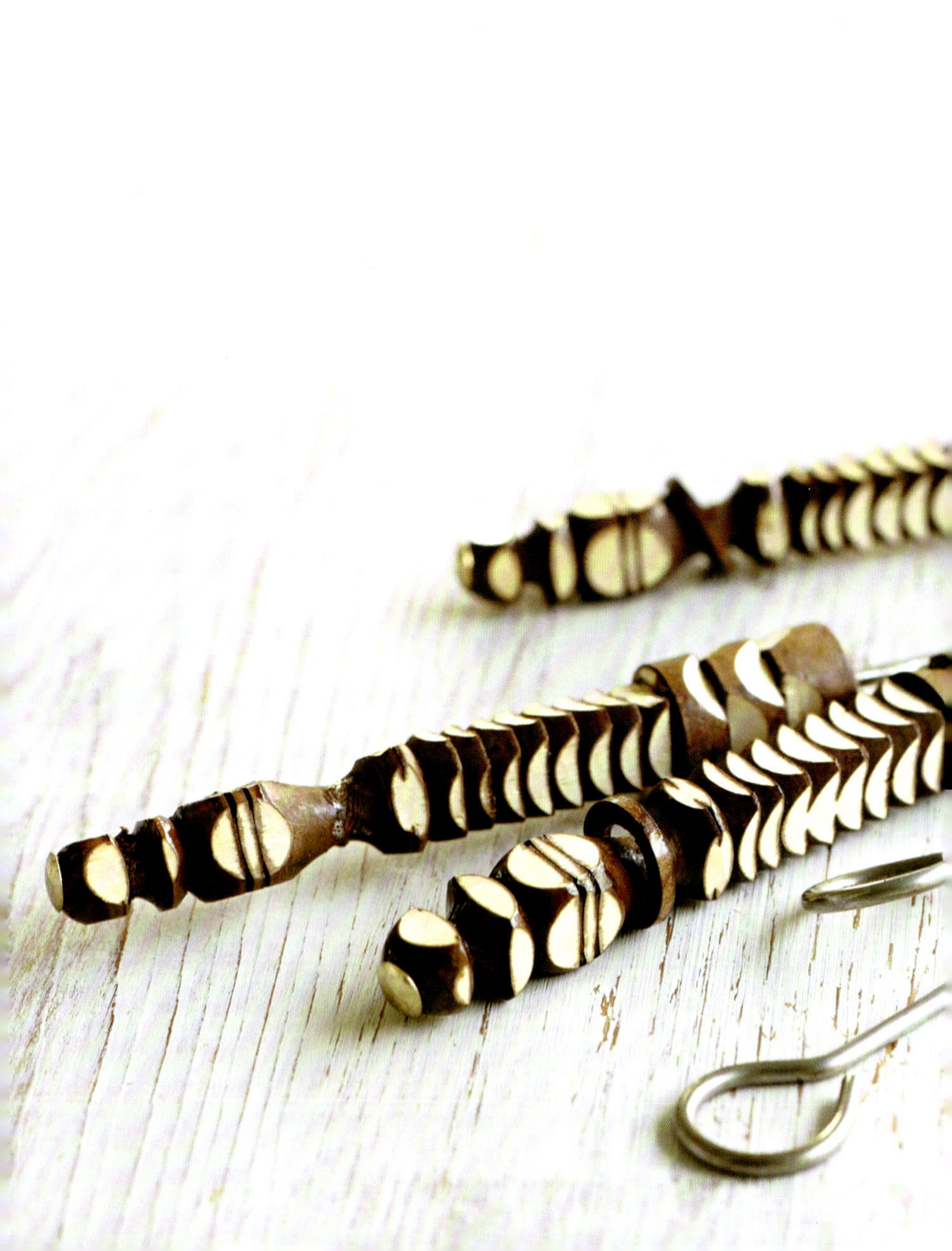

espetos, hambúrgueres e cachorros-quentes

cachorros-quentes com molho barbecue

4 porções
Preparo: **10 minutos**
Cozimento: **15-20 minutos**

2 **cebolas** grandes em fatias
2 colheres (sopa) de **azeite extravirgem**
1 colher (sopa) de **tomilho** picado
4 **salsichas** grandes
4 **pães para hot-dog**
um pouco de **manteiga**
4 colheres (sopa) de **Molho barbecue** (p. 46)
sal e **pimenta** a gosto

Misture a cebola com o azeite, o tomilho, o sal e a pimenta, e refogue-a numa chapa quente por 15-20 minutos, até dourar e ficar macia. (Se preferir, use uma frigideira.)

Enquanto isso, grelhe as salsichas na churrasqueira por cerca de 10 minutos, até que escureçam e fiquem crocantes.

Passe manteiga nos pães e coloque as salsichas dentro. Por cima, espalhe a cebola e 1 colher (sopa) de Molho barbecue.

Variação: cachorros-quentes com mostarda e picles. Refogue a cebola e asse as salsichas como na receita. Sirva em pães para hot-dog cobertas com 2 pepininhos em conserva picados e mostarda.

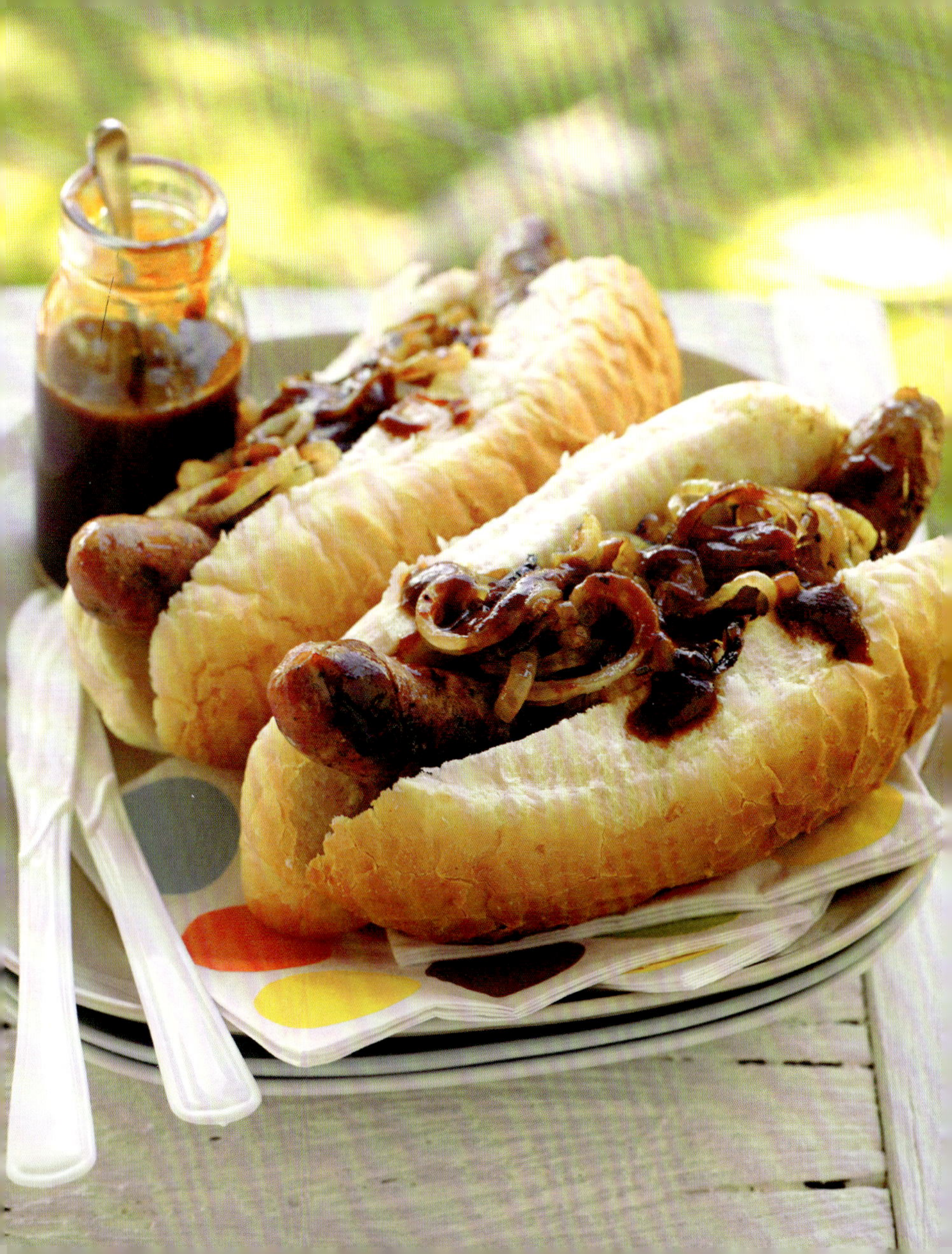

espetos de frango e mussarela

4 porções
Preparo: **25 minutos**
Cozimento: **16 minutos**

- 8 **sobrecoxas de frango** pequenas sem pele nem osso
- 2 **nós de mussarela** em quartos
- 8 **folhas de manjericão** grandes
- 8 fatias grandes de **presunto cru**
- 2 **limões** pequenos cortados ao meio
- **sal** e **pimenta** a gosto

Disponha as sobrecoxas com o osso virado para cima. Tempere com um pouco de sal e pimenta. Coloque um quarto de nó de mussarela e uma folha de manjericão no centro de cada uma e dobre as sobrecoxas para segurar o recheio. Enrole cada uma numa fatia de presunto cru e coloque no espeto; depois, cruze outro espeto sobre este, para facilitar na hora de virar.

Grelhe os espetos numa chapa quente ou na grelha por 8 minutos de cada lado, até a mussarela começar a derreter. Embrulhe as sobrecoxas em papel-alumínio e deixe descansar por 5 minutos. Tome cuidado, pois os espetos estarão muito quentes.

Enquanto isso, asse as metades dos limões na grelha, com a polpa para baixo, por 5 minutos, até ficarem macias.

Sirva os espetos com o limão espremido por cima.

Acompanhamento: salada de rúcula com parmesão.

Coloque 125 g de folhas de rúcula numa tigela e tempere com um pouco de sal e pimenta. Bata 2 colheres (sopa) de azeite, 1 colher (chá) de vinagre balsâmico e um pouco de sal e pimenta. Espalhe um pouco de molho sobre a rúcula, misture bem e sirva com 15 g de parmesão ralado.

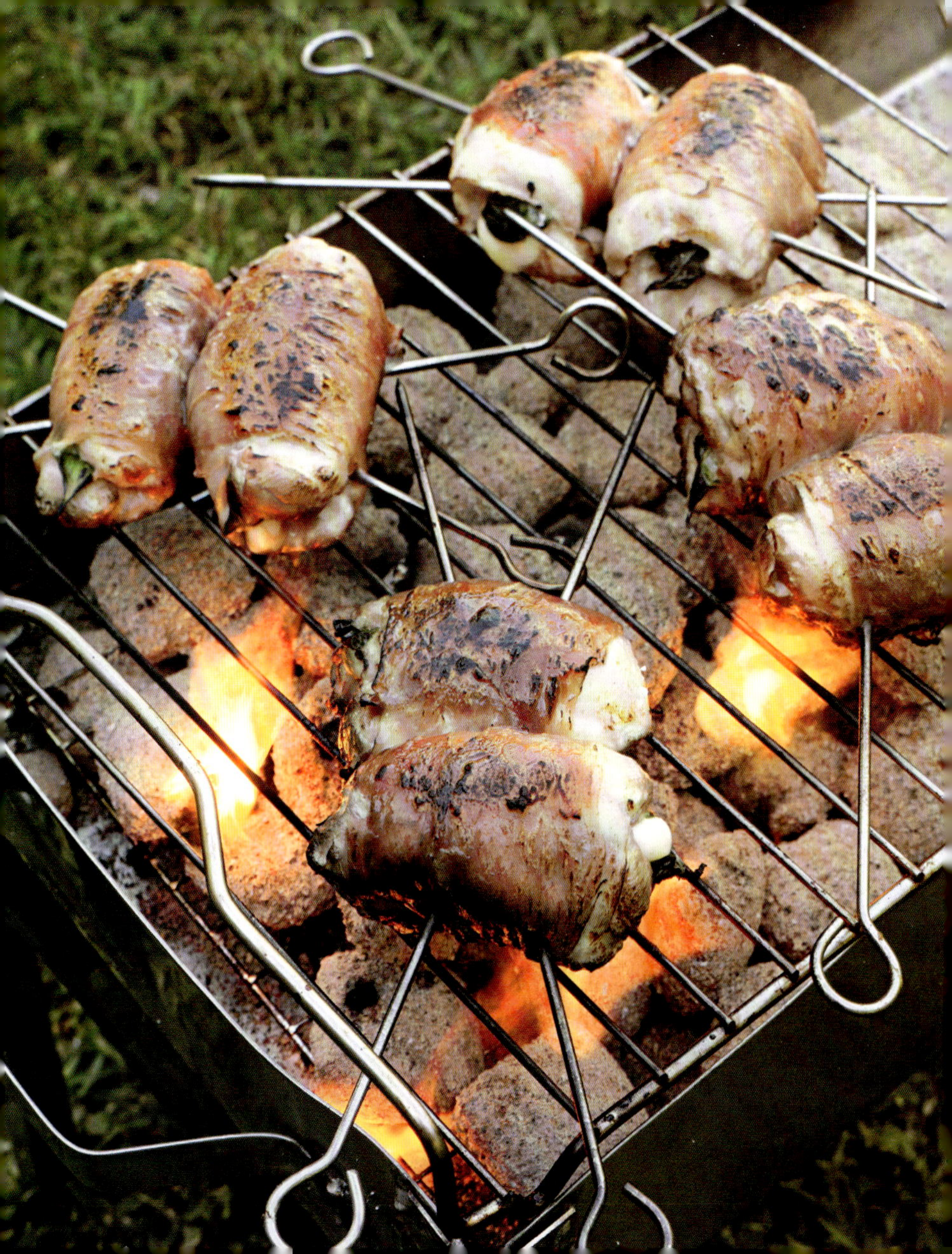

hambúrguer clássico

4 porções
Preparo: **10 minutos**
Cozimento: **10-12 minutos**

500 g de **carne moída**
250 g de **bacon** moído
1 **cebola** picada
1 colher (chá) de **molho inglês**
2 colheres (sopa) de **alcaparras**
azeite para pincelar
4 **pães de hambúrguer** cortados ao meio
2 colheres (sopa) de **mostarda**
100 g de **alface** picada
2 **tomates** fatiados
2 **pepininhos em conserva** fatiados
sal e **pimenta** a gosto

Coloque a carne e o bacon numa tigela e junte a cebola, o molho inglês, as alcaparras, o sal e a pimenta. Misture bem com as mãos. Divida em 4 partes e modele 4 hambúrgueres. Leve à geladeira por 30 minutos.

Pincele os hambúrgueres com azeite e asse na churrasqueira quente por 5-6 minutos de cada lado, até ficarem um pouco escuros por fora e bem cozidos por dentro.

Enquanto isso, torre os pães na churrasqueira por 1 minuto de cada lado.

Passe um pouco de mostarda nos pães e recheie cada um com alface picada, um hambúrguer, fatias de tomate e de pepininhos.

Variação: hambúrguer com cebola grelhada. Siga a receita acima, usando 750 g de carne moída em vez do bacon. Misture a carne com 1 cebola picada, 4 filés de alici picados, 2 colheres (sopa) de salsinha picada e um pouco de sal e pimenta. Modele os hambúrgueres, grelhe-os e sirva com cebolas grelhadas (p. 72).

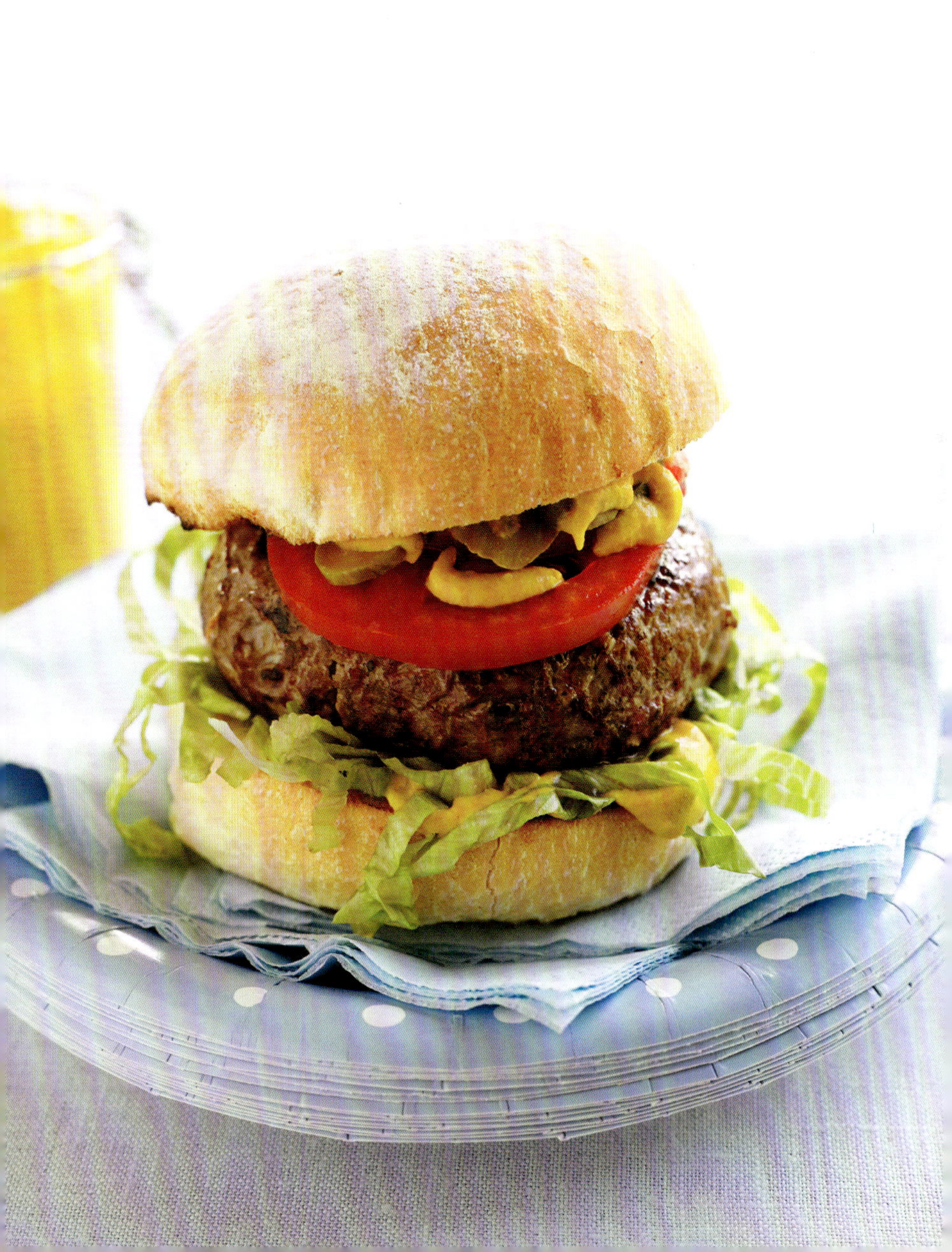

cheeseburguer

4 porções
Preparo: **15 minutos**
Cozimento: **10-12 minutos**

750 g de **carne moída**
1 **cebola** grande picada
1 **dente de alho** amassado
2 colheres (chá) de **tomilho** picado
azeite para pincelar
125 g de **queijo prato** ralado
4 **pães de hambúrguer** cortados ao meio
4 folhas de **alface lisa**
2 **tomates** fatiados
sal e **pimenta** a gosto

Coloque a carne, a cebola, o alho, o tomilho e um pouco de sal e pimenta numa tigela. Com as mãos, misture-os até ficar uma massa homogênea e um pouco grudenta. Divida a mistura em 4 partes e modele 4 hambúrgueres.

Pincele os hambúrgueres com um pouco de azeite e grelhe na churrasqueira quente por 5-6 minutos de cada lado, até que escureçam por fora e cozinhem bem por dentro. Cubra os hambúrgueres com queijo e deixe na churrasqueira por mais 30 segundos, até derreter.

Enquanto isso, torre os pães na churrasqueira por 1 minuto de cada lado.

Recheie os pães com uma folha de alface, um hambúrguer com queijo e duas fatias de tomate.

Variação: hambúrguer recheado com gorgonzola.
Corte 50 g de gorgonzola em 4 pedaços. Modele 4 hambúrgueres como na receita acima, recheando-os com os pedaços de gorgonzola. Asse como indicado e sirva em 4 pães de hambúrguer integrais com agrião e maionese.

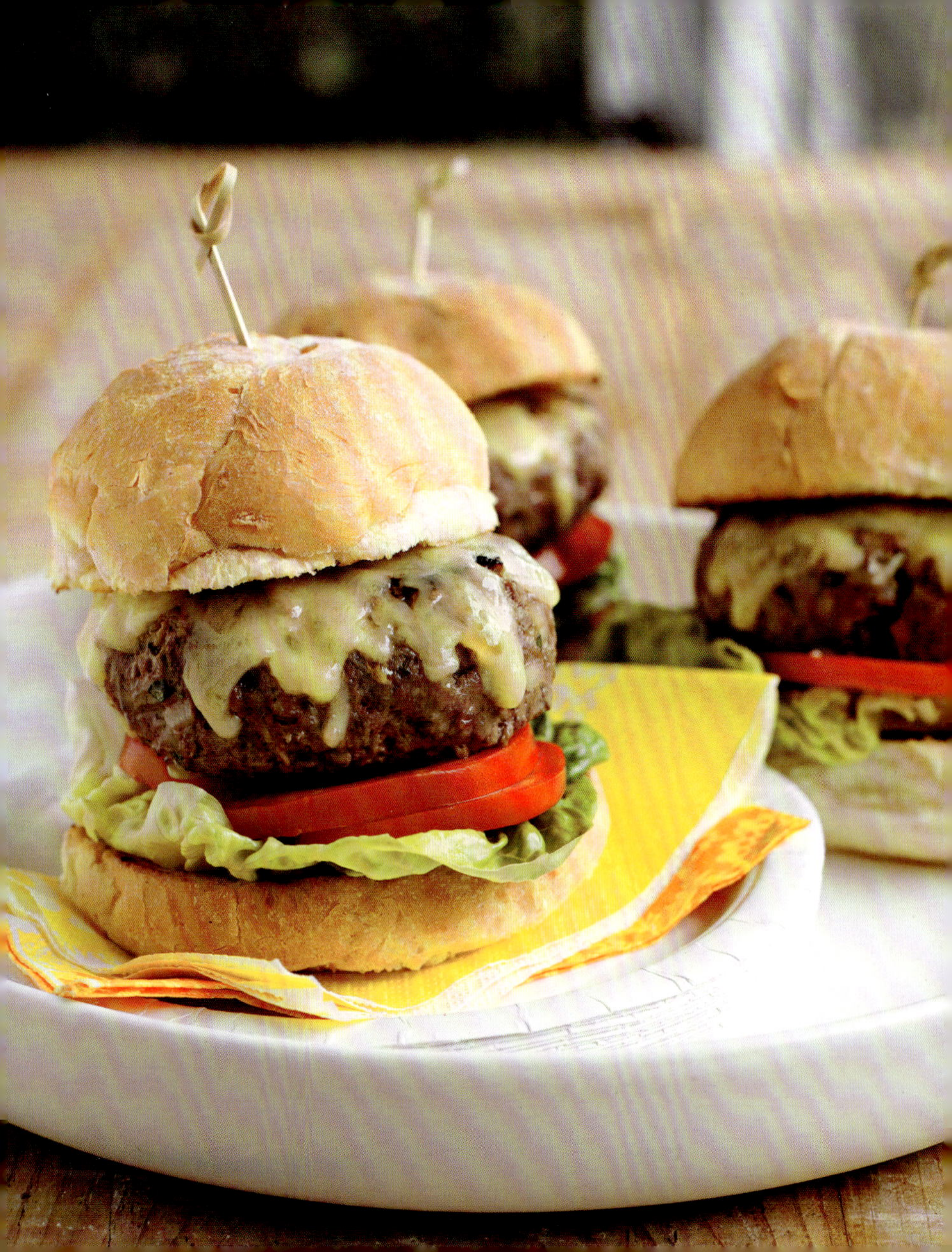

hambúrguer siciliano

4 porções
Preparo: **20 minutos**
Cozimento: **12-14 minutos**

1 colher (sopa) de **azeite**
1 **cebola roxa** picada
3 **dentes de alho** picados
625 g de **carne moída** de primeira
2 colheres (sopa) de **manjericão** picado
2 colheres (sopa) de **manjerona** picada
2 colheres (sopa) de **orégano** picado
50 g de **parmesão** ralado
75 g de **tomates secos** picados
75 g de **azeitonas pretas** picadas
azeite para pincelar
1 disco de **massa de pizza** dividido em oito
Maionese (p. 158) com 4 colheres (sopa) de **manjericão** picado por porção
75 g de **rúcula**
125 g de **mussarela**
um ramo de **manjericão**
sal e **pimenta** a gosto

Aqueça o azeite na frigideira e frite a cebola e o alho em fogo médio por 4 minutos, até a cebola ficar macia. Deixe esfriar.

Coloque a carne, a mistura de cebola e alho, as ervas, o parmesão, os tomates e as azeitonas numa tigela grande, tempere com sal e pimenta e misture bem. Divida a mistura em 8 partes e molde 8 hambúrgueres de tamanho igual. Cubra e leve à geladeira por 30 minutos.

Pincele os hambúrgueres com um pouco de azeite e grelhe na churrasqueira quente por 4-5 minutos de cada lado, até escurecer por fora e cozinhar por dentro.

Enquanto isso, torre a massa de pizza na churrasqueira por 1 minuto de cada lado, até dourar.

Passe a maionese com manjericão num pedaço de massa e cubra com rúcula e um hambúrguer. Corte a mussarela em fatias e coloque uma em cada hambúrguer. Por cima, coloque outro pedaço de massa e uma folha de manjericão, fixando com um palito. Sirva com mais maionese e rúcula, se desejar.

Variação: hambúrguer de beterraba e mostarda.
Modele e grelhe os hambúrgueres como acima. Misture 1 colher (sopa) de mostarda com 150 g de creme de leite, um pouco de limão, sal e pimenta. Coloque os hambúrgueres sobre duas baguetes grandes forradas com fatias de beterraba, folhas de rúcula e 1 colher (sopa) de mostarda. Corte as baguetes e sirva.

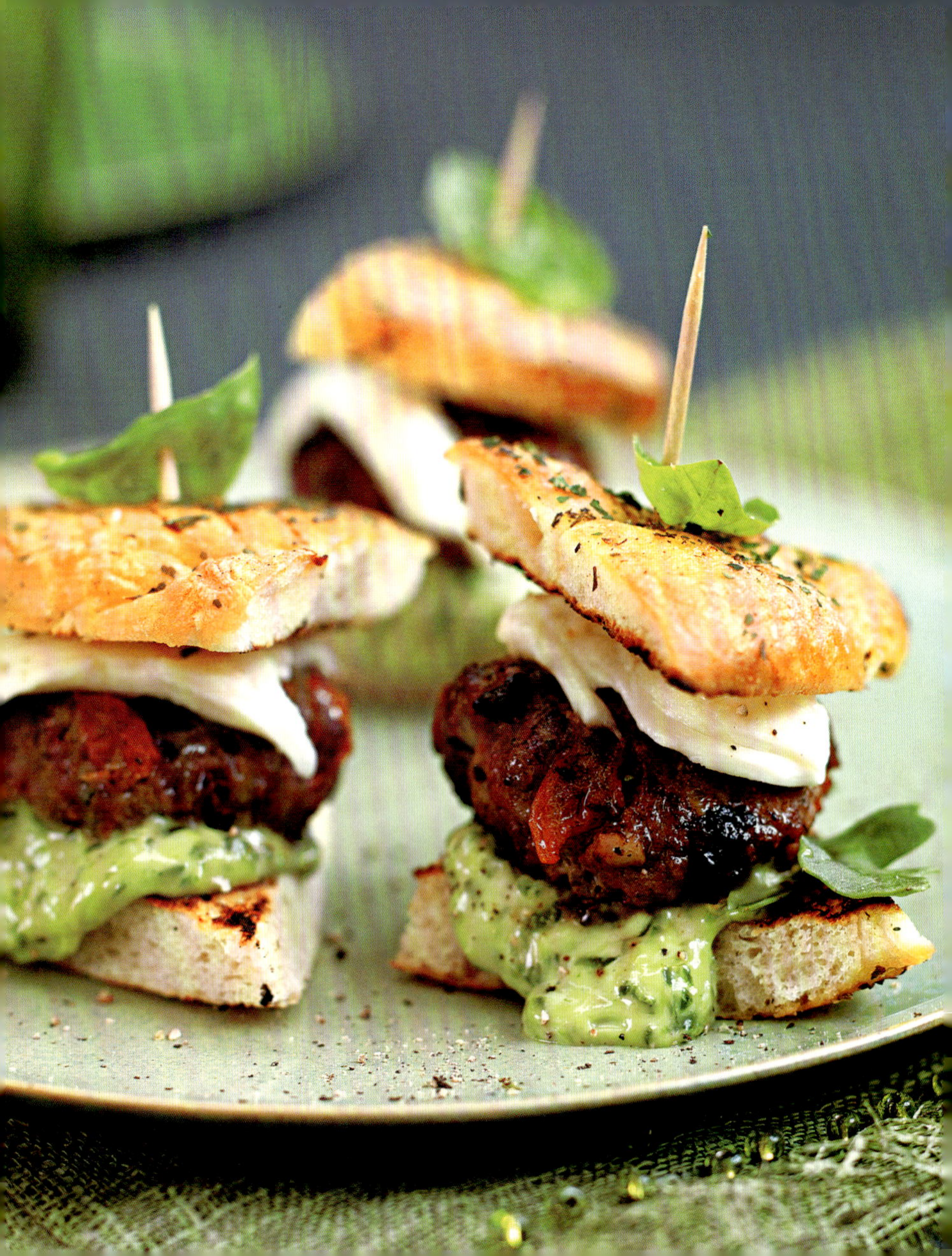

hambúrguer de frango tailandês

4 porções
Preparo: **20 minutos**
Cozimento: **14-16 minutos**

500 g de **peito de frango** sem pele moído
1-2 colheres (sopa) de **pasta de curry vermelho***
1 **cebola** pequena picada
2 colheres (sopa) de **coentro** picado
azeite para pincelar
4 **pães** cortados ao meio
50 g de **folhas verdes**
uma porção de folhas de **manjericão, coentro** e **hortelã**

Molho satay de coco
6 colheres (sopa) de **creme de coco***
3 colheres (sopa) de **pasta de amendoim cremosa**
suco de ½ **limão**
2 colheres (chá) de **molho de peixe tailandês***
2 colheres (chá) de **molho de pimenta doce***

* À venda em lojas de produtos orientais.

Bata o frango, a pasta de curry, a cebola, o coentro, sal e pimenta no liquidificador até obter uma mistura homogênea. Transfira para uma tigela e leve à geladeira por 30 minutos. Divida a mistura em 8 partes e modele 8 hambúrgueres do mesmo tamanho.

Enquanto isso, coloque os ingredientes do molho numa panela e aqueça um pouco, mexendo sempre. Deixe ferver em fogo baixo por 1-2 minutos até encorpar, depois deixe esfriar.

Pincele os hambúrgueres com um pouco de azeite e grelhe-os na churrasqueira quente por 5-6 minutos de cada lado, até cozinharem completamente. Teste passando um espeto por dentro do hambúrguer: ele tem de sair quente.

Recheie os pães com os hambúrgueres de frango, as folhas verdes e as ervas e espalhe o molho por cima.

Variação: sanduíche rápido de frango com molho de pimenta doce. Corte 2 peitos de frango grandes em 4 filés mais finos. Tempere com sal e pimenta, pincele com azeite e grelhe na churrasqueira por 4-5 minutos de cada lado. Esprema por cima o suco de um limão e coloque-os em 4 pães torrados e recheados com salada verde, ervas e molho de pimenta doce.

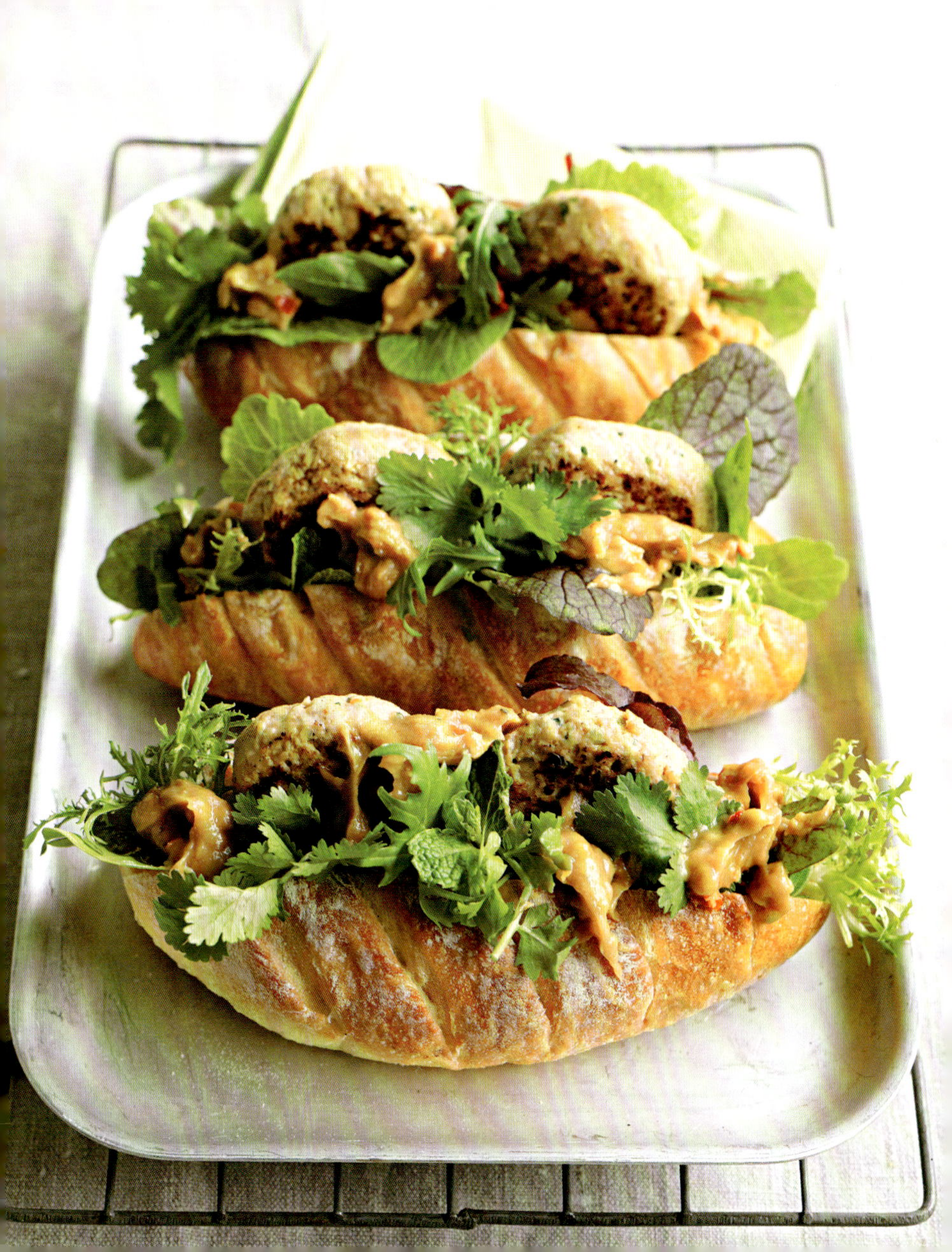

hambúrguer de lombo com pera

4 porções
Preparo: **5 minutos**
Cozimento: **20 minutos**

25 g de **manteiga**
2 **peras** em quartos
6 colheres (sopa) de **melado**
1 colher (sopa) de **vinagre**
1 colher (sopa) de **mostarda em grãos**
2 colheres (chá) de **gengibre** ralado
1 colher (sopa) de **folhas de sálvia** picadas
4 **medalhões de lombo de porco** (125 g cada um)
4 **pães** cortados ao meio
folhas de salada
sal e **pimenta** a gosto

Derreta a manteiga numa frigideira, junte as peras e frite até dourarem. Adicione 2 colheres (sopa) de melado e caramelize. Transfira para uma assadeira e asse em forno preaquecido a 200ºC por 10 minutos ou até ficarem cozidas por inteiro. Mantenha as peras aquecidas.

Enquanto isso, bata o restante do melado com o vinagre, a mostarda, o gengibre, a sálvia e um pouco de sal e pimenta até formar um molho.

Coloque os medalhões na churrasqueira quente e pincele-os com o molho. Grelhe por 4-5 minutos de cada lado, pincelando sempre com o molho, até que fique cozido e brilhante.

Toste os pães por 1 minuto de cada lado, até dourarem. Recheie cada um com folhas de salada, um medalhão e algumas peras.

Variação: lombo grelhado com melado. Misture 1 colher (sopa) de melado com 2 colheres (sopa) de azeite, 1 colher (sopa) de mostarda em grãos, 2 colheres (chá) de coentro em pó, sal e pimenta. Pincele essa mistura em 2 filés de lombo de porco de 400 g e deixe marinar por 1 hora. Retire, corte os filés ao meio e grelhe em temperatura média por 5-6 minutos de cada lado. Deixe descansar por 5 minutos e sirva com salada verde.

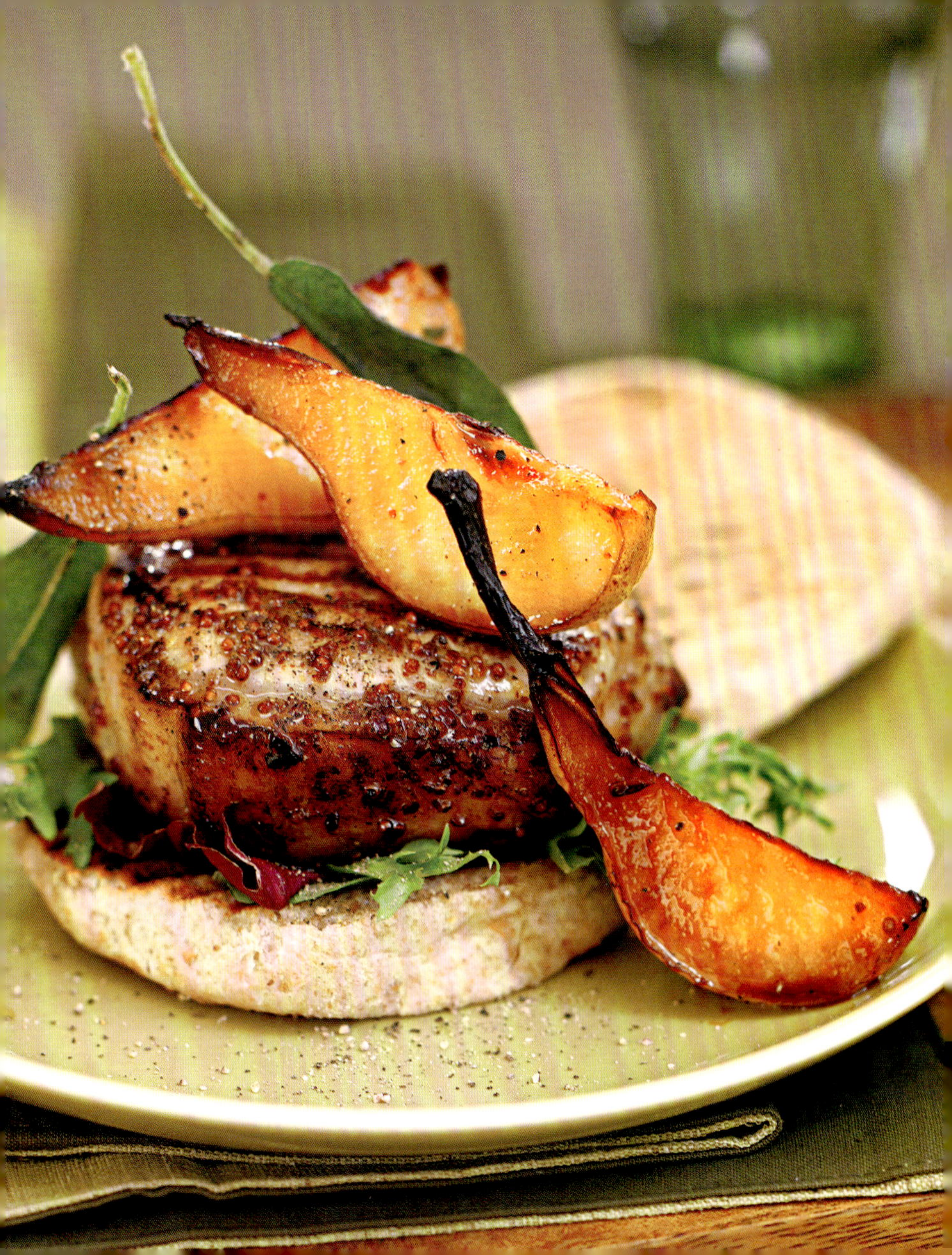

kebabs de cordeiro com hortelã

4 porções
Preparo: **15 minutos**
Cozimento: **6-8 minutos**

500 g de **perna de cordeiro** moída
1 **cebola** pequena picada
1 **dente de alho** amassado
1 colher (sopa) de **alecrim** picado
6 filés de **alici** picados
azeite para pincelar
sal e **pimenta** a gosto

Salada de tomate e azeitona
6 **tomates** maduros em quartos
1 **cebola roxa** em fatias
125 g de **azeitonas pretas** picadas
folhas de **manjericão** picadas
2 colheres (sopa) de **azeite**
um pouco de **suco de limão**

Misture o cordeiro, a cebola, o alho, o alecrim, o alici e um pouco de sal e pimenta com as mãos numa tigela. Divida em 12 partes e leve à geladeira por 30 minutos.

Monte os kebabs em espetos de metal, pincele-os com azeite e grelhe por 3-4 minutos de cada lado, até ficarem assados. Mantenha-os aquecidos.

Enquanto isso, faça a salada. Misture os tomates, a cebola, as azeitonas e o manjericão numa tigela e tempere com sal e pimenta. Espalhe o azeite e esprema um pouco de suco de limão por cima. Sirva os kebabs com a salada.

Variação: souvlaki de cordeiro. Corte 750 g de carne de cordeiro em cubos e coloque numa tigela. Junte 300 ml de vinho tinto, 2 colheres (sopa) de vinagre, 1 cebola picada, 2 dentes de alho picados, 2 colheres (sopa) de orégano seco, 1 colher (sopa) de azeite e um pouco de sal e pimenta. Deixe marinar no mínimo por 4 horas. Retire a carne e distribua em espetinhos. Grelhe-os na churrasqueira quente por 4-5 minutos de cada lado e sirva com salada e tzatziki (molho grego de iogurte, pepino e alho).

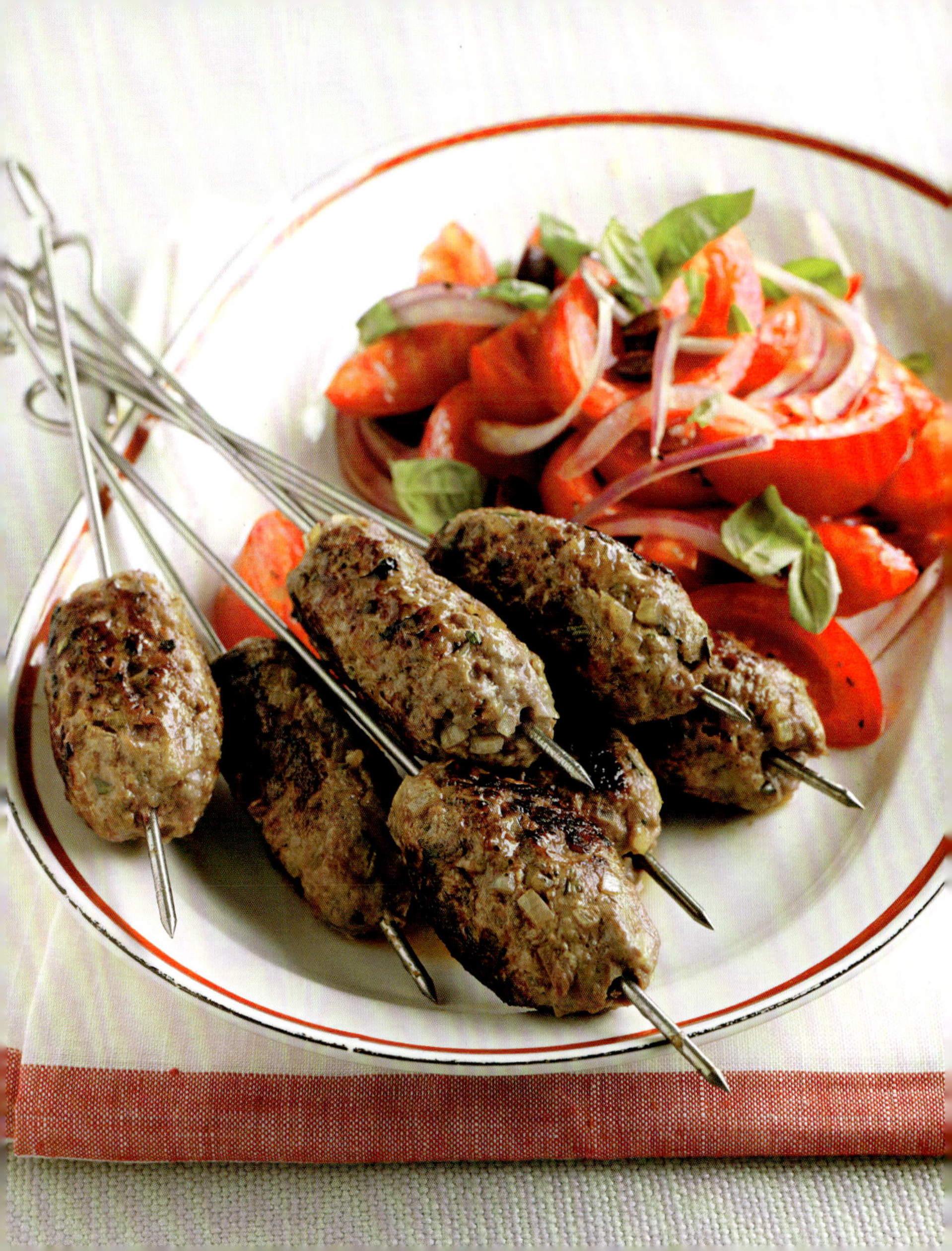

hambúrguer para o lanche

4 porções
Preparo: **15 minutos**, mais o tempo de resfriamento
Cozimento: **10-12 minutos**

- 750 g de **carne de porco moída**
- 2 **dentes de alho** amassados
- 1 colher (sopa) de **tomilho** picado
- 2 colheres (sopa) de **farinha de milho**
- 1 **ovo** levemente batido
- **óleo** para untar
- 4 **cogumelos** grandes sem os talos
- 4 fatias de **bacon**
- 4 **pães com gergelim** cortados ao meio
- 2 **tomates** em fatias
- **mostarda** e **maionese** (opcional)
- **sal** e **pimenta** a gosto
- **molho de tomate** para servir

Misture com as mãos a carne, o alho, o tomilho, a farinha de milho, o ovo e um pouco de sal e pimenta até ficar uma massa homogênea. Divida em 4 partes e modele 4 hambúrgueres. Leve à geladeira por 30 minutos.

Unte os hambúrgueres com óleo e grelhe na churrasqueira quente por 5-6 minutos de cada lado. Reserve. Grelhe os cogumelos por 2-3 minutos de cada lado e o bacon por 1 minuto de cada lado.

Coloque os hambúrgueres nos pães e cubra com os cogumelos, o bacon, os tomates e, se quiser, mostarda e maionese. Sirva com molho de tomate.

Variação: sanduíche vegetariano. Grelhe 4 cogumelos grandes como acima e mantenha-os aquecidos. Asse 2 tomates cortados ao meio por 30 segundos de cada lado. Frite 4 ovos em um pouco de óleo. Disponha os cogumelos, os tomates e os ovos em 4 pães integrais e sirva com espinafre e uma colher (sopa) de Pesto (p. 158).

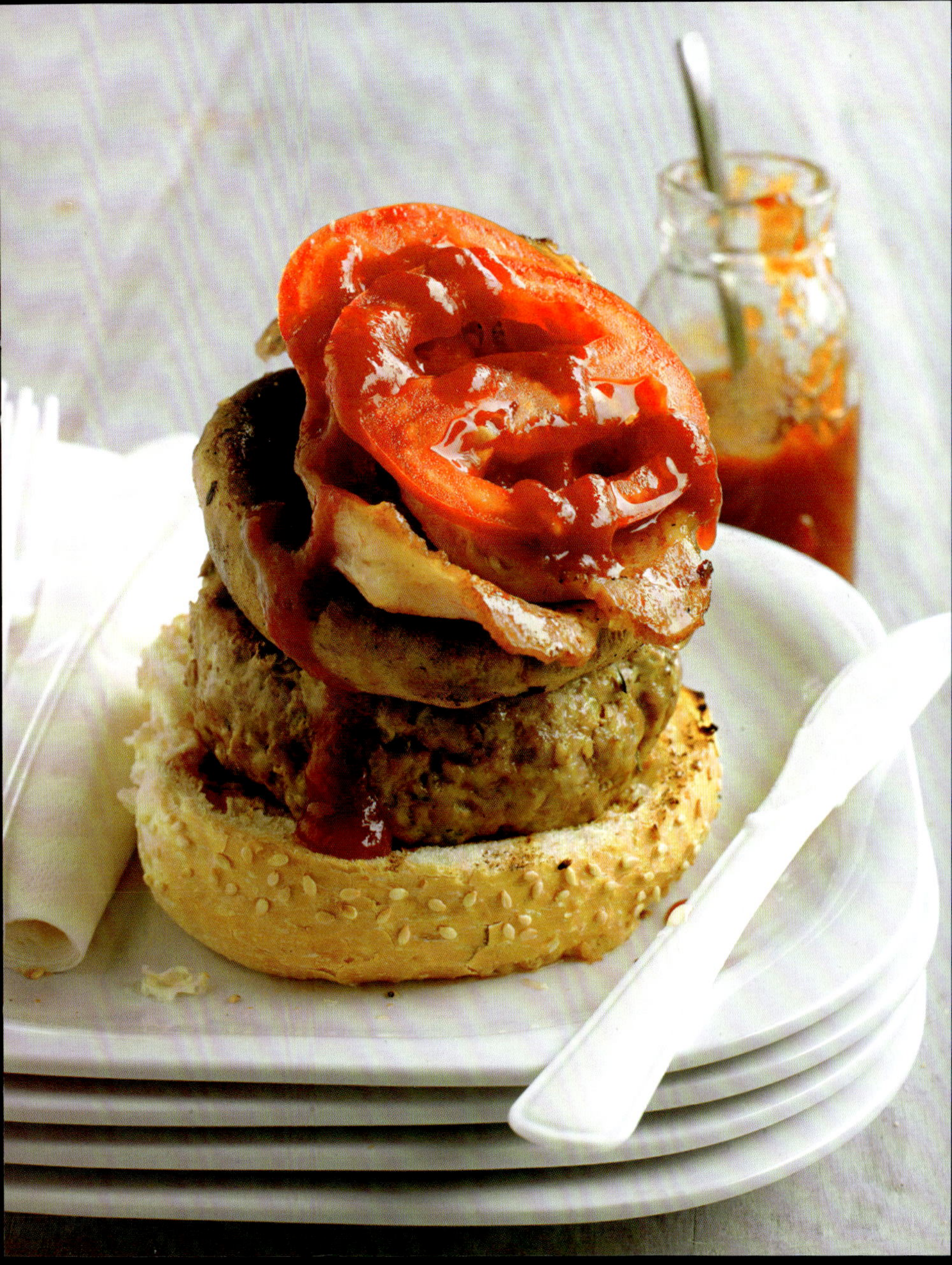

sanduíche de pernil

8 porções
Preparo: **45 minutos**, mais o tempo da marinada
Cozimento: **1h-1h15**

2 colheres (sopa) de **Tempero de churrasco defumado** (p. 194)
uma peça de 1 kg de **pernil**
8 **pães de hambúrguer**

Salada de repolho
250 g de **repolho** picado
175 g de **cenoura** ralada
½ **cebola** picada
1 colher (chá) de **sal**
2 colheres (chá) de **açúcar**
1 colher (sopa) de **vinagre de vinho branco**
75 g de **maionese**
pimenta a gosto

Espalhe o Tempero na carne e deixe marinando de um dia para o outro na geladeira. Retire e deixe por 1 hora em temperatura ambiente antes de grelhar.

Faça a salada de repolho. Coloque o repolho, a cenoura e a cebola no escorredor e tempere com sal, açúcar e vinagre. Misture bem e deixe escorrendo sobre uma tigela por 30 minutos. Esprema o excesso de líquido e coloque-os numa tigela grande. Acrescente a maionese, misture bem e tempere com pimenta a gosto. Reserve.

Use o método indireto para grelhar a carne (p. 12) na churrasqueira em temperatura média, por 1h-1h15, até ficar macia. Embrulhe em papel-alumínio e deixe descansar por 15 minutos. Fatie a carne e sirva nos pães com a salada de repolho.

Variação: costela com maçã grelhada. Tempere 4 bifes de costela de porco com sal e pimenta e grelhe em temperatura média na churrasqueira por 4-5 minutos de cada lado. Enquanto isso, corte duas maçãs em quartos, retire as sementes e unte com um pouco de óleo. Grelhe por 1 minuto de cada lado até ficarem cozidas e douradas. Sirva a costela com a maçã e salada verde.

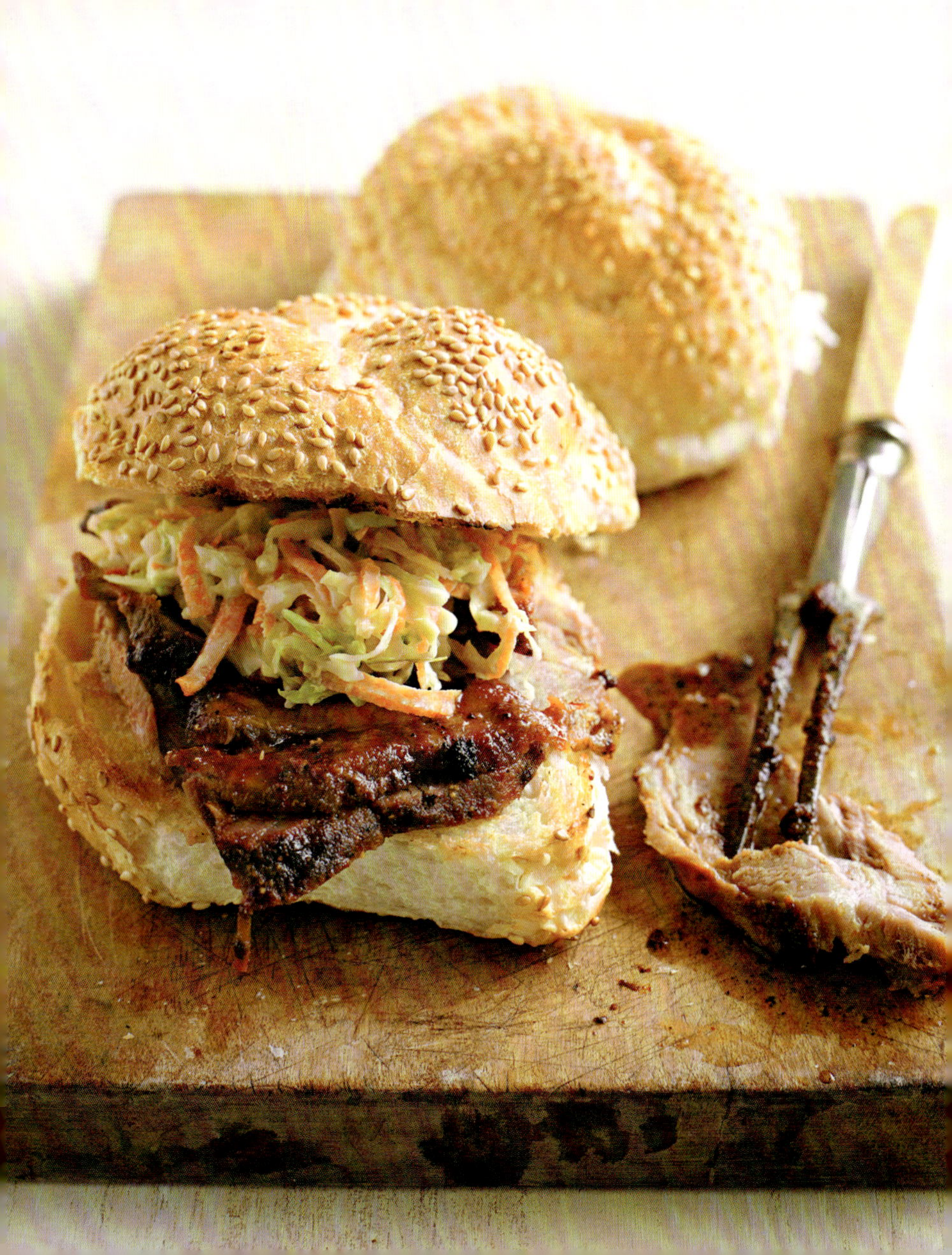

cachorros-quentes de bacon

4 porções
Preparo: **15 minutos**
Cozimento: **35 minutos**

6 fatias finas de **bacon defumado**
12 **linguiças de porco** pequenas
1 **cebola roxa** grande cortada em 8 pedaços
12 **folhas de louro** grandes

Molho vermelho italiano
1 **pimentão vermelho** grande
1 colher (sopa) de **azeite**
2 **dentes de alho** amassados
2 **tomates** grandes descascados
½ colher (chá) de **pimenta-de-caiena**
1 colher (sopa) de **vinagre**
sal e **pimenta** a gosto

Comece pelo molho. Grelhe o pimentão na churrasqueira até ficar escurecido. Coloque num saco plástico, feche. Quando estiver frio, descasque e retire as sementes. Armazene o líquido e pique a polpa.

Aqueça o azeite numa panela, refogue o alho por 3 minutos e junte os tomates e a pimenta. Ferva em fogo baixo por 15 minutos. Misture o pimentão e o vinagre, sal e pimenta, e deixe ferver por mais 5 minutos para reduzir o líquido. Bata no liquidificador até ficar cremoso e reserve.

Corte as fatias de bacon ao meio e enrole cada uma numa linguiça. Coloque em 4 espetos grandes de metal, alternando com os pedaços de cebola e as folhas de louro, de modo que cada espeto fique com 3 linguiças, 2 pedaços de cebola e 3 folhas de louro. Grelhe na churrasqueira quente por 5 minutos até dourarem e cozinharem por inteiro. Sirva com o molho italiano (reaquecido, se necessário).

Variação: sanduíche de frango ao molho de tomate. Corte 2 filés de peito de frango ao meio para obter 4 filés mais finos. Grelhe os filés por 4-5 minutos de cada lado e reserve por 3 minutos. Toste levemente 4 pães de hambúrguer e recheie cada um com um filé de frango, um pouco de molho de tomate e 25 g de rúcula.

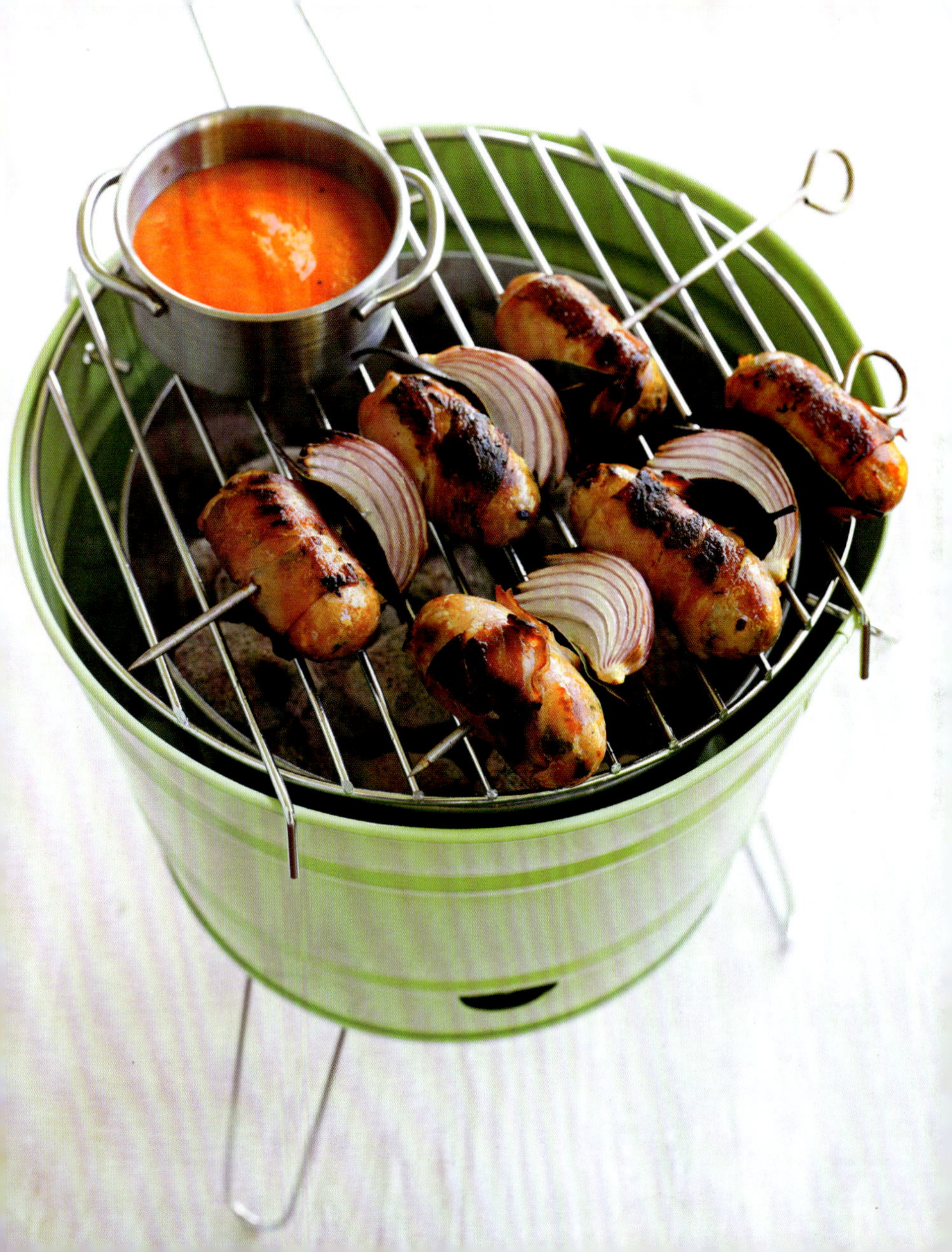

kebabs clássicos

6 porções
Preparo: **15 minutos**, mais o tempo da marinada
Cozimento: **10-15 minutos**

375 g de **carne de cordeiro** moída
1 **cebola** picada
2 colheres (chá) de **suco de limão**
1 **ovo** batido
2 colheres (sopa) de **farinha de trigo**
2 colheres (sopa) de **coentro** picado
½ colher (chá) de **sal**
óleo para untar

Marinada
4 colheres (sopa) de **iogurte natural**
1 colher (sopa) de **curry** (picante ou não)
1 **dente de alho** amassado

Para servir
cebola roxa em fatias
pimentão vermelho em tiras
1 colher (sopa) de **salsinha** picada
1 colher (chá) de **páprica**
gomos de limão

Misture com as mãos todos os ingredientes do kebab numa tigela, exceto o óleo, até ficar homogêneo. Divida em 6 partes e modele 6 kebabs de mesmo tamanho.

Faça a marinada. Misture o iogurte, o curry e o alho numa travessa. Coloque os kebabs em espetos untados com óleo e deixe marinar por 2-4 horas.

Retire os espetos da marinada. Pincele com óleo e grelhe na churrasqueira em temperatura média por 10-15 minutos, virando de vez em quando.

Sirva quentes polvilhados com páprica e acompanhados de cebola, pimentão, salsinha e gomos de limão.

Variação: sanduíche de kebab. Prepare e grelhe os kebabs como acima e coloque-os em seis pães sírios torrados e recheados com alface picada, fatias de tomate e um pouco de Molho de tahine (p. 98).

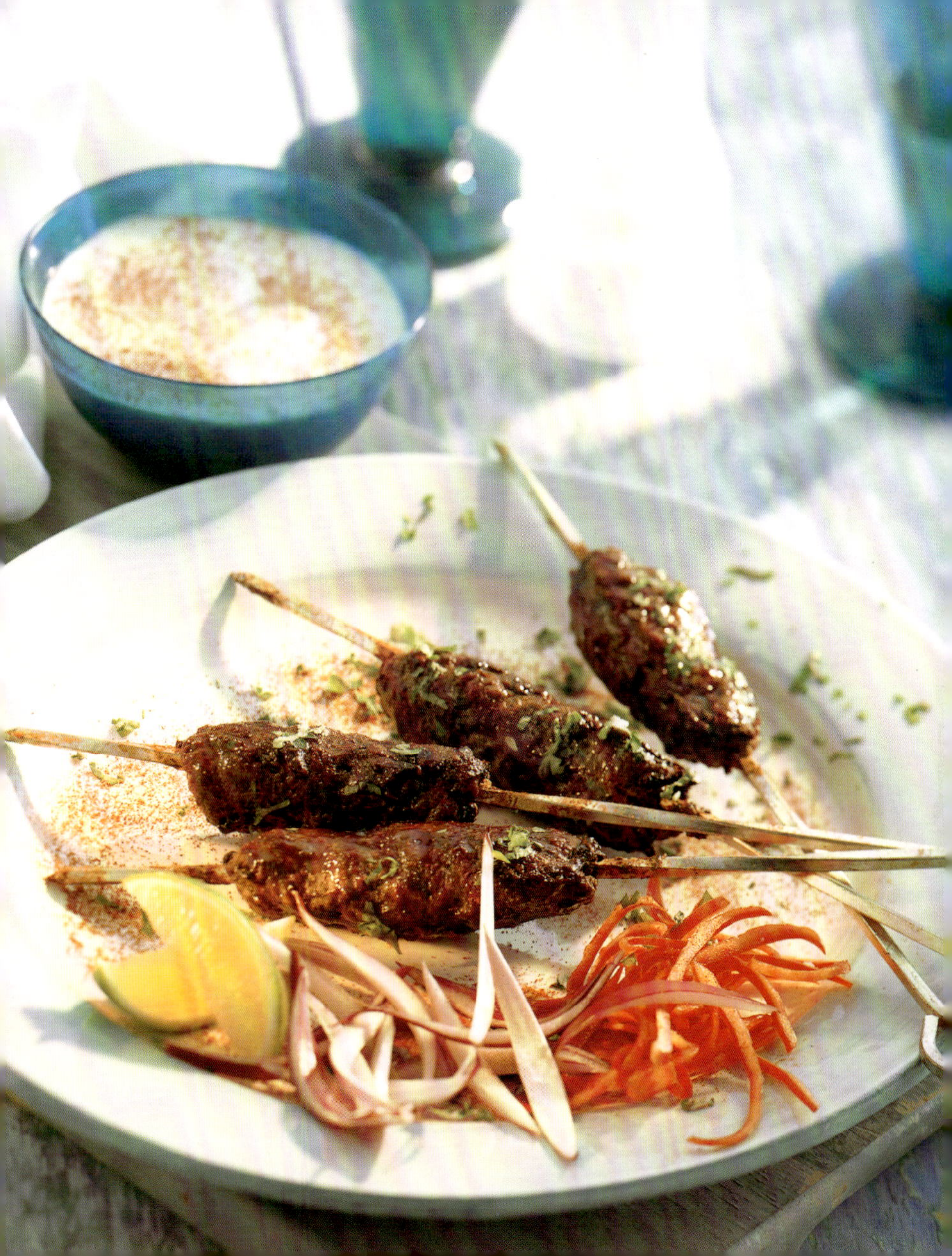

espetos de camarão e pintado

4 porções
Preparo: **15 minutos**, mais o tempo de demolha e da marinada
Cozimento: **4-6 minutos**

8 ramos de **alecrim**
500 g de **filé de pintado** em 16 cubos
16 **camarões** grandes limpos com a cauda
2 **dentes de alho** amassados
raspas e suco de 1 **limão**
1½ colher (sopa) de **azeite extravirgem**
uma receita de **Aïoli** (p. 122) com 1 colher (sopa) de **suco de limão** acrescentado às gemas

Tire as folhas de alecrim dos ramos, deixando algumas na ponta. Corte a outra ponta em forma de lança. Deixe de molho em água fria por 30 minutos. Pique 1 colher (sopa) de folhas de alecrim e reserve.

Coloque os cubos de peixe nos espetos de alecrim, alternando com camarões. Cada espeto deve ter 2 cubos de peixe e 2 camarões. Coloque numa travessa não metálica.

Misture o alecrim picado, o alho, as raspas de limão, um pouco de sal e pimenta e o azeite, espalhe sobre os espetos e deixe marinar por 1 hora. Retire e grelhe por 2-3 minutos de cada lado até ficarem assados. Esprema o suco de limão por cima e sirva com o aïoli de limão.

Variação: peixe branco com presunto cru. Envolva 4 filés do peixe branco de sua preferência (200 g cada um) em fatias de presunto cru e fixe com palitos. Unte com azeite e grelhe por 5-6 minutos, virando na metade do tempo. Deixe descansar por 5 minutos e sirva com aïoli e salada de rúcula.

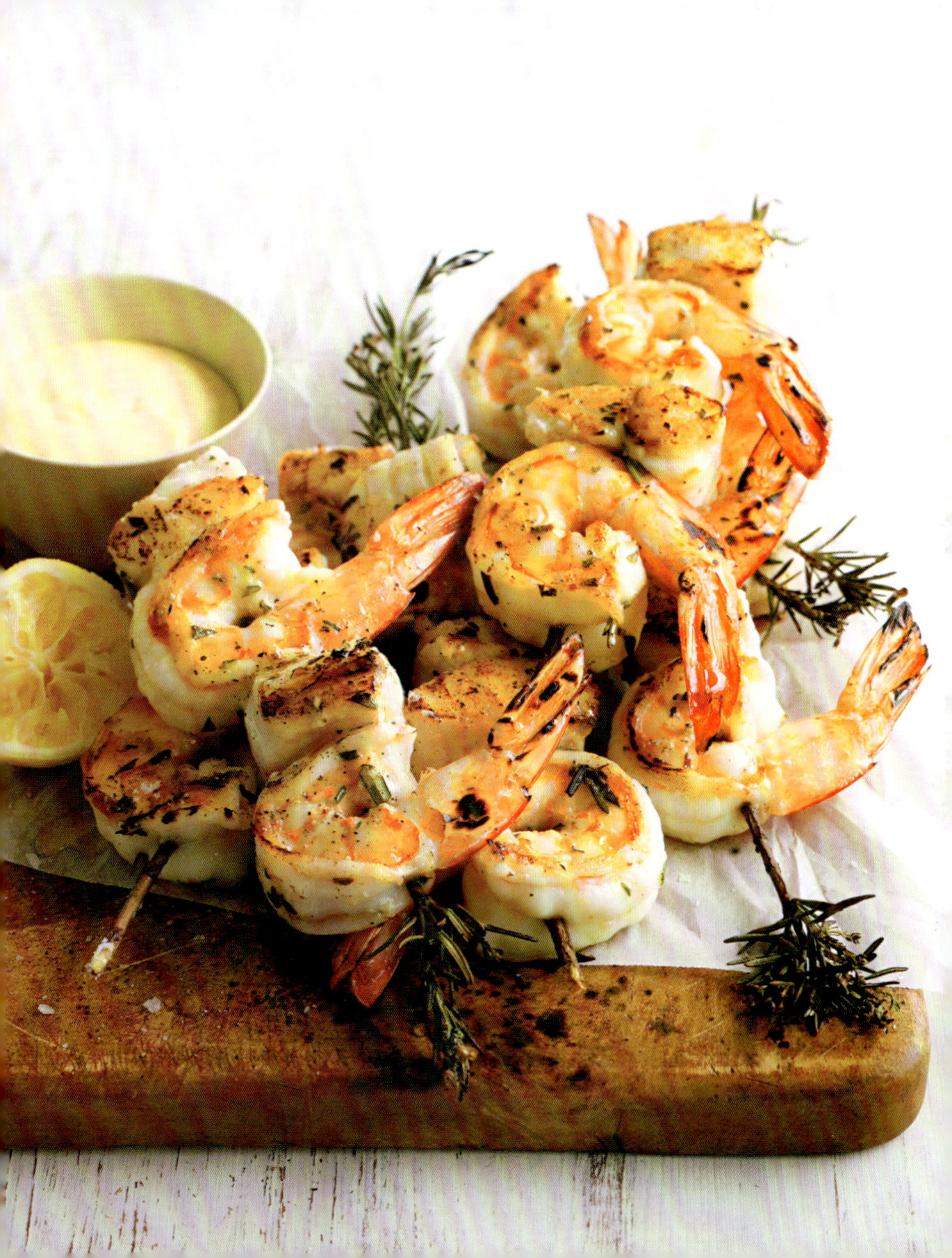

peixe-espada com molho de tahine

4 porções
Preparo: **20 minutos**, mais o tempo da marinada
Cozimento: **4-6 minutos**

1 kg de **peixe-espada** (ou outro tipo de peixe) em cubos
2 colheres (chá) de **açafrão em pó**
1 colher (chá) de **canela em pó**
raspas de 1 **limão**
2 colheres (sopa) de **azeite**
8 **pães sírios**
100 g de **folhas de salada**
4 **tomates** maduros em quartos
algumas **folhas de hortelã** picadas
sal e **pimenta** a gosto

Molho de tahine
150 g de **iogurte natural**
2 colheres (chá) de **tahine**
1 colher (chá) de **suco de limão**
1 **dente de alho** amassado

Deixe 8 espetos de molho em água fria por 30 minutos. Coloque o peixe-espada numa travessa e tempere com o açafrão, a canela, as raspas de limão, o azeite, um pouco de sal e pimenta e deixe marinando por 15 minutos. Distribua o peixe nos espetos e grelhe na churrasqueira quente por 2-3 minutos de cada lado.

Enquanto isso, coloque os ingredientes do molho numa tigela e misture bem. Tempere com sal e pimenta a gosto.

Disponha metade dos pães abertos em pratos. Cubra com folhas de salada, tomate, hortelã, um espeto de peixe e um pouco de molho. Coloque a outra parte do pão por cima. Faça o mesmo com os ingredientes restantes.

Variação: sanduíche de peixe-espada grelhado.
Tempere 4 filés de peixe-espada de 200 g com sal e pimenta e grelhe por cerca de 1 minuto de cada lado. Enquanto isso, torre levemente 8 fatias de pão italiano. Cubra metade dos pães com os filés, rúcula e um pouco de Pesto (p. 158), feche os sanduíches com a outra metade dos pães e sirva.

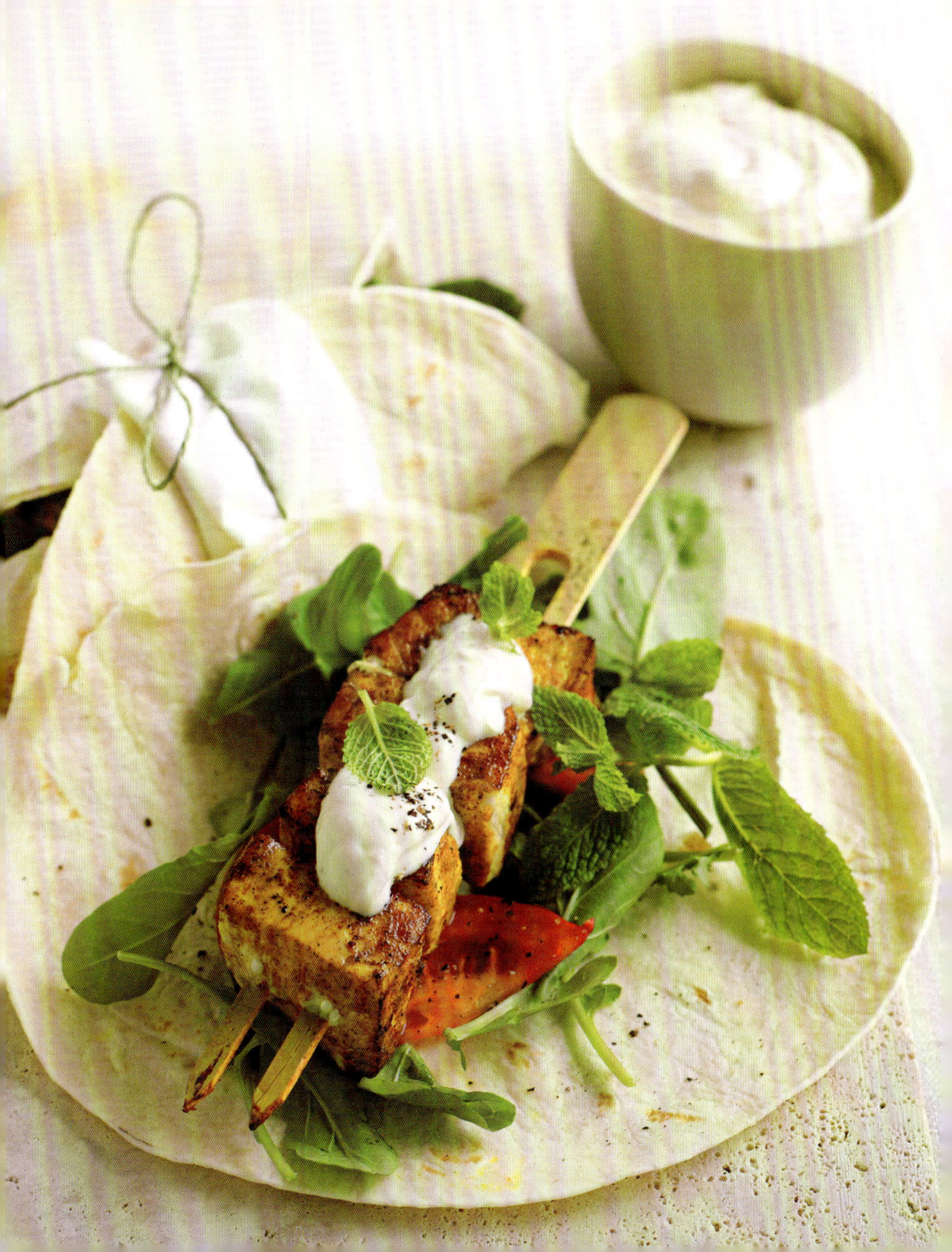

espetos de camarão

4 porções
Preparo: **10 minutos**, mais o tempo da marinada
Cozimento: **18-23 minutos**

12 **camarões médios** limpos com cauda
175 g de **arroz**
175 g de **ervilhas frescas** ou **congeladas**
8 **fatias de bacon** enroladas
50 g de **margarina** ou **manteiga**
125 g de **cogumelos** sem os talos picados

Molho balsâmico
5 colheres (sopa) de **azeite**
2 colheres (sopa) de **vinagre balsâmico**
2 colheres (sopa) de **orégano** ou **manjerona** picados
2 **dentes de alho** amassados
pimenta-do-reino a gosto

Misture os ingredientes do molho numa tigela rasa. Junte os camarões, envolva-os bem com o molho, cubra e deixe marinando por 1 hora.

Coloque o arroz numa panela grande com água fervente e sal e cozinhe por 12-15 minutos, até ficar macio. Vire num escorredor para tirar a água.

Enquanto isso, cozinhe as ervilhas numa panela separada e deixe ferver levemente em água com sal por 5 minutos, até ficarem macias. Coe.

Tire os camarões, reservando o molho, e coloque-os em 4 espetos de metal, alternando-os com os rolinhos de bacon.

Grelhe na churrasqueira quente por 6-8 minutos, virando os espetinhos muitas vezes e pincelando os camarões e o bacon com o molho restante, até que os camarões fiquem macios e o bacon, crocante.

Enquanto isso, derreta a margarina numa panela, acrescente os cogumelos e frite levemente por 3 minutos.

Misture as ervilhas e o arroz e sirva em pratos individuais, com os kebabs.

Variação: kebabs de peixe e hortelã. Deixe marinar 250 g de cada de peixe branco e salmão em cubos no Molho de iogurte e limão (p. 186) por 30 minutos. Retire e coloque-os alternadamente em espetos. Grelhe na churrasqueira em temperatura média por 3-4 minutos de cada lado, até cozinharem por inteiro. Sirva com o arroz da receita.

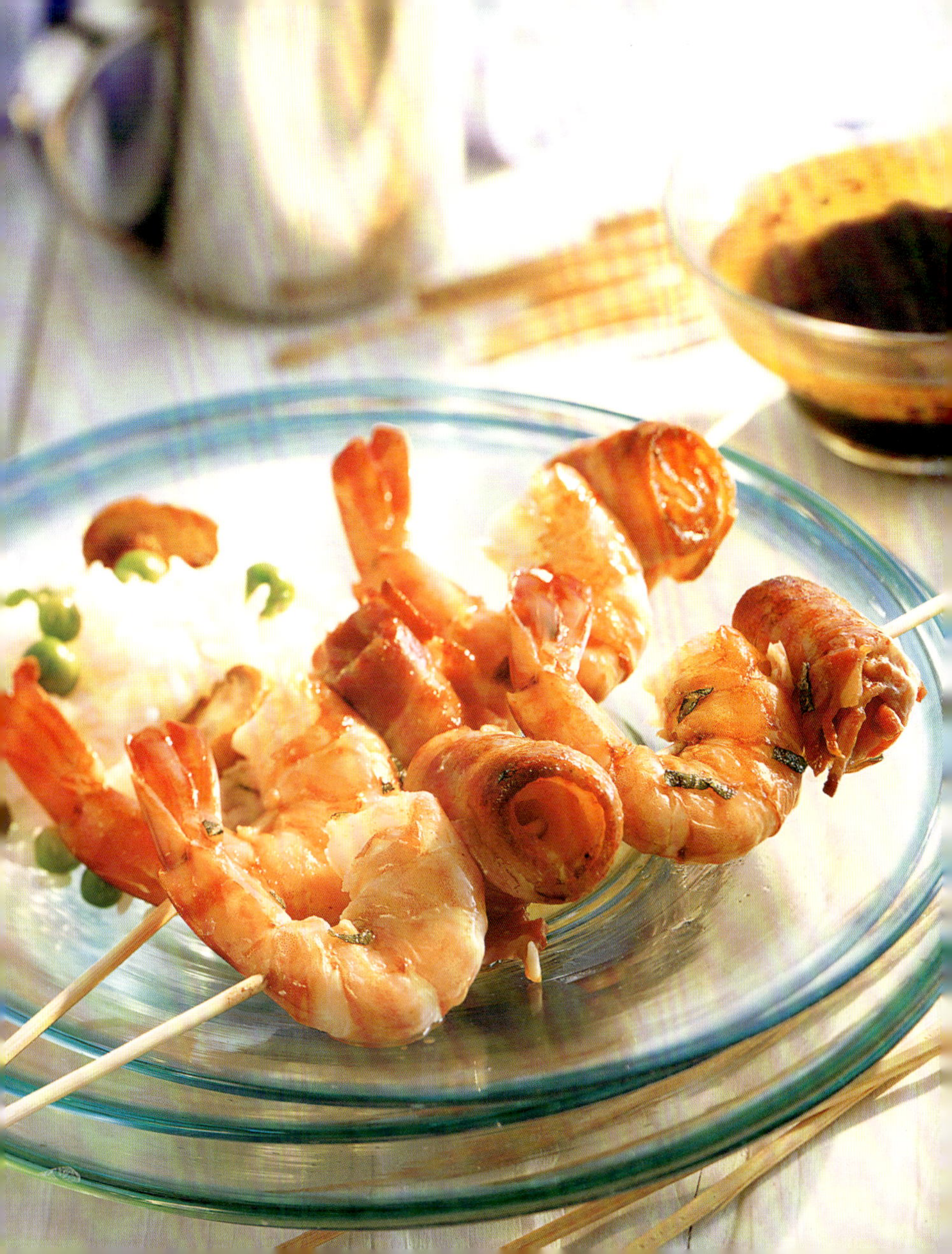

espetos de frango à tailandesa

4 porções
Preparo: **10 minutos**, mais o tempo da marinada
Cozimento: **4-6 minutos**

4 **filés de peito de frango** sem pele (125 g cada um) cortados em três tiras
coentro picado para servir

Marinada
4 colheres (sopa) de **shoyu**
4 colheres (sopa) de **suco de limão**
1 **dente de alho** amassado
1 colher (chá) de **curry em pó**
1 colher (chá) de **pasta de amendoim**
uma pitada de **pimenta moída**

Molho satay
1 colher (sopa) de **pasta de amendoim**
2 colheres (sopa) de **suco de limão**
1 colher (chá) de **curry em pó**
1 **dente de alho** amassado
4 colheres (sopa) de **água**

Deixe 12 espetinhos de molho em água fria por 30 minutos. Coloque todos os ingredientes da marinada numa travessa e misture até virar uma pasta.

Coloque as tiras de frango nos espetinhos, cubra com a marinada e deixe de molho em temperatura ambiente por 2 horas.

Misture todos os ingredientes do molho numa tigela até ficar uma massa homogênea.

Grelhe as tiras de frango na churrasqueira quente por 2-3 minutos de cada lado. Cubra com coentro picado e sirva com bastante molho satay.

Variação: espetos de carne à tailandesa. Corte 500 g de contrafilé ou alcatra em tiras e coloque em 12 espetos (que tenham ficado de molho em água fria), formando um ziguezague. Deixe marinar no molho satay como acima, depois grelhe na churrasqueira quente por 2-3 minutos de cada lado. Sirva com Molho nam jim (p. 112).

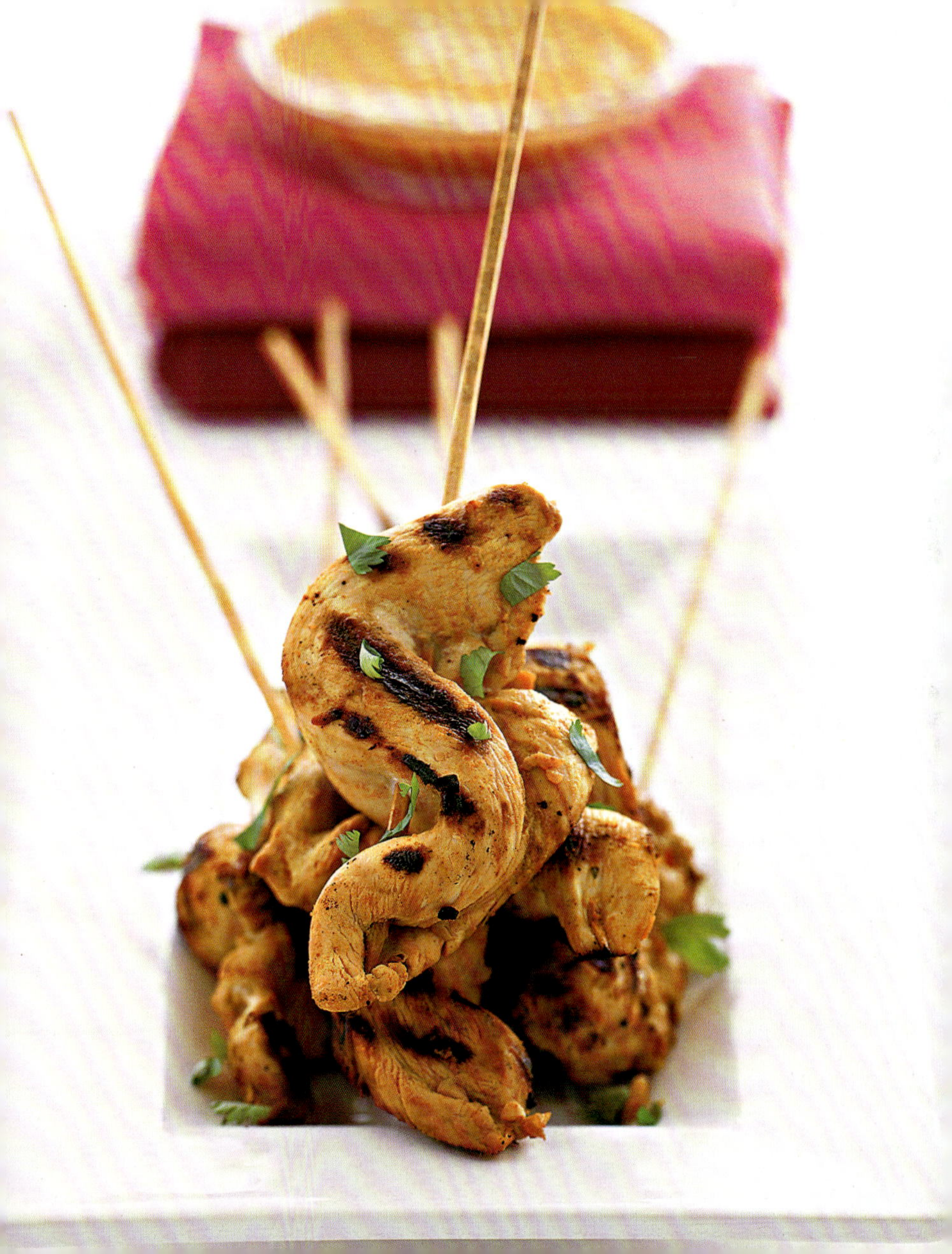

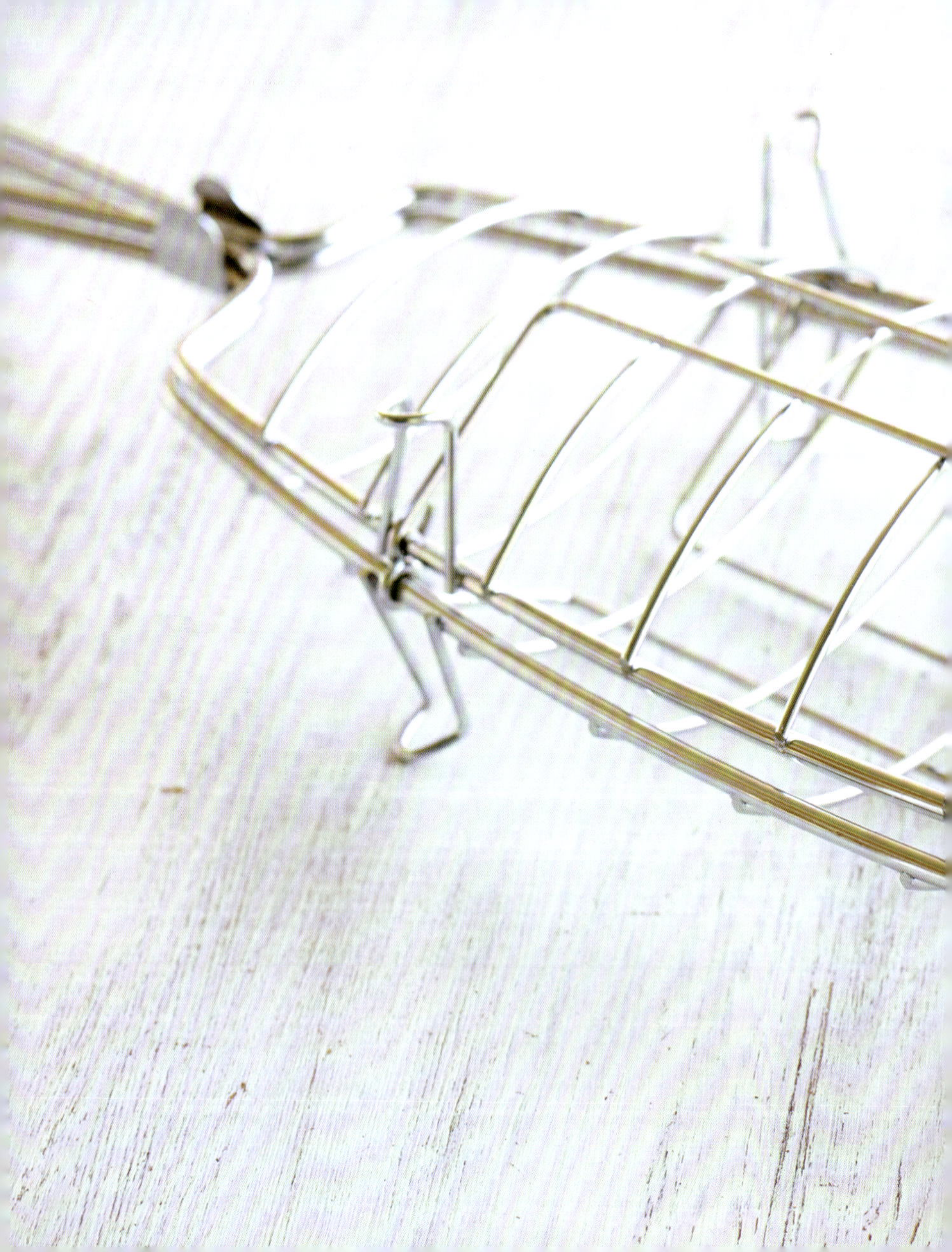

peixes e frutos do mar

salmão marroquino com fatuche

4 porções
Preparo: **20 minutos**, mais o tempo da marinada
Cozimento: **7-9 minutos**

4 **filés de salmão** (200 g cada um)
1 porção de **Pasta de temperos marroquina** (p. 190)
óleo para untar

Salada fatuche
1 **pimentão verde** picado
1 **pepino** em cubos
2 **tomates** em cubos
½ **cebola roxa** picada
2 colheres (sopa) de **salsinha** picada
2 colheres (sopa) de **coentro** picado
2 **pães sirios** grandes
3 colheres (sopa) de **azeite**
1 colher (sopa) de **suco de limão-siciliano**
sal e **pimenta** a gosto

Limpe o salmão de qualquer resíduo de espinhas e coloque numa travessa de cerâmica. Espalhe a pasta sobre os filés. Deixe marinar por 2-4 horas.

Faça a salada. Misture o pimentão, o pepino, os tomates, a cebola e as ervas numa tigela. Toste os pães na churrasqueira quente por 30 segundos de cada lado, deixe esfriar e pique. Acrescente à tigela com o azeite e o suco de limão. Tempere e misture bem.

Retire o peixe da travessa, unte com um pouco de óleo e grelhe na churrasqueira quente por 3-4 minutos de cada lado, até ficar ao ponto de sua preferência. Deixe esfriar um pouco e sirva com a salada.

Variação: enrolados de salmão e presunto cru.
Enrole 4 filés de salmão de 200 g em fatias de presunto cru, fixando com um palito. Grelhe na churrasqueira quente por 3-4 minutos de cada lado, deixe esfriar um pouco e sirva com o Molho vermelho italiano (p. 92).

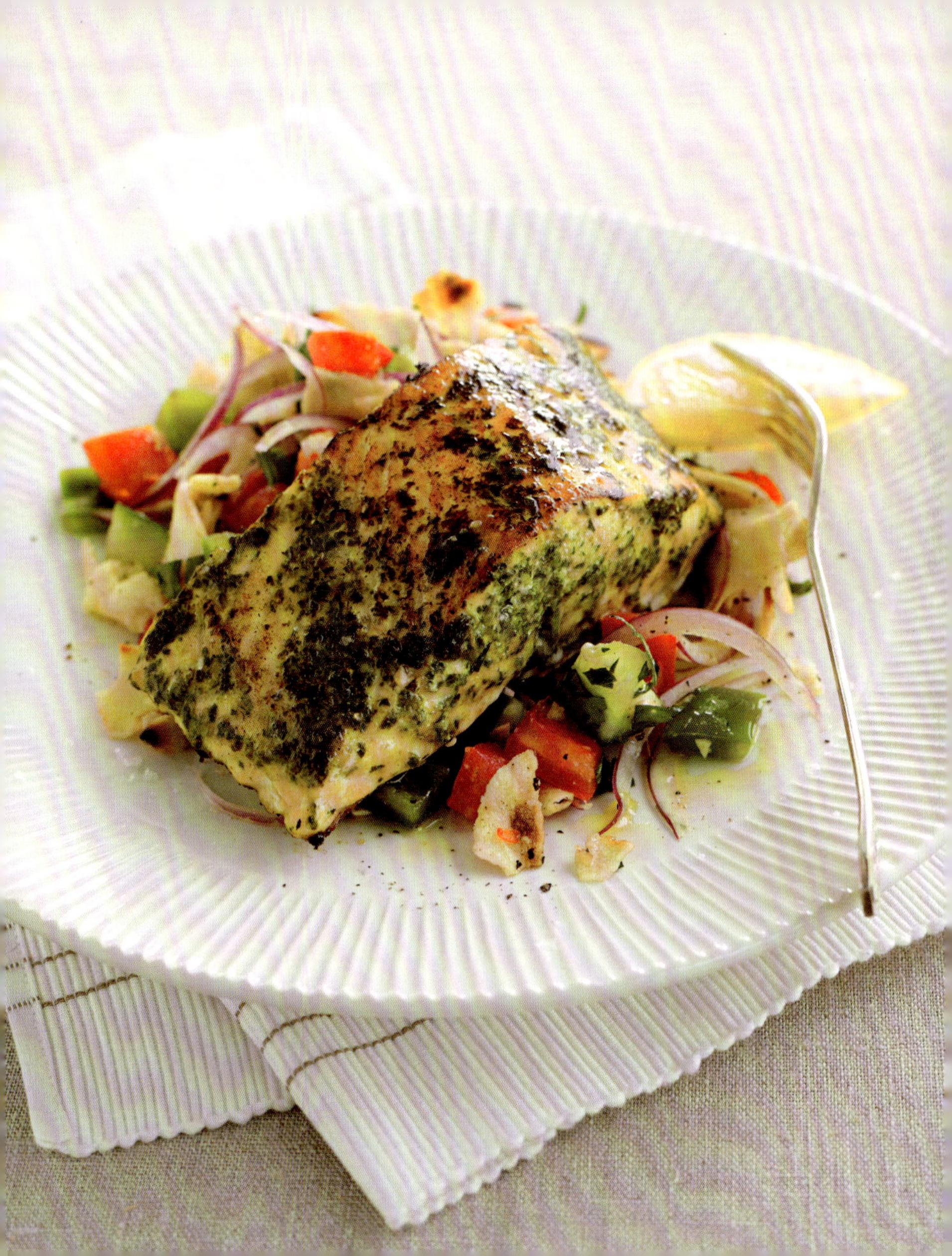

salmonete com folha de uva

4 porções
Preparo: **20 minutos**
Cozimento: **8-10 minutos**

6 colheres (sopa) de **azeite**
2 colheres (sopa) de **suco de limão**
2 colheres (sopa) de **endro** (ou **dill**) picado
2 talos de **cebolinha** picados
1 colher (chá) de **mostarda em pó**
8 **folhas de uva** que tenham ficado em salmoura
4 **salmonetes** (350 g cada um) inteiros e limpos
4 **folhas de louro**
4 ramos de **endro** (ou **dill**) e mais um pouco para decorar
sal e **pimenta** a gosto
gomos de limão para servir

Deixe 4 pedaços de linha de cozinha de cerca de 30 cm de molho em água fria por 10 minutos.

Coloque o azeite, o suco de limão, o endro picado, a cebolinha, a mostarda, sal e pimenta numa tigela e misture bem. Lave e seque as folhas de uva e disponha-as em pares, uma ligeiramente por cima da outra.

Faça cortes dos dois lados dos peixes e passe neles um pouco do molho de azeite e limão. Recheie com uma folha de louro e um ramo de endro. Coloque cada peixe sobre um par de folhas de uva e enrole. Espalhe de novo o molho e fixe bem as folhas com a linha de cozinha molhada.

Grelhe o peixe na churrasqueira quente por 4-5 minutos de cada lado, pincelando mais do molho, se necessário, até dourar bem. Deixe o peixe descansar por alguns minutos, retire as folhas e a linha e espalhe o restante do molho. Decore com ramos de endro e sirva com a Salada de tomate e azeitona (p. 86), se quiser.

Variação: enrolados de queijo de cabra e folha de uva. Corte uma peça de 250 g de queijo de cabra em 8 fatias. Coloque 1 fatia no centro de 1 folha de uva lavada e seca, embrulhe e fixe com um palito. Faça o mesmo com as outras fatias. Grelhe na churrasqueira quente por 2-3 minutos de cada lado até o queijo começar a soltar liquido. Sirva com pão torrado.

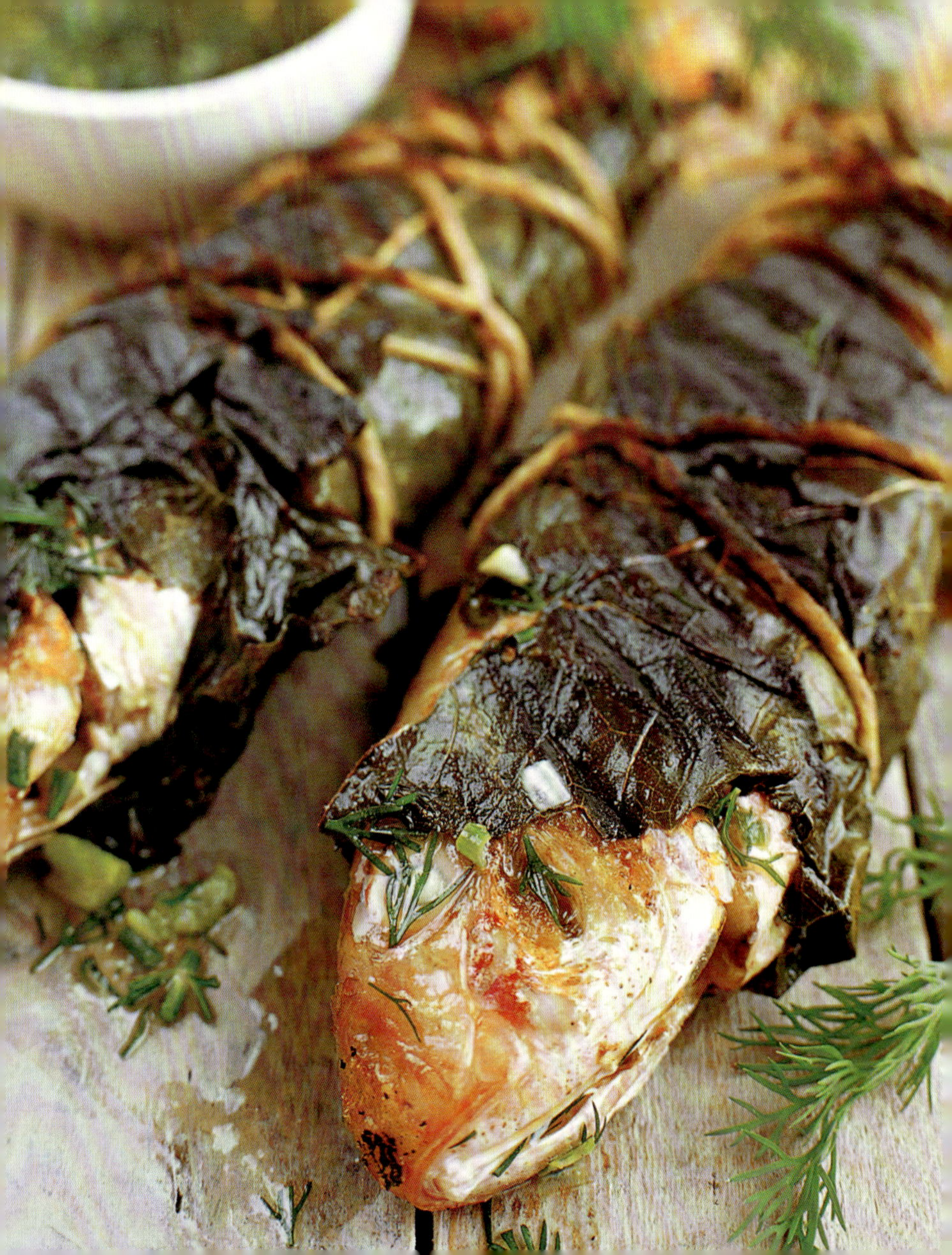

vôngoles com coco

4 porções
Preparo: **10 minutos**, mais o tempo da demolha
Cozimento: **8 minutos**

- 2 kg de **vôngoles** frescos
- 2 **dentes de alho** picados
- 2 colheres (chá) de **gengibre ralado**
- 1 **pimenta vermelha** grande picada
- 8 **folhas de limão** picadas
- 1 talo de **capim-limão** picado em pedaços grandes
- 200 ml de **leite de coco**
- suco de 1 **limão**
- 1 colher (sopa) de **açúcar mascavo**
- **coentro** picado para decorar
- **pão** para servir

Deixe os vôngoles de molho em bastante água fria por 1 hora. Coe, lave e limpe as conchas se estiverem sujas. Arrume 4 pedaços de papel-alumínio e coloque ¼ dos vôngoles sobre cada um. Cubra com alho, gengibre, pimenta, folhas de limão e capim-limão e vire as bordas do papel para formar cestinhas.

Misture o leite de coco, o suco de limão e o açúcar e espalhe ¼ sobre cada cestinha. Feche o papel-alumínio e leve à churrasqueira quente por 8 minutos. Transfira para pratos, decore com coentro e sirva com pão.

Variação: vôngoles com manteiga de alho e cebolinha. Bata 125 g de manteiga em temperatura ambiente, 1 dente de alho amassado, 2 colheres (sopa) de cebolinha e um pouco de pimenta-do-reino. Divida os vôngoles em cestinhas de papel-alumínio como descrito acima e adicione 2 colheres (sopa) de vinho branco seco a cada uma. Espalhe a manteiga por cima e feche. Cozinhe como explicado acima e sirva com pão.

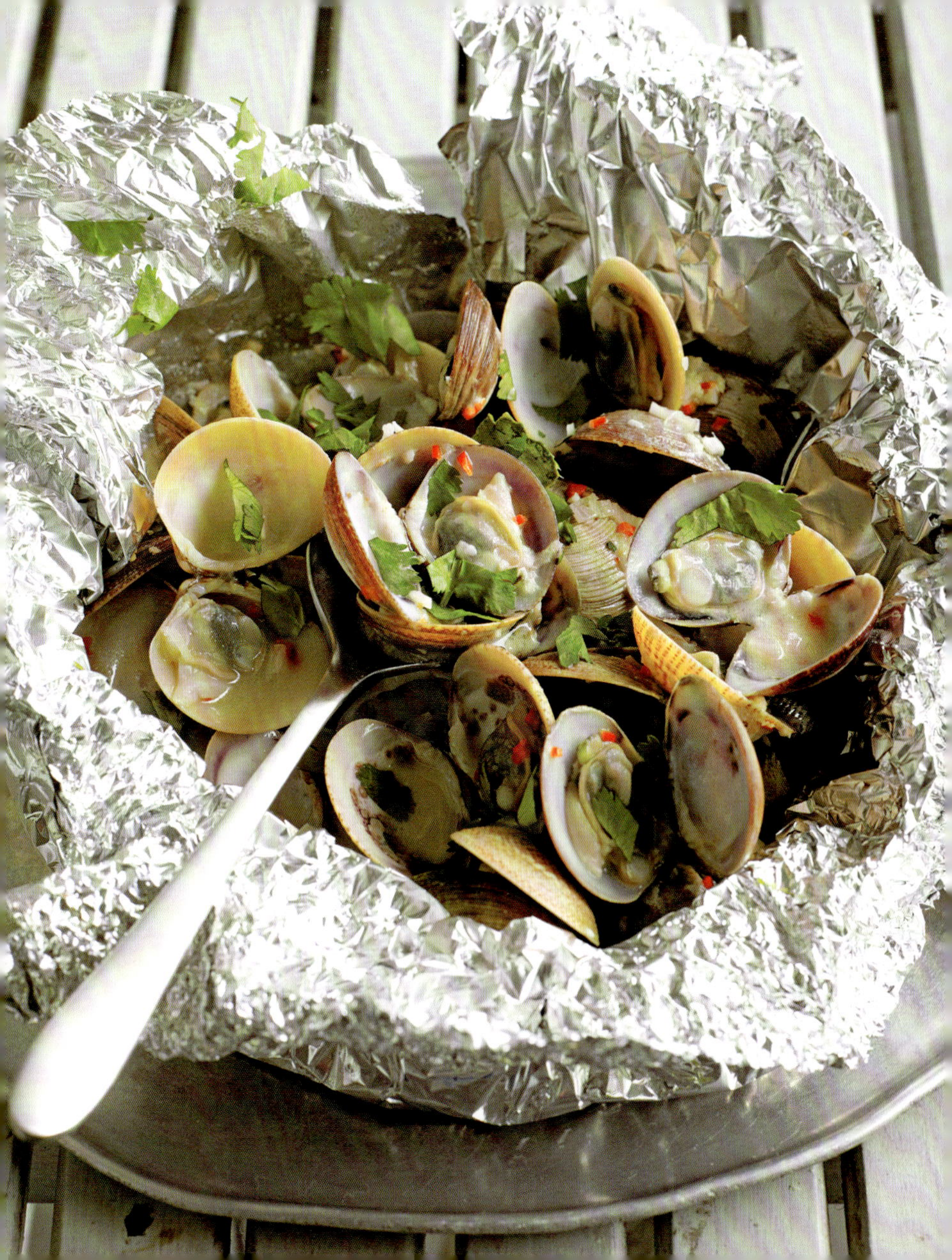

vieiras com molho nam jim

4 porções
Preparo: **5 minutos**
Cozimento: **3 minutos**

24 **vieiras em metade da concha** ou **na concha inteira**

Molho nam jim
2 variedades de **pimenta vermelha** (do tipo de sua preferência) grandes sem sementes e picadas
2 **dentes de alho** picados
uma pitada de **sal**
1 colher (sopa) de **coentro** picado
25 g de **açúcar mascavo**
1 colher (sopa) de **molho de peixe tailandês**
2 colheres (sopa) de **suco de limão**

Comece pelo molho. Amasse as pimentas, o alho e o sal no pilão até formar uma pasta. Transfira para uma tigela e acrescente o coentro, o açúcar, o molho de peixe e o suco de limão. Misture até que o açúcar dissolva.

Use uma faca para soltar as vieiras, mas deixe-as nas conchas. Leve as conchas para a churrasqueira quente e asse por 3 minutos. Coloque nos pratos, cubra com uma colher cheia de molho e sirva quente.

Como alternativa, coloque as vieiras em espetos que tenham ficado de molho por 30 minutos. Asse por 1 minuto de cada lado e sirva com o molho.

Variação: vieiras com molho de limão em conserva.
Misture 25 g de limão em cubos, 25 g de tomates secos picados, duas cebolinhas picadas, 1 colher (sopa) de manjericão picado, 4 colheres (sopa) de azeite e um pouco de sal e pimenta. Asse as vieiras como indicado acima e sirva cobertas com esse molho.

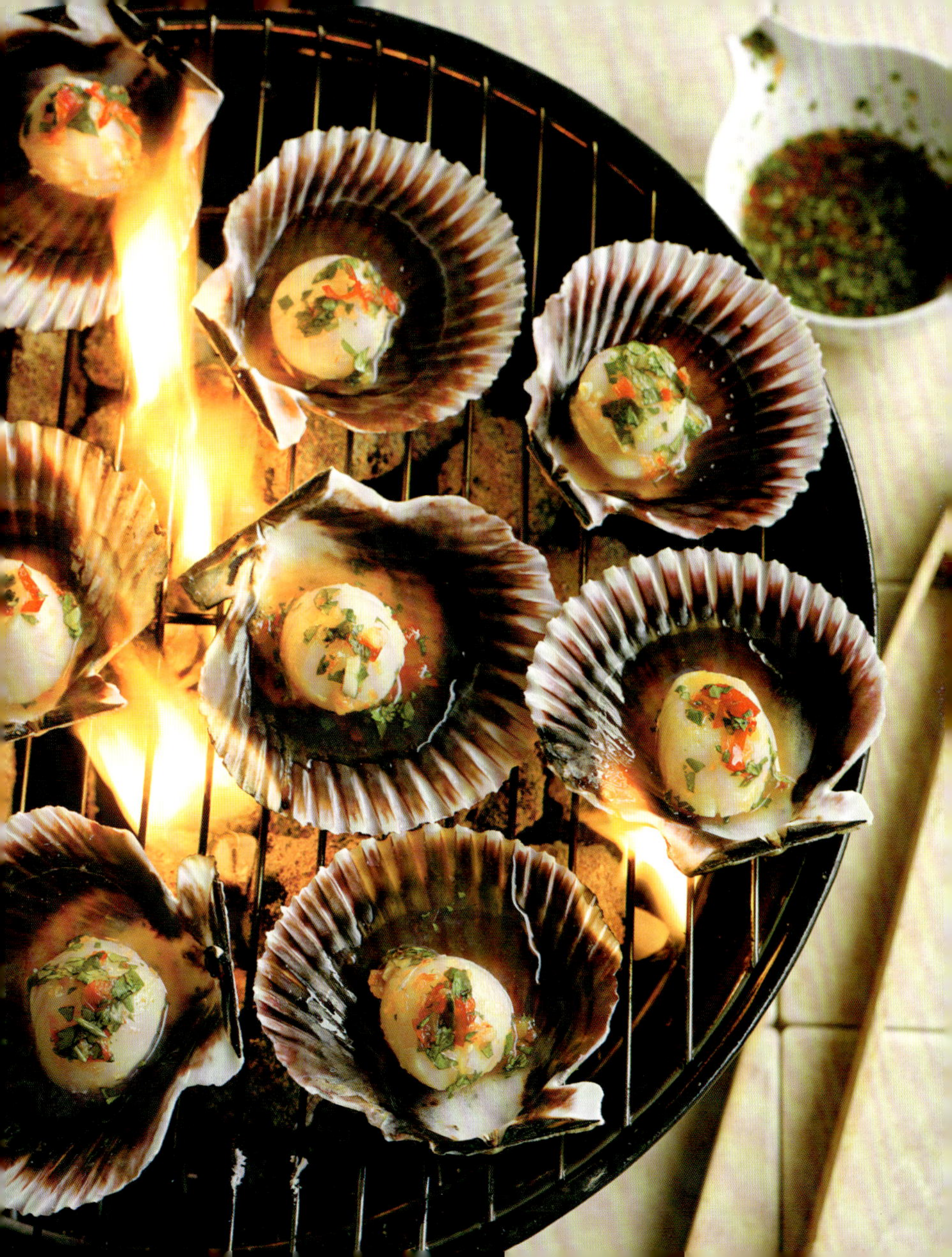

lula grelhada com geleia de pimenta

4 porções
Preparo: **15 minutos**, mais o tempo de resfriamento e da marinada
Cozimento: **50 minutos**

1 kg de **lula** limpa
2-4 **dentes de alho** amassados
1 colher (sopa) de **sal grosso**
1 colher (sopa) de **açúcar mascavo**
gomos de limão para servir

Geleia de pimenta
4 **pimentas-malaguetas**
500 g de **tomates**
2 **dentes de alho** amassados
175 g de **açúcar mascavo**
125 ml de **vinagre de vinho tinto**
sal e **pimenta** a gosto

Coloque todos os ingredientes da geleia numa panela e ferva por 45 minutos até reduzir e ficar com consistência de geleia. Deixe esfriar completamente.

Retire os tentáculos e a tinta do interior das lulas e deixe somente a parte de fora, macia.

Corte as lulas ao meio pelo comprimento e depois pela largura e faça cortes em diagonal em toda a superfície. Coloque as lulas numa tigela e junte o alho, o sal e o açúcar, misturando bem. Deixe marinar por 15 minutos.

Grelhe a lula na churrasqueira quente por 1-2 minutos, decore com gomos de limão e sirva com geleia de pimenta.

Variação: lula para molho piri-piri. Para esse molho (p. 198), corte oito lulas de tamanho médio ao meio no sentido do comprimento. Limpe as lulas, como indicado acima, pincele com óleo e tempere com sal e pimenta. Asse na churrasqueira quente por 1-2 minutos, transfira para uma tábua e corte em pedacinhos. Sirva com o piri-piri.

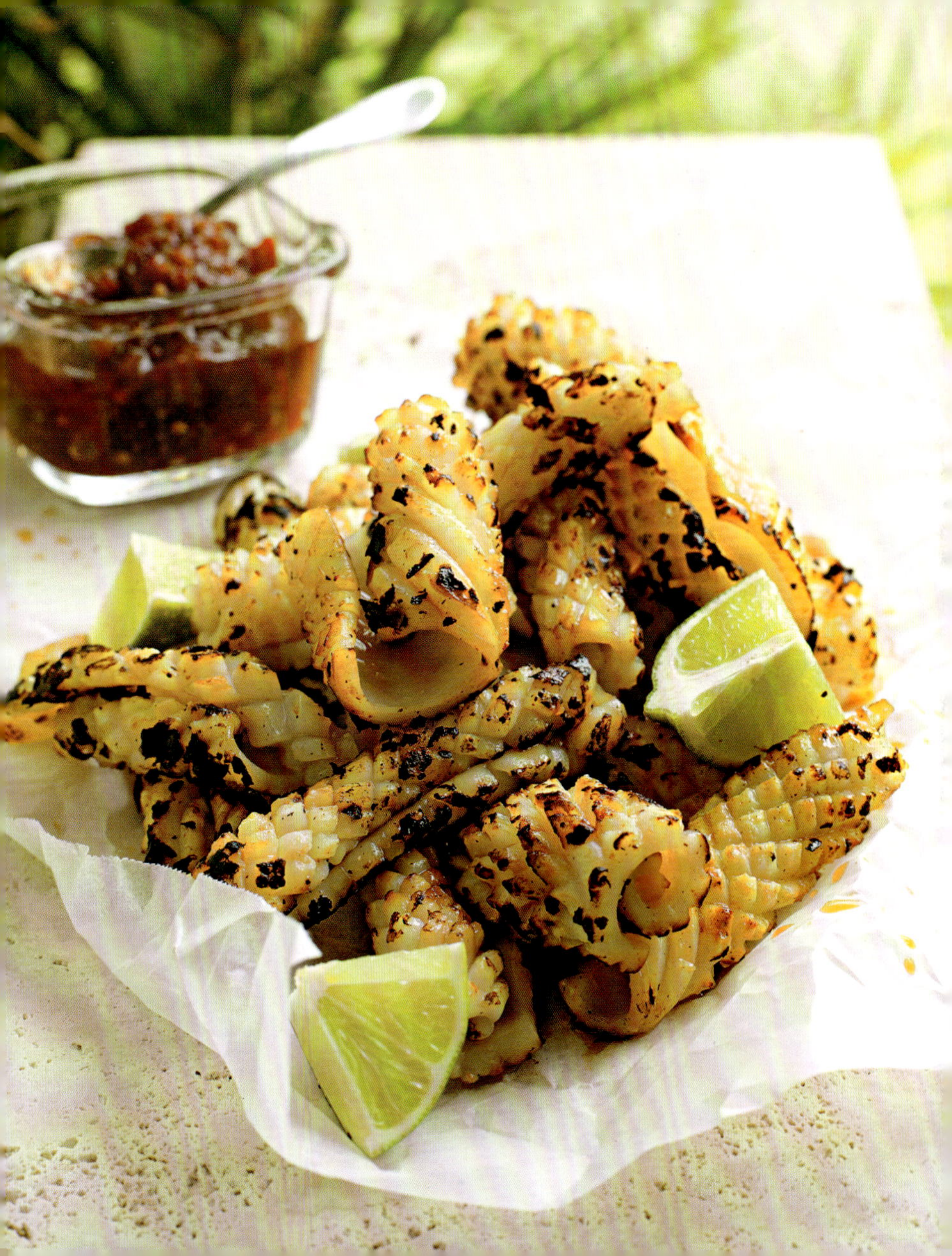

camarões com molho asiático

4 porções
Preparo: **10 minutos**, mais o tempo da marinada
Cozimento: **6 minutos**

24 **camarões grandes** limpos

Marinada
- 4 colheres (sopa) de **azeite**
- 2 **dentes de alho** fatiados
- 2 colheres (chá) de **gengibre** ralado
- 1 **pimenta-malagueta** picada
- 4 **folhas de limão** picadas
- 1 talo de **capim-limão** picado
- 2 colheres (sopa) de **molho de peixe tailandês**
- 2 colheres (sopa) de **suco de limão**
- 4 colheres (chá) de **açúcar mascavo**
- **sal** e **pimenta** a gosto

Para decorar
- 1 colher (sopa) de cada de **coentro**, **hortelã** e **manjericão** picados
- 1 **pimenta vermelha** grande picada

Misture os ingredientes da marinada numa travessa não metálica. Junte os camarões, cubra-os bem com o molho e deixe marinar por 30 minutos. Enquanto isso, deixe 24 espetos de molho em água fria por 30 minutos.

Coloque um camarão em cada espeto e transfira o molho da marinada para uma panela.

Grelhe os camarões na churrasqueira quente por 2 minutos de cada lado, depois disponha numa travessa. Aqueça a panela com molho até ferver, depois espalhe sobre os camarões. Sirva com as ervas e os pedaços de pimenta.

Acompanhamento: salada asiática de folhas.
Coloque 125 g de folhas variadas numa tigela e acrescente 1 cenoura ralada, ½ pepino sem sementes em fatias finas e 50 g de brotos de feijão. Bata 2 colheres (sopa) de azeite, 2 colheres (sopa) de shoyu, 1 colher (chá) de suco de limão e 1 colher (chá) de mel. Espalhe sobre a salada e misture bem.

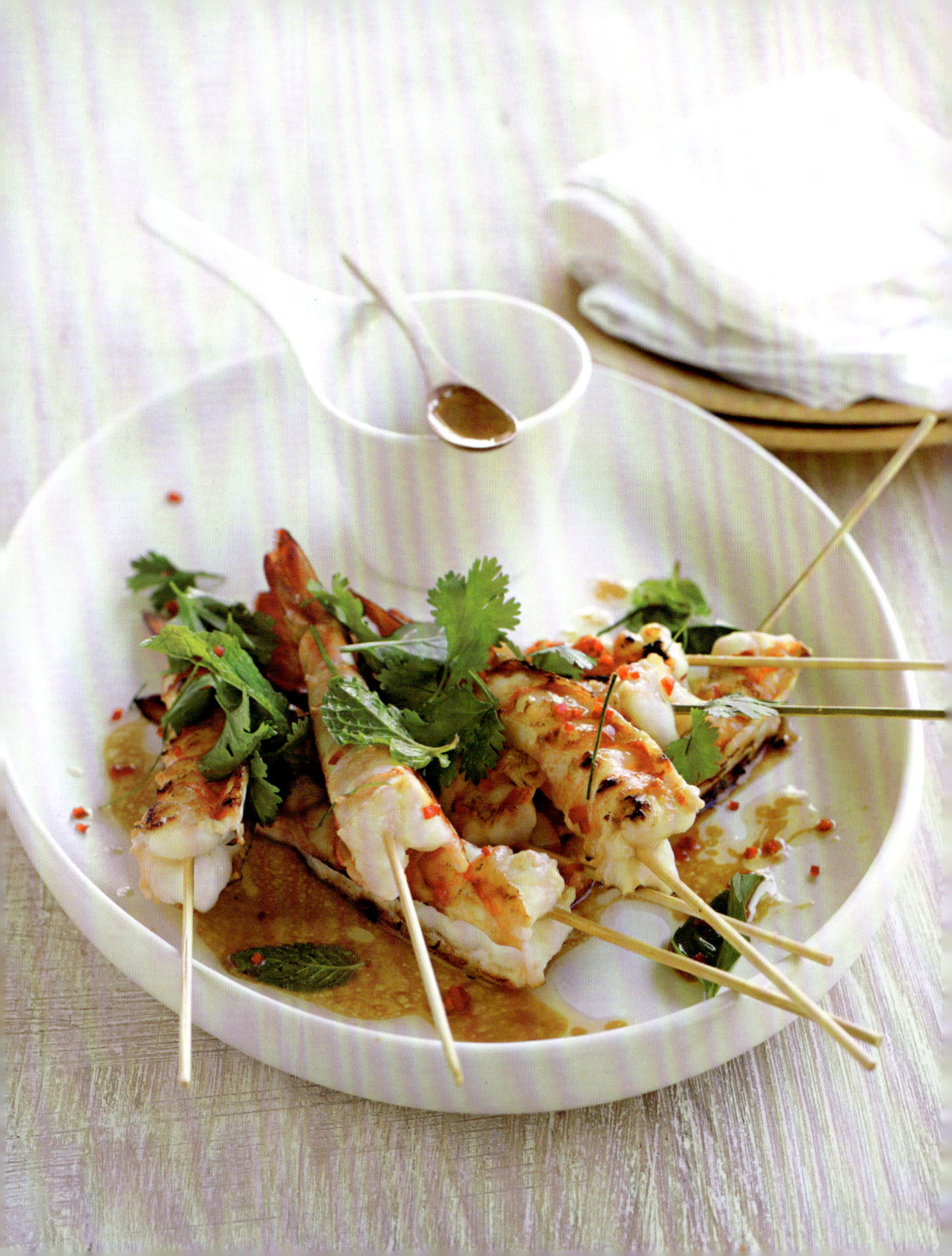

robalo com aïoli de limão

4 porções
Preparo: **30 minutos**
Cozimento: **20-25 minutos**

4 **batatas** grandes
4 colheres (sopa) de **azeite**
4 **filés de robalo** (175-250 g cada um)
sal e **pimenta** a gosto

Aïoli de limão
4-6 **dentes de alho** amassados
2 **gemas**
suco e raspas finas de 2 **limões**
300 ml de **azeite extravirgem**

Para decorar
fatias de **limão** grelhadas
tiras de **cebolinha**

Prepare o aïoli batendo o alho, as gemas e o suco de limão no processador. Com o eletrodoméstico ainda ligado, acrescente aos poucos o azeite em um filete fino e constante, até obter um creme espesso. Transfira para uma tigela, junte as raspas de limão e tempere com sal e pimenta. Reserve.

Fatie as batatas e pincele bem com azeite. Salpique sal e pimenta e grelhe na churrasqueira quente por 8-10 minutos de cada lado, até ficarem douradas e macias. Retire e mantenha aquecidas.

Limpe os filés de robalo, pincele bem com o restante do azeite e grelhe, com o lado da pele para baixo, na churrasqueira quente por 3-4 minutos, até assarem levemente, virando uma vez na metade do tempo. Retire e sirva o peixe, as batatas e o aïoli num prato decorado com as fatias de limão e a cebolinha.

Variação: filés de robalo com soja e gengibre.
Coloque 4 filés de robalo de 200 g cada um sobre 4 pedaços de papel-alumínio. Cubra-os com um pouco de cebolinha picada, gengibre ralado, uma fatia de alho e 1 anis-estrelado. Misture 1 colher (sopa) de shoyu com o suco de ½ limão, 2 colheres (sopa) de vinagre de arroz (ou de vinho branco) e 2 colheres (sopa) de óleo de gergelim e espalhe sobre os filés. Embrulhe os filés no papel-alumínio e asse na churrasqueira quente por 5 minutos. Retire, deixe descansar por 5 minutos e sirva com arroz.

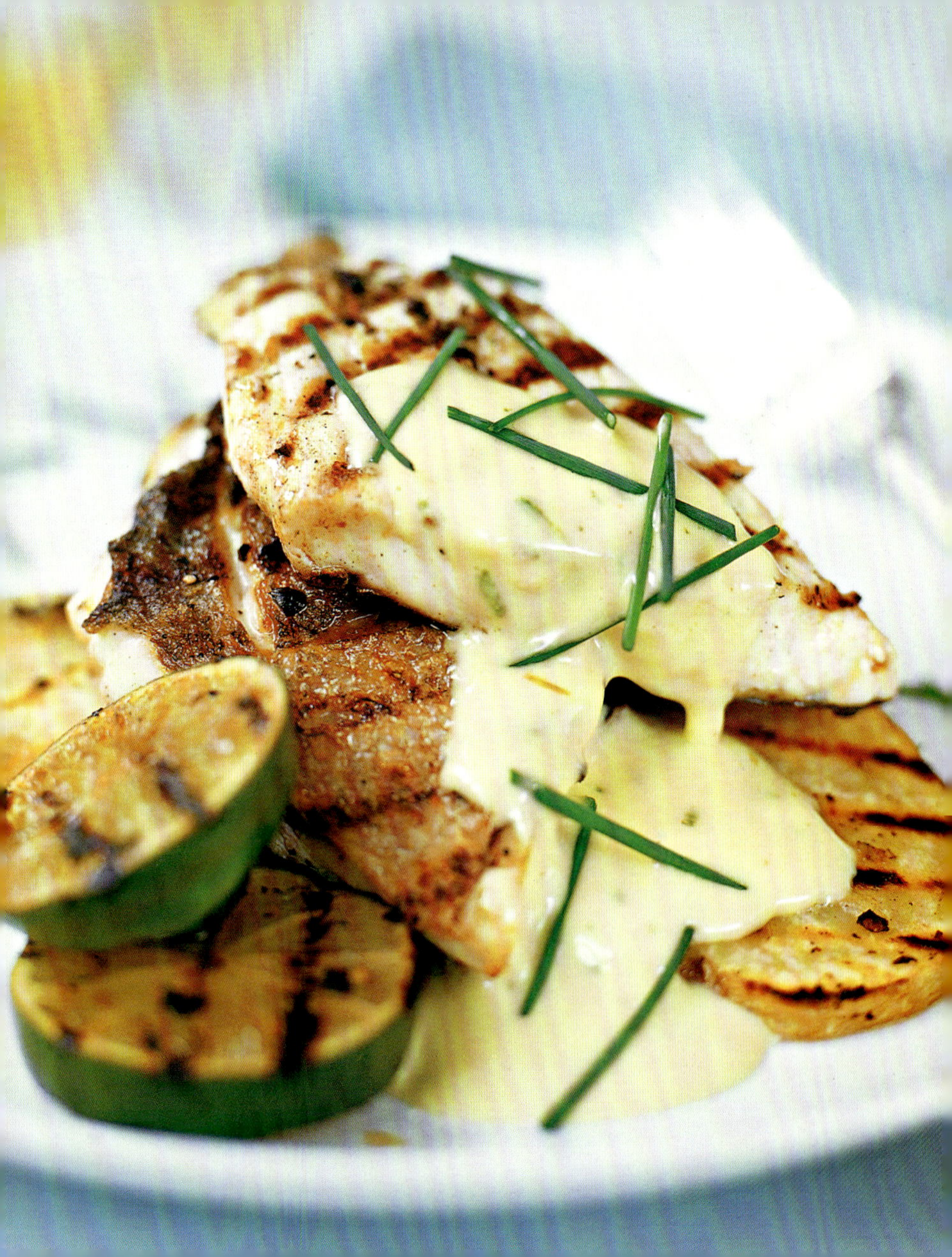

atum com molho de manga

4 porções
Preparo: **10 minutos**, mais o tempo da marinada
Cozimento: **2 minutos**

2 **filés de atum** (250 g cada um)
1 colher (sopa) de **azeite extravirgem**
2 colheres (sopa) de **pimenta-do-reino** moída na hora
1 colher (chá) de **sal**
gomos de limão para decorar

Molho de manga
1 **manga** grande de 500 g em cubos
½ **cebola roxa** picada
1 **pimenta vermelha** grande picada
1 colher (sopa) de **suco de limão**
1 colher (sopa) de **coentro** picado
sal e **pimenta** a gosto

Prepare o molho de manga misturando todos os ingredientes numa tigela e temperando a gosto. Deixe descansar para acentuar o sabor.

Pincele os filés de atum com um pouco de azeite e tempere com sal e pimenta. Grelhe na churrasqueira quente por 1 minuto de cada lado (ou menos, se preferir). Deixe descansar um pouco e sirva com o molho e os gomos de limão.

Variação: sanduíche aberto de atum. Grelhe 4 filés de atum de 250 g cada um, temperados segundo a receita acima; regue com suco de limão e reserve. Torre 4 fatias de pão por 1 minuto de cada lado, até dourarem. Retire e esfregue um dente de alho, espalhe azeite e coloque o atum, folhas de rúcula e fatias de tomate por cima de cada um. Sirva com Aïoli (p. 122).

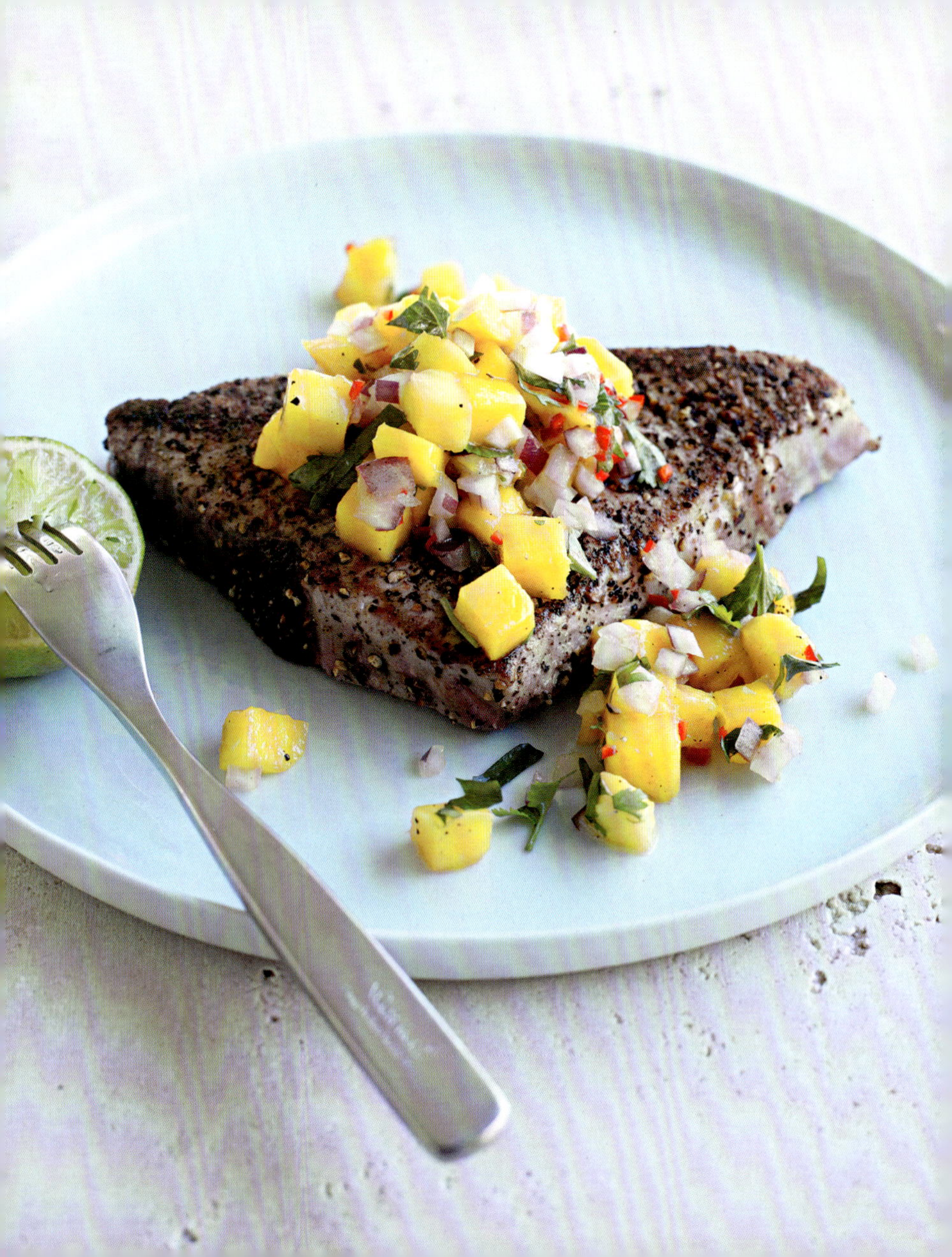

camarões salgados com aïoli

4 porções
Preparo: **10 minutos**
Cozimento: **4-6 minutos**

24 **camarões** grandes
2 colheres (sopa) de **azeite extravirgem**
2 colheres (sopa) de **sal grosso**

Aïoli
3 **gemas**
2 colheres (chá) de **vinagre de vinho branco**
1 colher (chá) de **mostarda de Dijon**
2-4 **dentes de alho** amassados
300 ml de **azeite**
sal e **pimenta-branca** a gosto

Coloque os camarões numa tigela grande, junte o azeite e o sal e misture bem, para que o sal grude um pouco nos camarões.

Prepare o aïoli. Bata as gemas, o vinagre, a mostarda, os dentes de alho e um pouco de sal e pimenta no processador até espumar. Com o eletrodoméstico ainda ligado, despeje aos poucos o azeite, até que o molho fique espesso e brilhante. Acrescente um pouco de água se ficar muito grosso. Tempere a gosto.

Grelhe os camarões na churrasqueira quente por 2-3 minutos de cada lado. Sirva com o aïoli e salada de rúcula.

Variação: camarões grelhados com manteiga de pimenta e alho. Descasque e limpe 24 camarões grandes e coloque-os em espetos (que tenham ficado de molho em água fria). Pincele um pouco de azeite por cima e grelhe na churrasqueira em temperatura alta por 3-4 minutos, até dourarem. Esprema suco de limão sobre os camarões. Enquanto isso, coloque 1 pimenta vermelha picada, 2 dentes de alho amassados e 125 g de manteiga numa panela e aqueça levemente por 3 minutos, até amaciar o alho. Sirva os camarões com esse molho de manteiga.

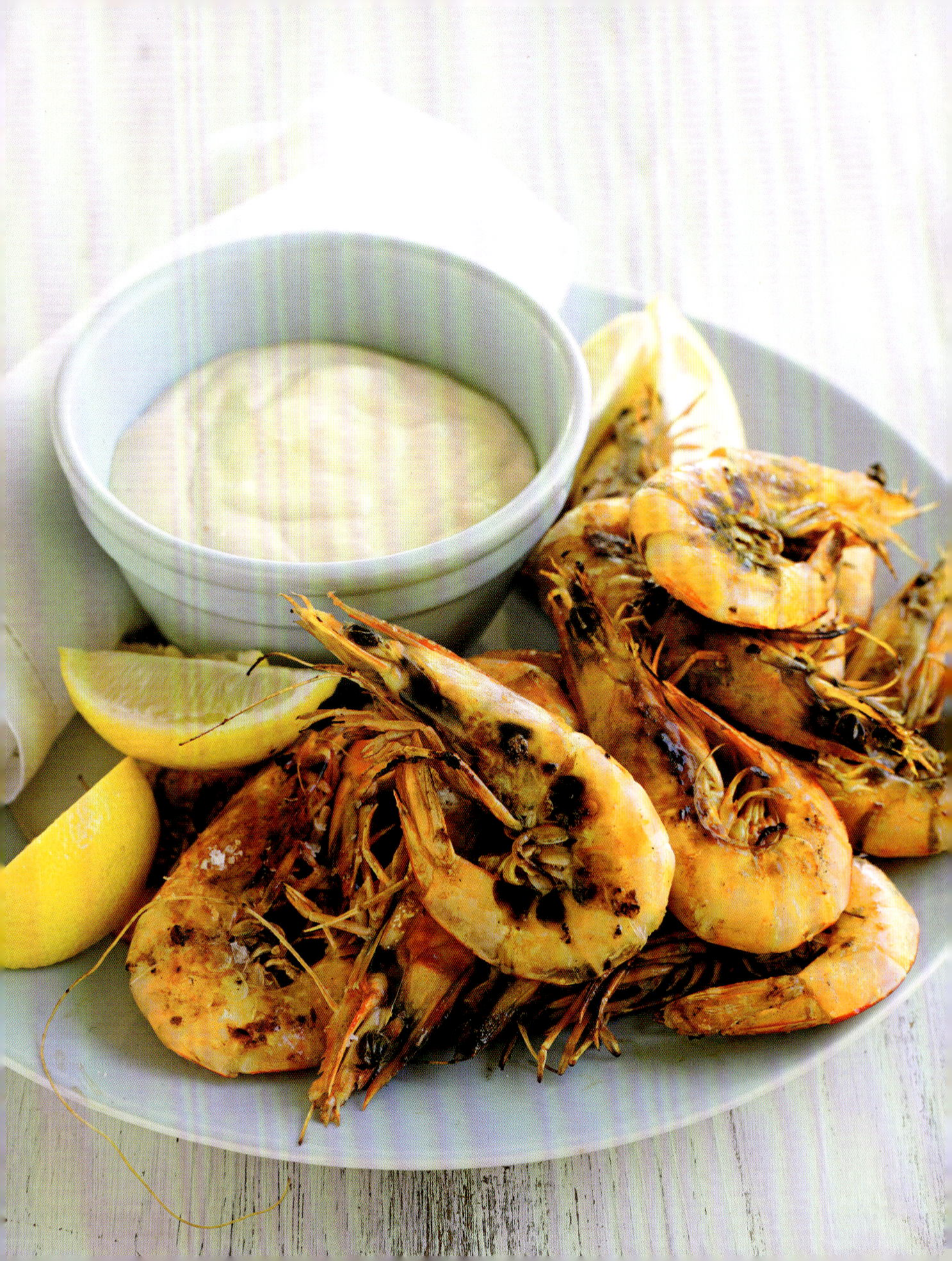

peixe-espada com nozes

4 porções
Preparo: **15 minutos**
Cozimento: **6 minutos**

4 **filés de peixe-espada** (200 g cada um)
azeite para pincelar
2 colheres (sopa) de **calda balsâmica** (veja ao lado)
sal e **pimenta** a gosto

Salada
250 g de **vagem**
250 g de v**agem amarela (ou pimentão amarelo fatiado)**
50 g de **nozes** torradas
2 colheres (sopa) de **salsinha** picada
2 colheres (sopa) de **hortelã** picada

Molho
3 colheres (sopa) de **óleo de nozes** (ou **azeite**)
1 colher (sopa) de **azeite**
1 colher (sopa) de **vinagre de framboesa** (ou de **maçã**)
1 colher (chá) de **açúcar**
1 **dente de alho** pequeno amassado

Regue o peixe com o azeite e tempere com sal e pimenta.

Faça a salada. Cozinhe as vagens numa panela com água fervente e sal por 3 minutos. Retire e enxágue em água fria. Escorra bem, transfira para uma tigela e acrescente as nozes, as ervas e um pouco de sal e pimenta.

Bata os ingredientes do molho com sal e pimenta. Espalhe sobre a salada e misture bem.

Grelhe os filés de peixe na churrasqueira quente por cerca de 1 minuto de cada lado.

Embrulhe os filés em papel-alumínio e deixe descansar por 3 minutos. Disponha o peixe em pratos, cubra com a calda balsâmica e sirva com as vagens.

Acompanhamento: calda balsâmica caseira.
Coloque 500 ml de vinagre balsâmico numa panela e deixe ferver em fogo baixo por 10-15 minutos, até reduzir a cerca de 125 ml. Deixe esfriar. Armazene numa garrafa limpa.

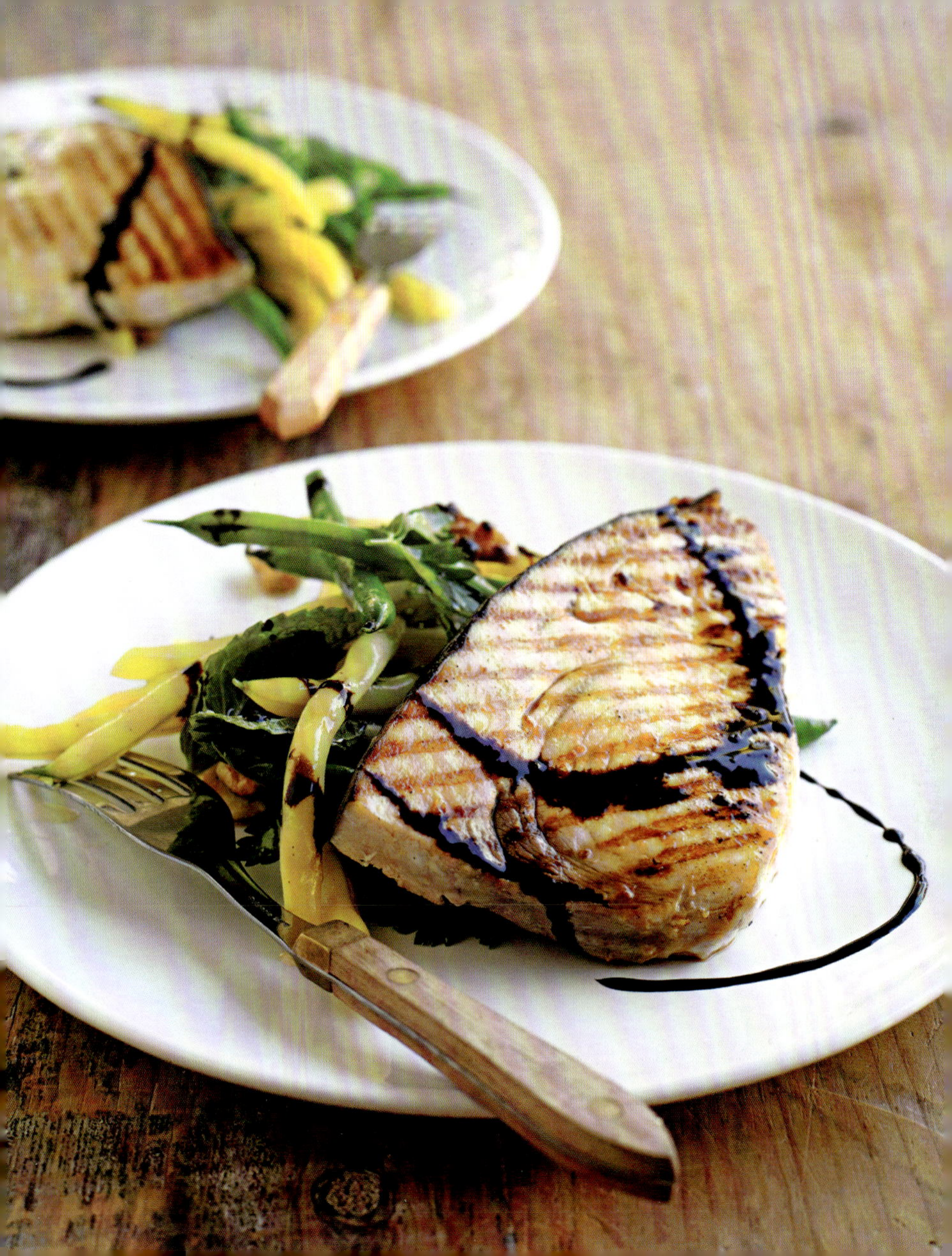

cauda de lagosta com aïoli

4 porções
Preparo: **20 minutos**
Cozimento: **14-16 minutos**

4 **caudas de lagosta**
50 g de **manteiga**
2 colheres (sopa) de **azeite caseiro de alho e açafrão** (veja ao lado)
1 colher (sopa) de **cebolinha** picada
½ receita de **Aïoli** (p. 122) com ½ colher (sopa) de **suco de limão** adicionado às gemas
fatias finíssimas de **pepino**

Para decorar
raspas de 1 **limão-siciliano**
2 colheres (sopa) de **cerefólio** ou **salsa picada**

Lambuze a cauda das lagostas com manteiga e espalhe o azeite de alho e açafrão por cima. Grelhe as caudas na churrasqueira quente por 7-8 minutos de cada lado, até ficarem cozidas por inteiro.

Misture a cebolinha ao aïoli. Salpique as raspas de limão sobre a lagosta e sirva imediatamente com as fatias de pepino e o aïoli.

Acompanhamento: azeite caseiro de alho e açafrão. Também fica ótimo em bruschettas. Aqueça levemente 500 ml de azeite numa panela com 10-12 dentes de alho e 1 colher (sopa) de filetes de açafrão. (A ideia é deixar o azeite morno, não quente.) Retire a panela do fogo, deixe esfriar completamente e despeje o azeite e os temperos numa garrafa limpa. Tampe e mantenha em lugar fresco por 2 semanas. Se não for usar logo, filtre para prevenir a proliferação de bactérias e despeje em outra garrafa limpa – assim o azeite dura até 6 meses.

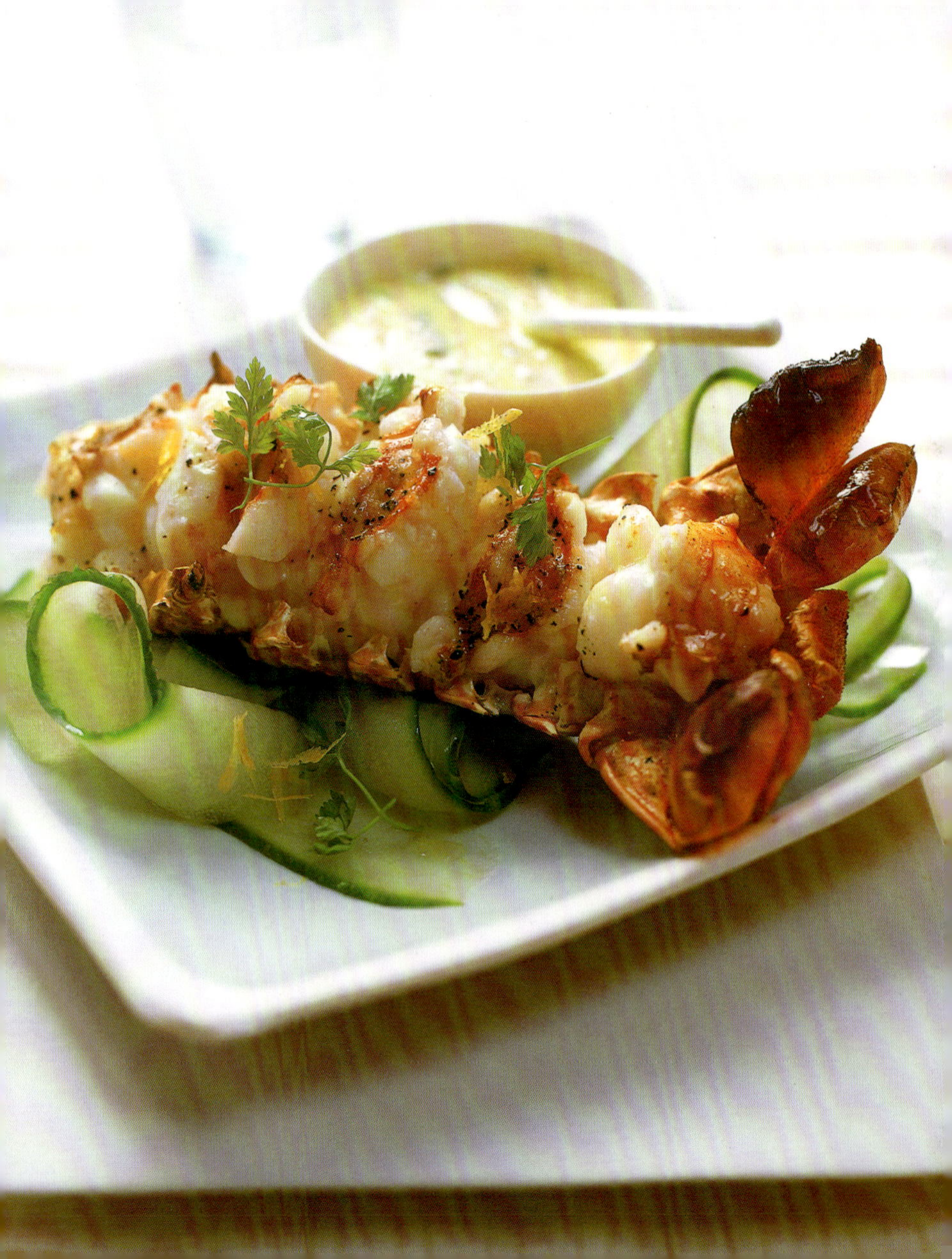

salmão cítrico com azeitona

4 porções
Preparo: **5 minutos**
Cozimento: **8-10 minutos**

4 **filés de salmão** (200 g cada um)
12 **azeitonas pretas** grandes picadas
12 **tomates-cereja** cortados ao meio
4 colheres (sopa) de **azeite extravirgem**
cascas de 2 fatias de **limão--siciliano** cortadas ao meio
2 colheres (chá) de **mel**
sal e **pimenta** a gosto
salsinha picada para decorar

Use uma pinça para retirar totalmente as espinhas do salmão. Coloque os filés em 4 pedaços grandes de papel-alumínio e cubra cada um com azeitonas, tomates, azeite, cascas de limão e mel. Tempere com sal e pimenta e feche bem o papel, para formar um embrulho.

Asse os embrulhos na churrasqueira quente por 8-10 minutos, depois retire e deixe descansar por alguns minutos. Com cuidado, abra os embrulhos, decore com salsinha picada e sirva com Salada de cuscuz (p. 156).

Variação: bacalhau com soja, gengibre e gergelim.
Coloque 4 filés de bacalhau fresco em papel-alumínio, como indicado acima, virando um pouco as bordas para formar "cestinhas". Cubra cada filé com 1 colher (sopa) de vinho seco, 1 colher (sopa) de shoyu, um pouco de gengibre ralado, 1 dente de alho em fatias e 1 colher (sopa) de óleo de gergelim. Feche os embrulhos e asse como acima. Sirva com arroz branco.

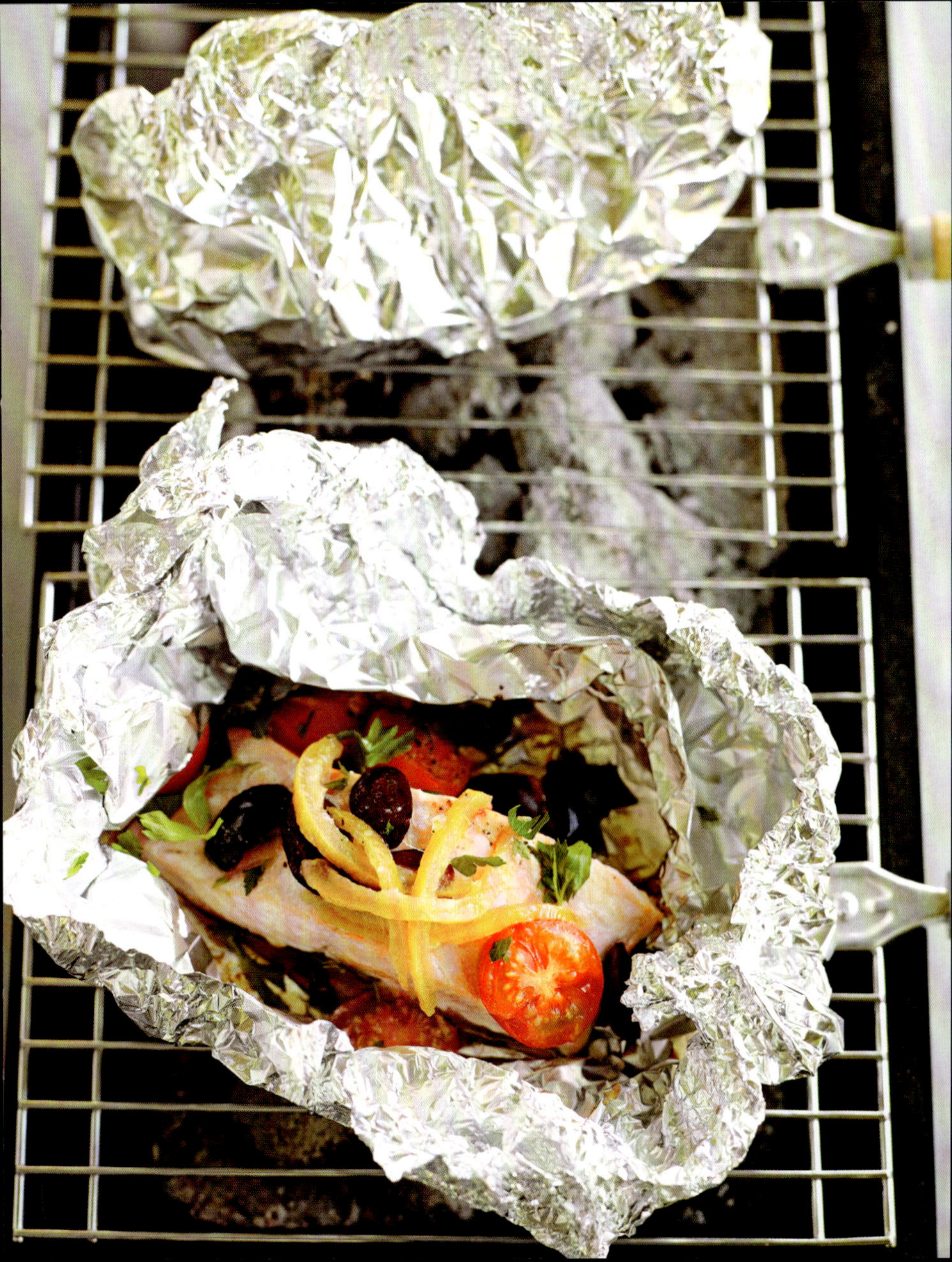

salmão com zimbro e pimenta

6 porções
Preparo: **10 minutos**, mais o tempo da marinada
Cozimento: **8-10 minutos**

6 **filés de salmão** (200 g cada um)
folhas de alface-crespa para servir

Molho de zimbro e pimenta
1½ colher (sopa) de bagas de **zimbro** secas
2 colheres (chá) de **pimenta verde** em grãos
¼ de colher (chá) de **pimenta-preta** em grãos
1 colher (chá) de **açúcar demerara**
2-3 colheres (sopa) de **óleo**

Para decorar
gomos de **limão-siciliano**
ramos de **salsinha**
2 **cebolinhas** em tirinhas

Faça o molho da marinada triturando o zimbro e as pimentas no moedor de temperos ou no pilão. Misture com o açúcar e o óleo.

Use uma pinça para retirar possíveis espinhas dos filés. Pincele-os com o molho e deixe marinar em temperatura ambiente por 1 hora.

Embrulhe cada filé num pedaço de papel-alumínio, fechando bem as bordas. Asse na churrasqueira quente por 8-10 minutos, retire e deixe descansar por alguns minutos. Tire o papel, decore com fatias de limão, ramos de salsinha e cebolinha em tirinhas e sirva com alface-crespa.

Variação: filé de porco com zimbro e pimenta.

Faça o molho como indicado acima e coloque numa travessa. Coloque 4 filés de porco no molho e deixe marinar na geladeira por 2 horas. Retire e grelhe em temperatura médio-alta por 12-15 minutos, até dourar por igual. Deixe descansar por 5 minutos e sirva com Salada de espinafre (p. 60).

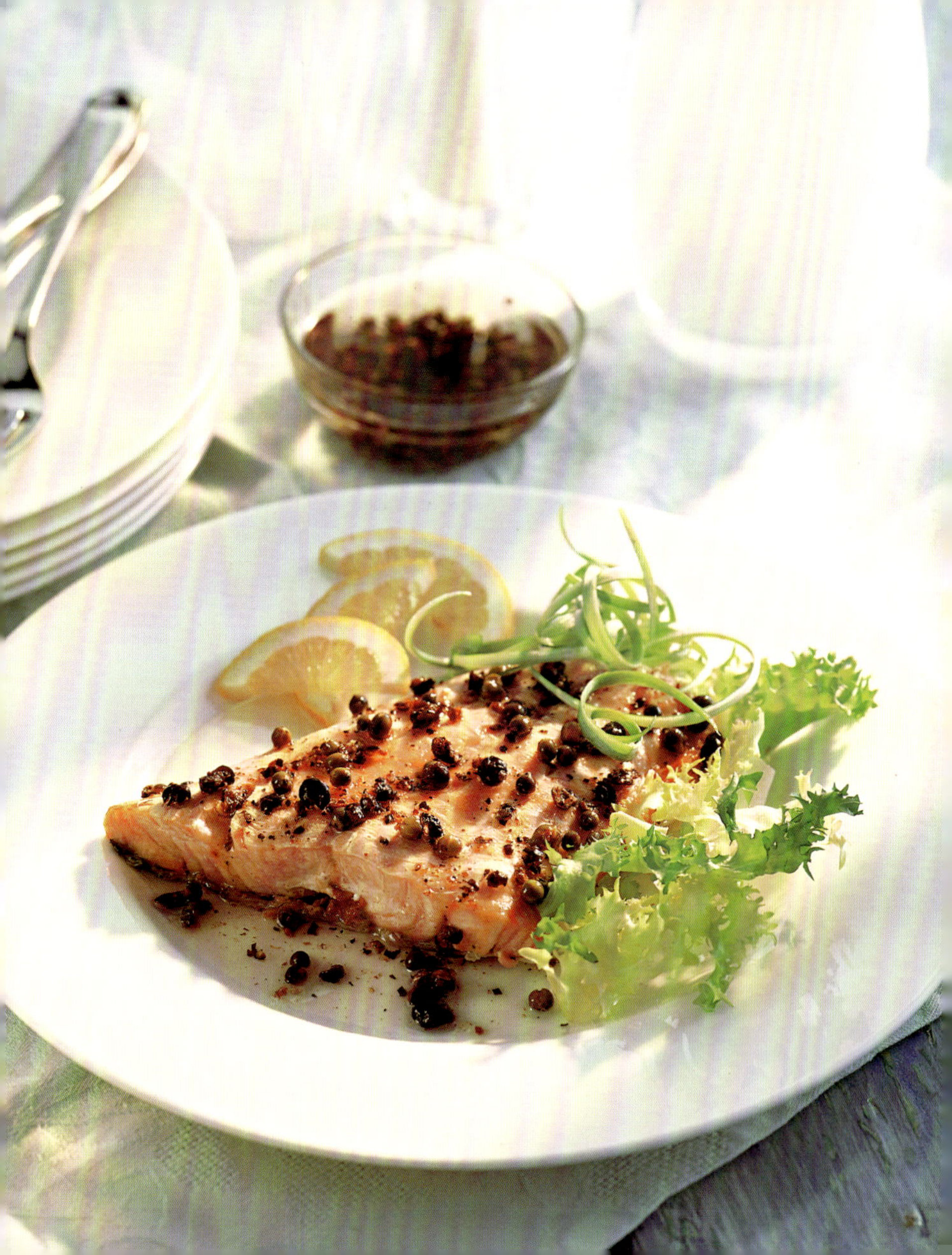

sardinha com salada cítrica

4 porções
Preparo: **10 minutos**
Cozimento: **8-10 minutos**

4 **sardinhas** (400 g cada uma)
óleo para untar
3 **limões-sicilianos** em fatias finas, mais 2 colheres (sopa) de suco
1 **bulbo de erva-doce** em fatias finas, mais a folhagem
1 **dente de alho** pequeno amassado
2 colheres (sopa) de **alcaparras**
2 colheres (sopa) de **azeite extravirgem**
1 colher (sopa) de **salsinha** picada
sal e **pimenta** a gosto

Faça 3-4 talhos nas sardinhas dos dois lados. Espalhe óleo por cima e tempere por dentro e por fora com sal e pimenta. Usando linha de cozinha, fixe 3 fatias de limão de cada lado das sardinhas. Espalhe um pouco mais de óleo e grelhe na churrasqueira quente por 4-5 minutos de cada lado, até que escureçam um pouco e fiquem cozidas por inteiro. Reserve por 5 minutos.

Coloque a erva-doce numa tigela com o alho, as alcaparras, o azeite, a salsinha, a folhagem da erva--doce e o suco de limão e tempere a gosto. Sirva a sardinha com essa salada.

Variação: sardinha grelhada com molho verde.
Prepare 20 sardinhas médias seguindo o método acima e grelhe na churrasqueira quente por 3-4 minutos de cada lado. Regue com suco de limão e sirva com Molho verde (p. 48).

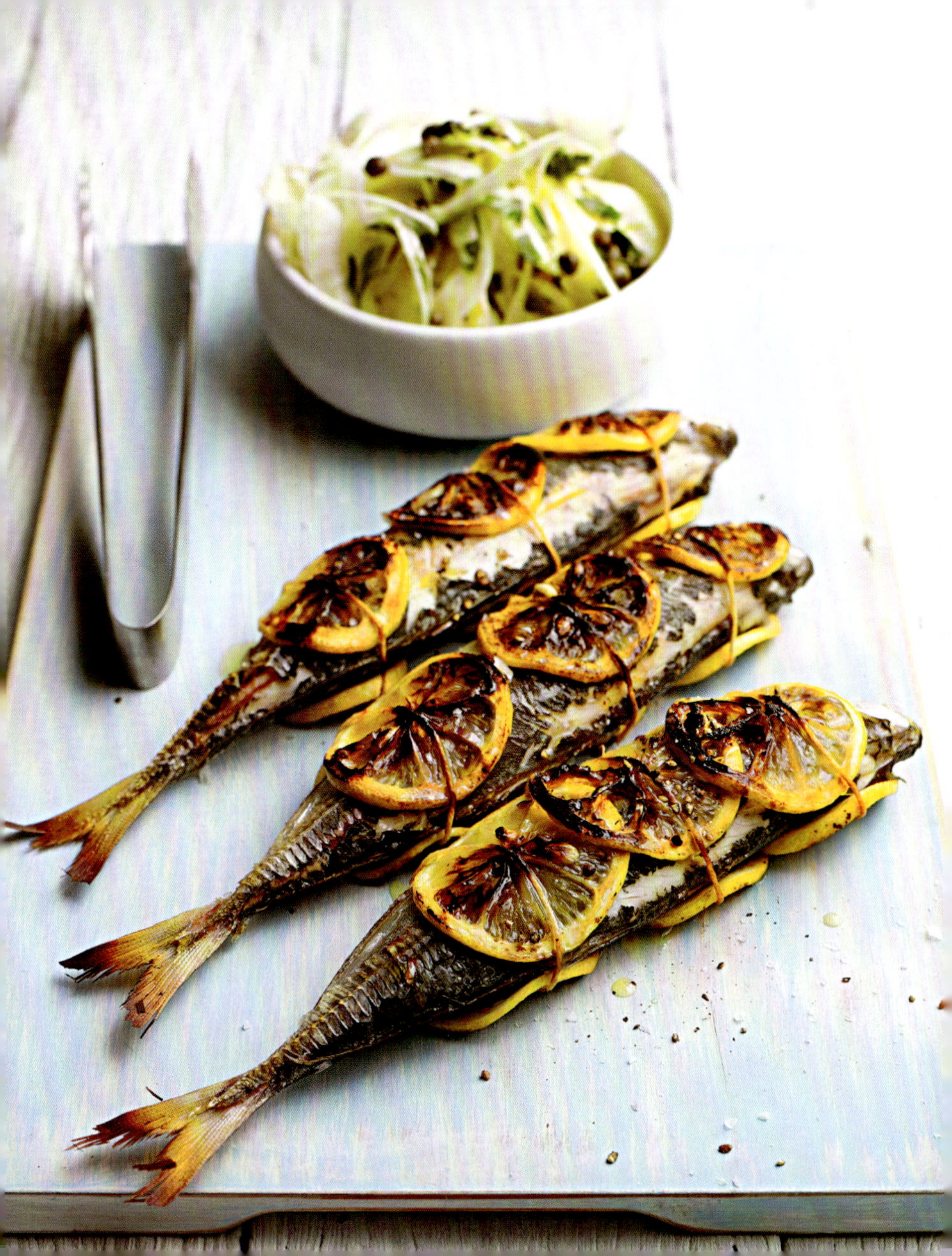

pratos vegetarianos

milho com sal picante

6 porções
Preparo: **5 minutos**
Cozimento: **25 minutos**

6 **espigas de milho** limpas e aparadas
2 colheres (sopa) de **sal grosso**
½ colher (chá) de **pimenta vermelha** moída
65 g de **manteiga**
1 **limão** em gomos para servir

Ferva as espigas de milho numa panela grande, três de cada vez, por 10 minutos. Coe bem e seque em papel-toalha. Grelhe as espigas na churrasqueira quente por 5-6 minutos, virando sempre, até ficarem macias e levemente chamuscadas.

Enquanto isso, coloque o sal e a pimenta num pilão e amasse até o sal ficar rosado.

Coloque o milho num prato, cubra com a manteiga, salpique o sal picante e sirva com gomos de limão.

Variação: molho de milho. Siga a receita para grelhar uma espiga de milho. Depois, usando uma faca afiada, corte os grãos da espiga, coloque numa tigela e, quando esfriar, adicione 2 cebolinhas picadas, 1 tomate sem sementes picado, 1 pimenta vermelha grande picada, 1 dente de alho amassado, suco de ½ limão, 2 colheres (sopa) de coentro picado, um pouco de sal e pimenta e misture.

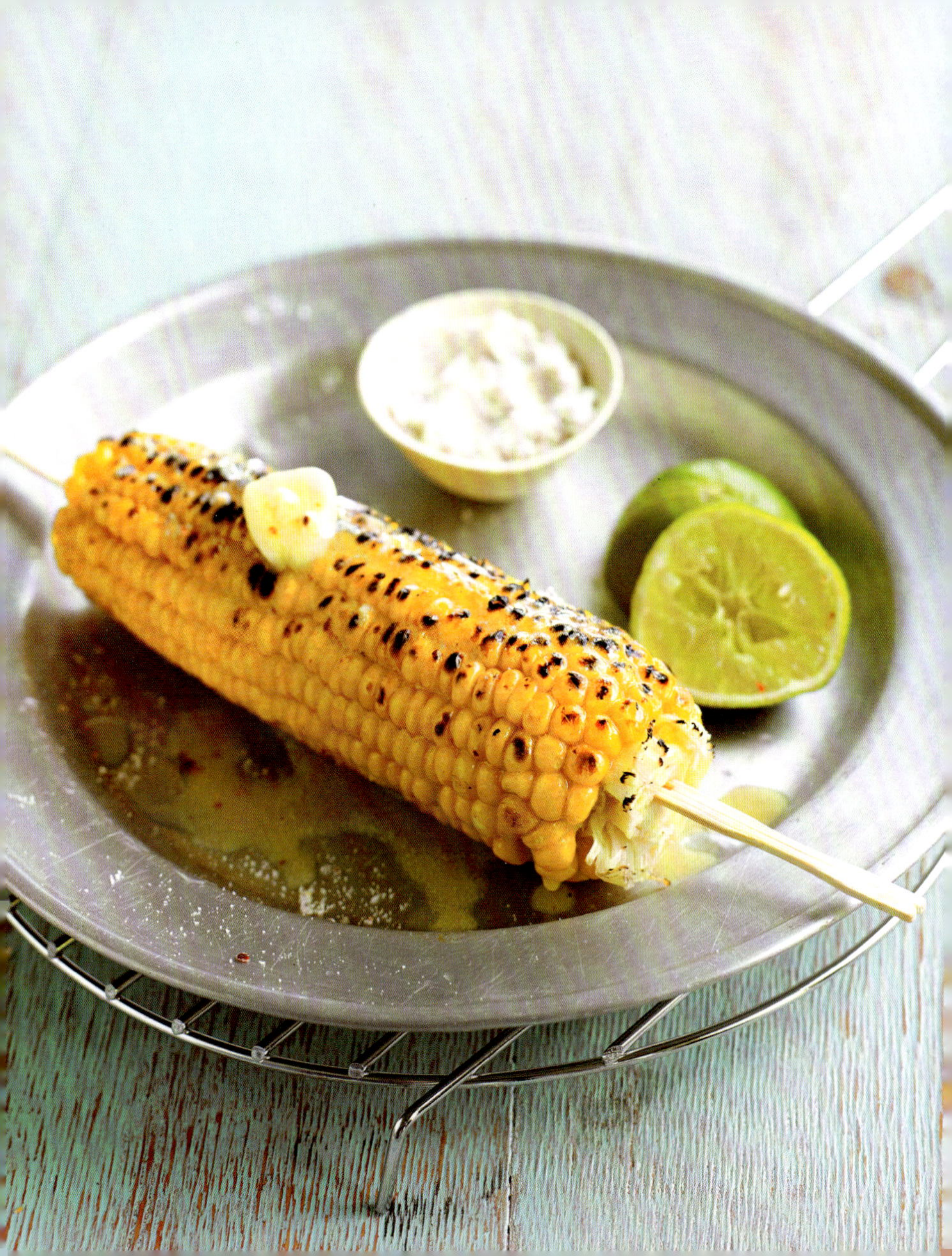

batata-doce aromatizada

6 porções
Preparo: **5 minutos**
Cozimento: **40 minutos**

6 **batatas-doces** (250 g cada uma)

Manteiga de tomilho e mostarda
125 g de **manteiga** derretida
1 colher (sopa) de **mostarda em grãos**
1 colher (chá) de **tomilho** picado
pimenta-do-reino a gosto

Embrulhe cada batata em dois pedaços de papel-alumínio e coloque-as na chapa da churrasqueira a gás ou, usando um pegador próprio para churrasco, enterre as batatas entre os carvões. Asse por 40 minutos.

Enquanto isso, prepare a manteiga aromatizada. Coloque a manteiga, a mostarda, o tomilho e um pouco de pimenta numa tigela e misture com o garfo. Reserve.

Retire as batatas usando o pegador e luvas. Com cuidado, abra o papel-alumínio. Corte as batatas ao meio e sirva com a manteiga por cima.

Variação: batata-doce assada. Corte 4 batatas-doces em meias-luas e pincele com um pouco de óleo. Tempere com sal e pimenta e grelhe em temperatura média por 30 minutos, virando na metade do tempo, até que escureçam um pouco e amoleçam. Salpique sal grosso por cima e sirva.

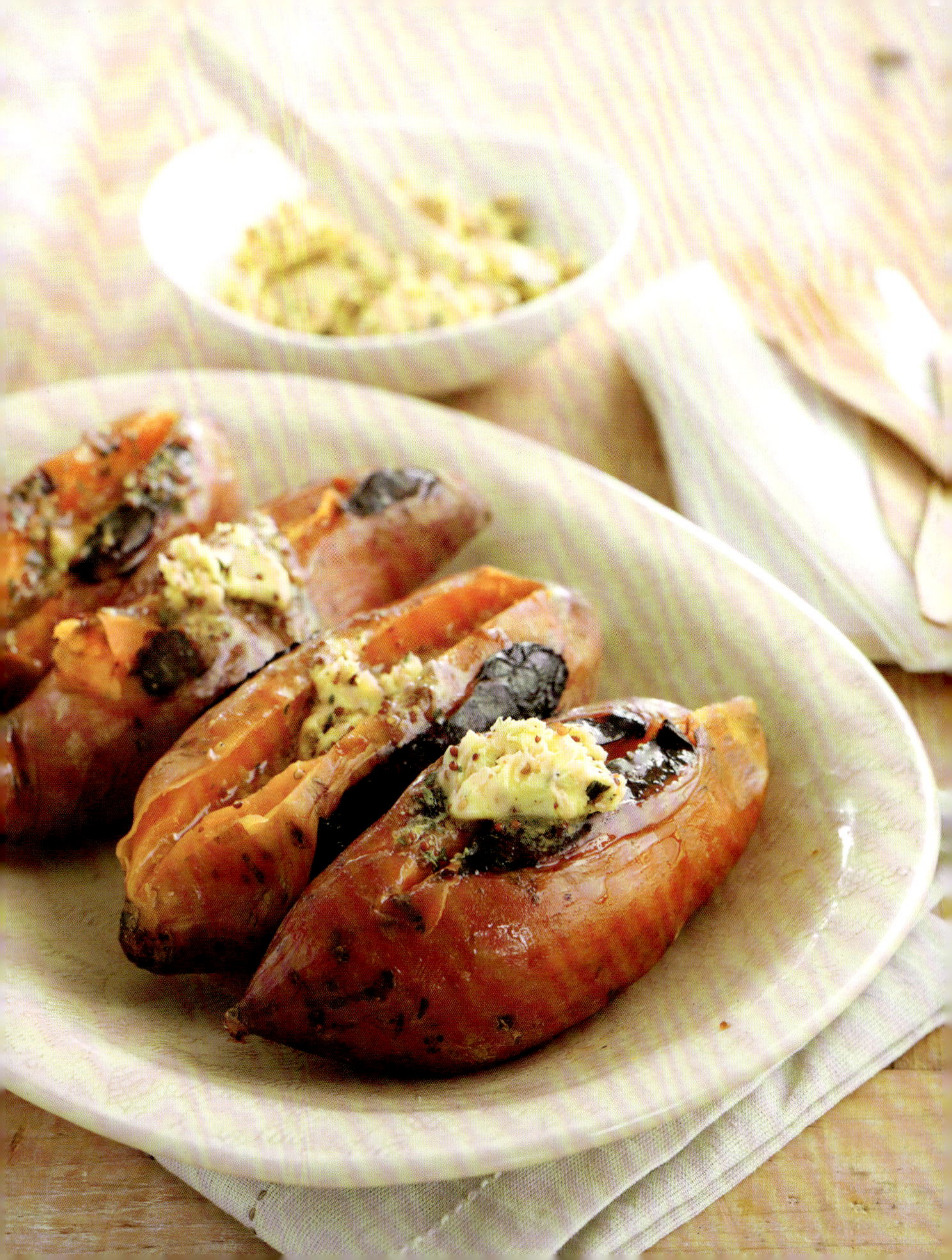

bolinhos de batata-doce e espinafre

4 porções
Preparo: **35 minutos**, mais o tempo de infusão
Cozimento: **40 minutos**

½ kg de **batata-doce** em pedaços
125 g de **folhas de espinafre**
4-5 **cebolinhas** fatiadas
125 g de **ervilhas-tortas**
75 g de **milho**
50 g de **azeitonas pretas** picadas
3 colheres (sopa) de **gergelim**
4 colheres (sopa) de **farinha de trigo**
azeite para pincelar
sal e **pimenta** a gosto

Molho de pimenta e coco
200 ml de **creme de coco*** (ou leite de coco)
2 **pimentas vermelhas** picadas
1 talo de **capim-limão** picado
1 ramo de **coentro** picado
1 colher (sopa) de **shoyu**
2 colheres (sopa) de **óleo de gergelim**

Para decorar
gomos de limão
cebolinha verde em tirinhas

À venda em lojas de produtos asiáticos.

Ferva uma panela grande de água com sal, coloque as batatas-doces e cozinhe por cerca de 20 minutos, até ficarem macias. Retire da água, coloque-as de novo na panela e aqueça em fogo baixo por 1 minuto, mexendo sempre para evaporar o excesso de umidade. Com um garfo, amasse-as levemente.

Enquanto isso, coloque as folhas de espinafre no escorredor e despeje uma panela de água fervente por cima. Passe o espinafre na água fria e deixe escorrer bem. Misture o espinafre às batatas e acrescente a cebolinha, as ervilhas-tortas, o milho e as azeitonas. Tempere bem com sal e pimenta e deixe esfriar.

Faça o molho. Aqueça um pouco o creme de coco numa panelinha com as pimentas, o capim-limão e as folhas de limão por cerca de 10 minutos, sem deixar ferver. Reserve para completar a infusão.

Molde com as mãos 12 bolinhos da massa de batata. Misture as sementes de gergelim e a farinha e empane os bolinhos. Pincele-os com azeite na churrasqueira em temperatura médio-alta por 4-5 minutos. Quando a superfície estiver crocante, vire e asse-os por mais 4-5 minutos do outro lado.

Misture o coentro, o shoyu e o óleo de gergelim e distribua em recipientes individuais. Sirva imediatamente com os bolinhos, decorando com os gomos de limão e a cebolinha.

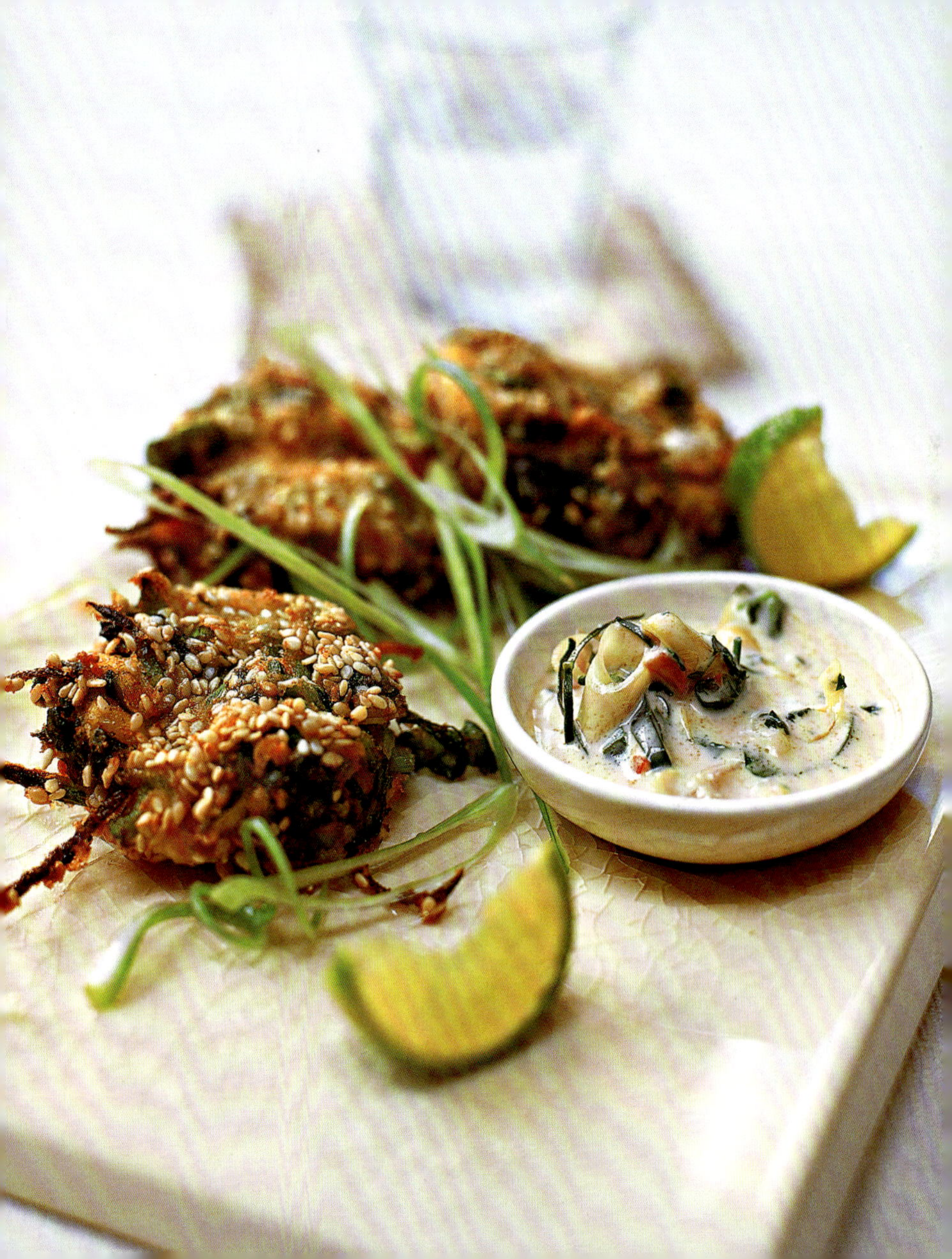

bruschetta com erva-doce

4 porções
Preparo: **10 minutos**
Cozimento: **17 minutos**

2 **bulbos de erva-doce** grandes (400 g no total)
3 colheres (sopa) de **azeite extravirgem**
100 g de **queijo feta** ou **branco** em fatias
100 g de **azeitonas pretas** picadas
2 colheres (sopa) de **salsinha**
um pouco de **suco de limão**
4 fatias de **pão italiano**
2 **dentes de alho**
50 g de **rúcula**
sal e **pimenta** a gosto

Corte os bulbos de erva-doce em fatias de 5 mm no sentido do comprimento e coloque numa tigela grande. Acrescente 1 colher (sopa) de azeite e misture bem. Grelhe na churrasqueira quente por 15 minutos, virando na metade do tempo, até escurecer um pouco e amolecer.

Transfira a erva-doce para uma tigela e junte o queijo, a azeitona, a salsinha, o suco de limão e um pouco de sal e pimenta. Misture bem.

Torre os pães por 1 minuto de cada lado, até dourarem levemente. Esfregue os dentes de alho nos dois lados dos pães e espalhe um pouco de azeite por cima. Cubra com a salada de erva-doce e a rúcula e sirva com mais azeite.

Variação: bruschetta com pimentão grelhado.
Corte 2 pimentões vermelhos grandes em quartos e retire as sementes. Pincele com um pouco de azeite e grelhe por 2-3 minutos de cada lado, até ficarem macios. Deixe esfriar num saco plástico, retire a pele e corte a polpa em fatias. Misture os pimentões a 2 colheres (sopa) de azeite, 2 colheres (sopa) de vinagre balsâmico, 1 dente de alho amassado, 6 tomates-cereja em quartos, algumas folhas de manjericão, sal e pimenta. Torre 4 fatias de pão ciabatta como indicado na receita e sirva cobertas com a mistura de pimentão.

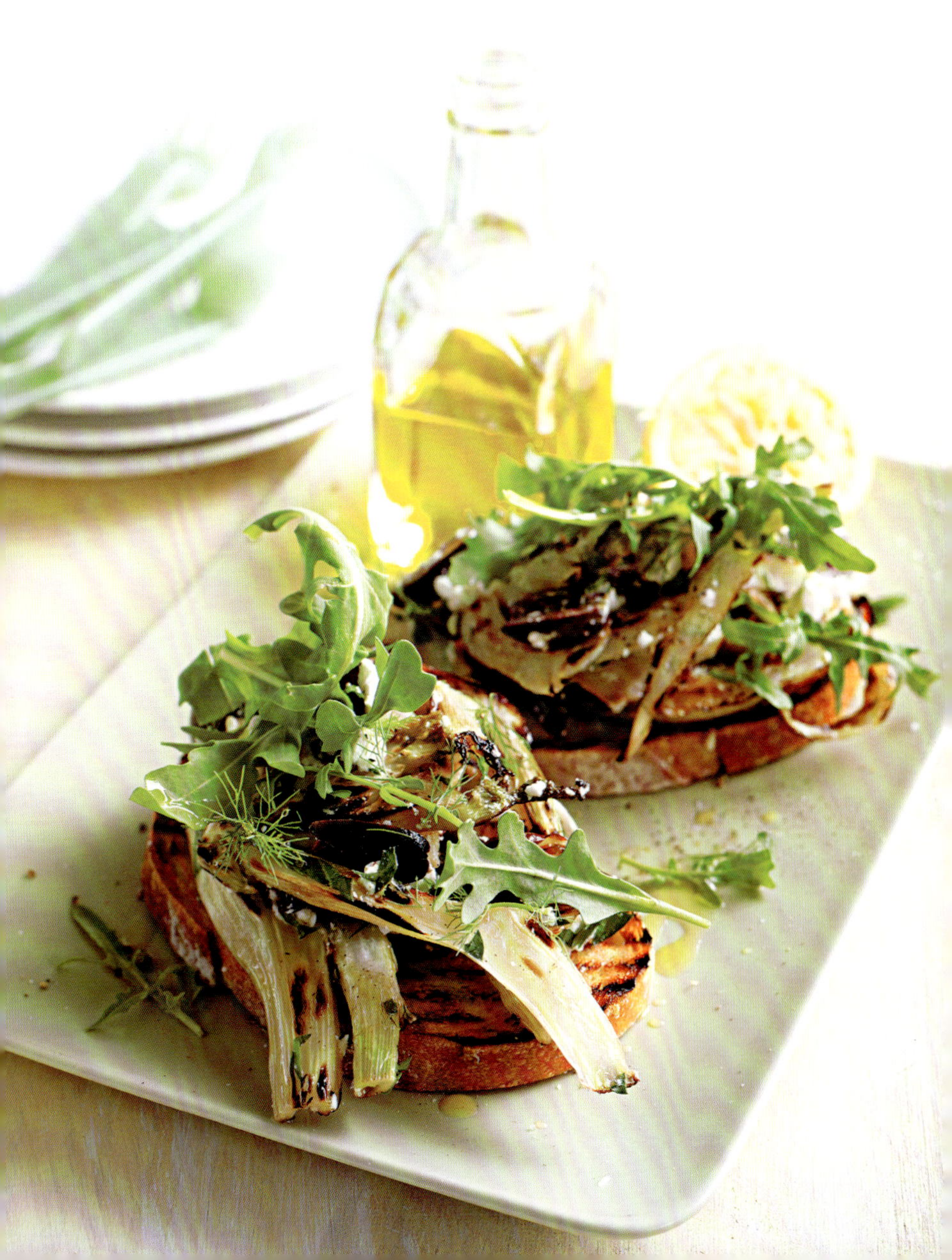

pizza de tomate, pesto e azeitona

2 porções
Preparo: **15 minutos**, mais o tempo para a massa crescer
Cozimento: **20-24 minutos**

óleo para untar
2 colheres (sopa) de **Pesto** (p. 158)
200 g de **tomates-cereja** cortados ao meio
150 g de **mussarela** fatiada
50 g de **azeitonas pretas** cortadas ao meio
um punhado de **folhas de manjericão**
sal e **pimenta** a gosto

Massa de pizza
250 g de **farinha de trigo**
½ colher (chá) de **sal**
1 colher (chá) de **fermento biológico**
125 ml de **água morna**
1 colher (sopa) de **azeite**, mais um pouco para servir

Prepare a massa. Numa tigela, misture a farinha com o sal e o fermento. Faça um buraco no meio, coloque a água e o óleo e incorpore a massa aos poucos, até formar uma bola. Transfira para uma superfície polvilhada com farinha e amasse por 8-10 minutos, até ficar macia. Coloque numa tigela untada e deixe crescer por 1 hora, até dobrar de tamanho.

Bata para tirar o ar da massa e corte-a ao meio. Abra com o rolo até ficar com 23 cm de diâmetro. Unte uma frigideira grande e pesada com um pouco de óleo e pressione a massa no fundo. Espalhe metade do Pesto por cima, cubra com metade dos tomates, da mussarela e das azeitonas, sal, pimenta e um pouco mais de azeite.

Coloque a panela sobre a churrasqueira em temperatura média, tampe e cozinhe por 10-12 minutos, até a massa ficar crocante e o queijo, derretido. Com cuidado, transfira a pizza para uma tábua, decore com metade das folhas de manjericão e sirva quente. Faça a segunda pizza.

Variação: massa de pizza com alho e alecrim. Siga a receita acima para fazer a massa. Misture 2 dentes de alho amassados, 1 colher (sopa) de alecrim picado, sal, pimenta e 4 colheres (sopa) de azeite. Cozinhe a massa como acima, mas agora vire com uma espátula na metade do tempo, para dourar dos dois lados. Retire e pincele a massa com azeite aromatizado com alho e alecrim. Sirva quente.

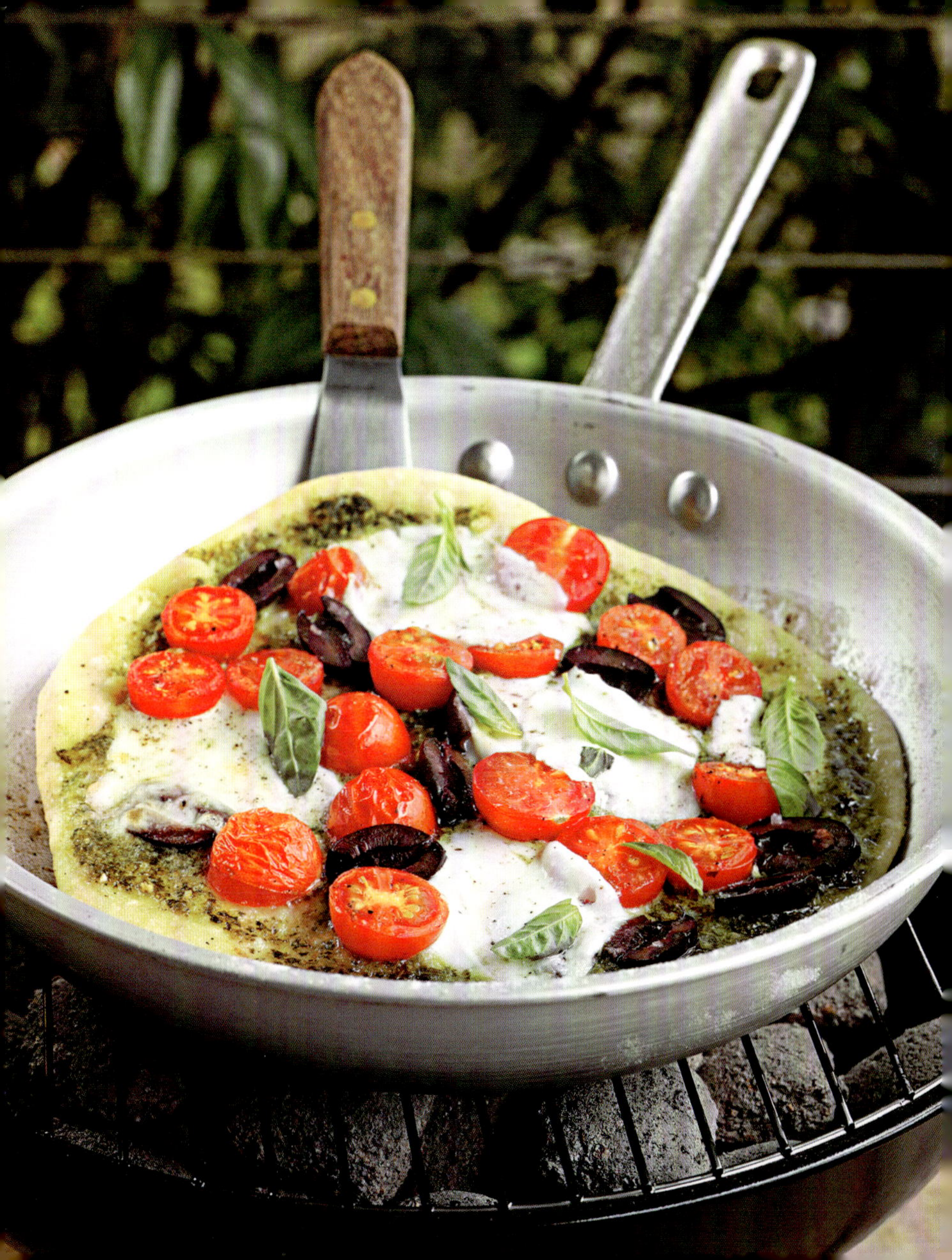

milho com manteiga de gergelim

6 porções
Preparo: **15 minutos**, mais o tempo de resfriamento
Cozimento: **25-30 minutos**

- 1 colher (sopa) de **sementes de gergelim**
- 4 colheres (sopa) de **manteiga sem sal** amolecida
- 1 **pimenta vermelha** pequena picada
- raspas e suco de 1 **limão** e mais um pouco para decorar
- 3 **espigas de milho** pequenas
- **sal** e **pimenta** a gosto
- **agrião** para servir

Torre levemente as sementes de gergelim numa frigideira. Deixe esfriar um pouco e coloque-as no processador com a manteiga, a pimenta, as raspas e o suco de limão, e sal e pimenta a gosto. Bata para misturar. Transfira essa manteiga aromatizada para um pedaço de papel-alumínio e molde-a em formato de bastão. Leve à geladeira por 30 minutos, retire o papel e corte em fatias.

Ferva as espigas de milho por 5 minutos, depois corte em fatias de 1 cm. Coloque cada uma sobre duas folhas de alumínio com uma fatia de manteiga por cima e embrulhe bem. Grelhe na churrasqueira quente por 20-25 minutos, até o milho amolecer. Decore com as raspas de limão e um pouco de agrião e sirva imediatamente com mais manteiga.

Variação: manteiga de coentro e pimenta. Misture 125 g de manteiga em temperatura ambiente com 2 colheres (sopa) de coentro fresco picado, 1 pimenta vermelha sem sementes picada e um pouco de pimenta-do-reino. Amasse bem, embrulhe como na receita e leve à geladeira. Sirva em pedaços com grelhados.

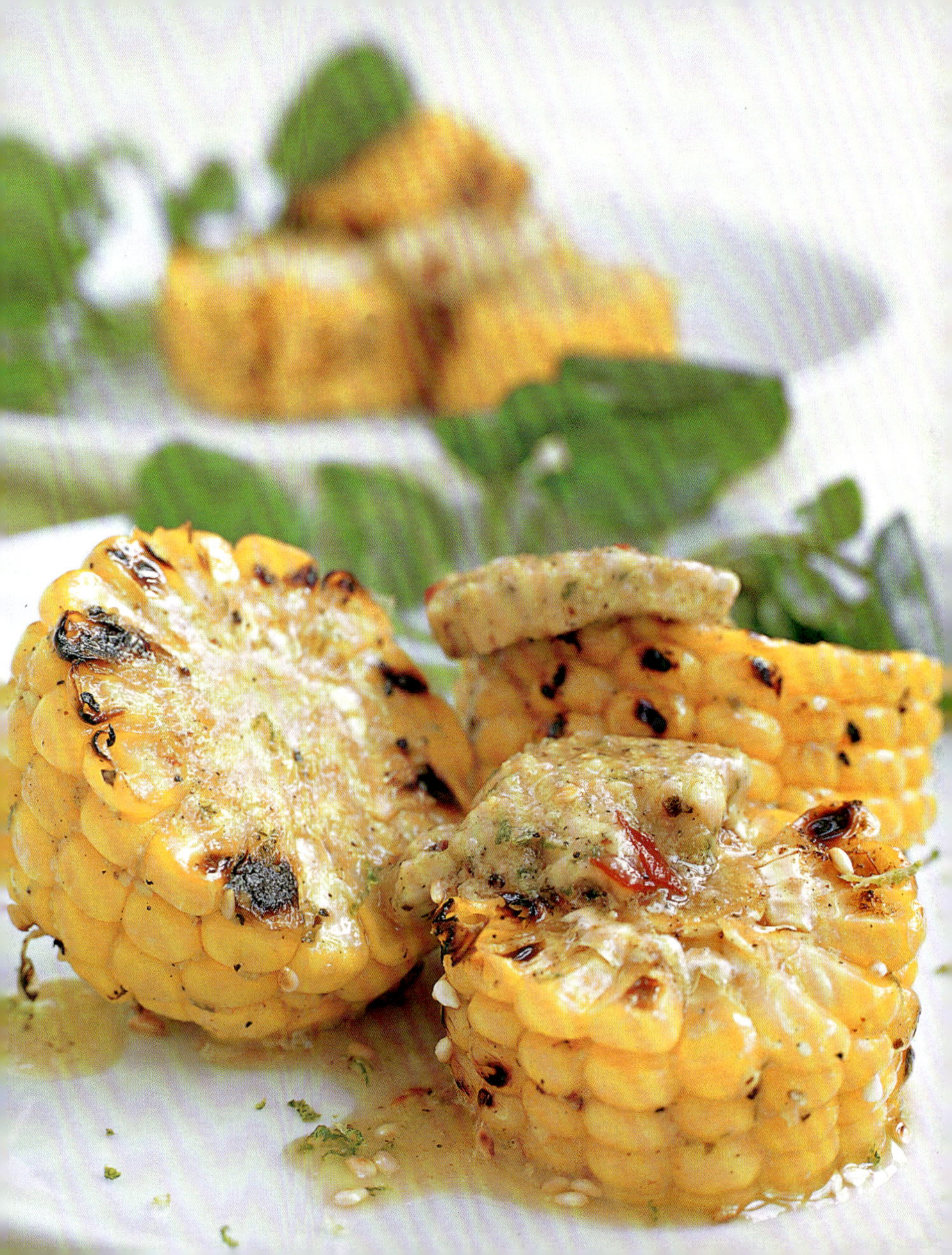

casca de batata com sour cream

6 porções
Preparo: **8 minutos**
Cozimento: **4 minutos**

6 **batatas grandes** assadas e já frias
150 g de **queijo prato** ralado
óleo para untar

Sour cream
200 g de **creme de leite** com suco de 1 **limão**
1 **dente de alho** amassado
1 colher (sopa) de **cebolinha** picada
sal e **pimenta** a gosto

Corte as batatas em quartos e retire a polpa (você pode usá-la para fazer purê). Transfira as cascas para uma tigela e tempere com um pouco de óleo.

Grelhe as cascas com o lado de dentro para baixo por 2 minutos, depois vire e salpique o queijo. Deixe por mais 2 minutos para derreter.

Enquanto isso, faça o molho. Misture os ingredientes numa tigela e tempere a gosto. Sirva as casquinhas acompanhadas com o sour cream.

Variação: espetos de batatinha. Ferva 20 batatas-bolinha por 10 minutos, coe e esfrie na água corrente. Seque e coloque-as em 4 espetos (que tenham ficado de molho em água fria). Pincele com um pouco de óleo e grelhe na churrasqueira quente por 5-6 minutos de cada lado, até as batatinhas dourarem e assarem por inteiro. Sirva com Aïoli (p. 122).

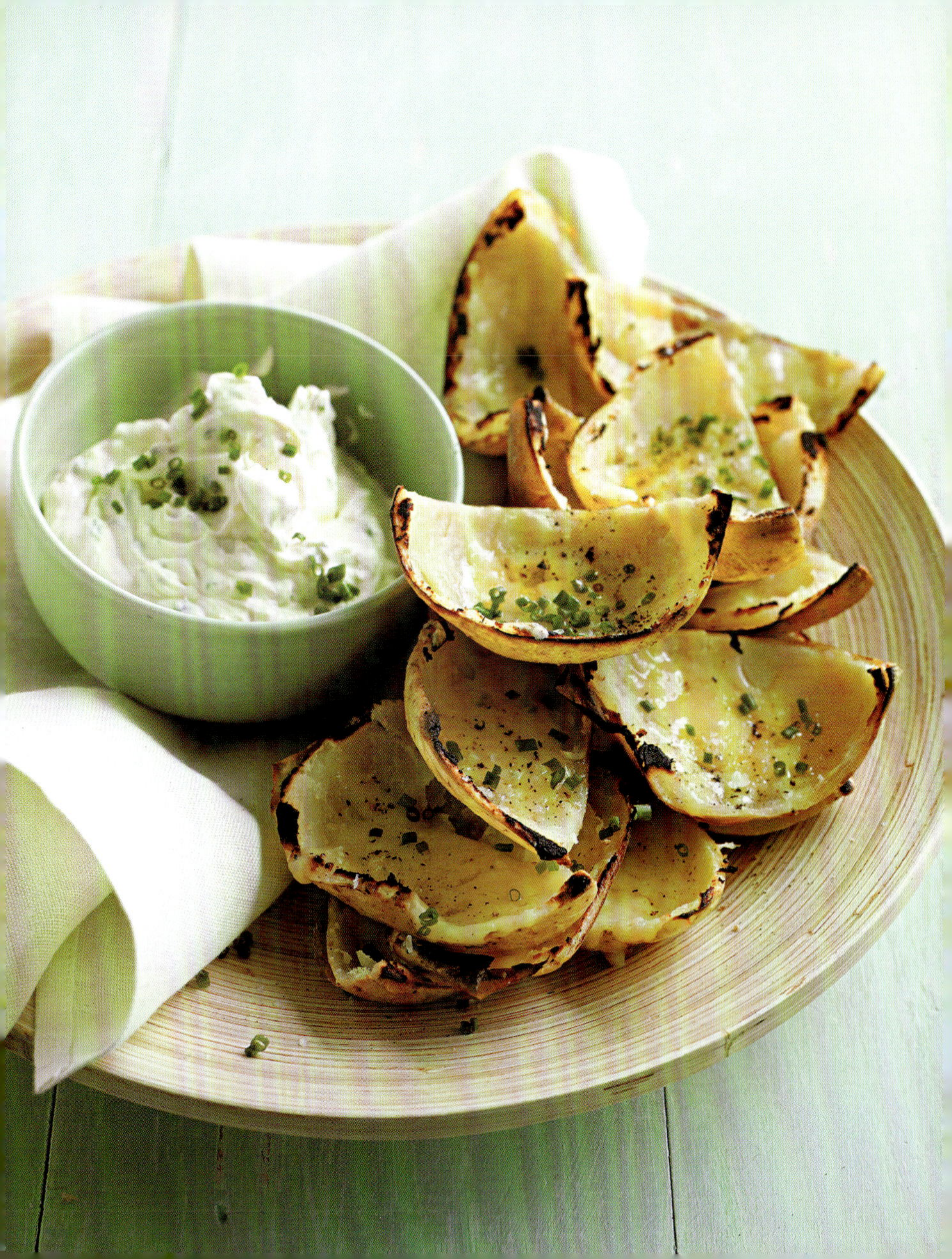

salada marroquina de cenoura

4-6 porções
Preparo: **10 minutos**
Cozimento: **15-20 minutos**

2 maços de **cenourinhas** sem a folhagem
óleo para untar
3 colheres (sopa) de **sementes de girassol** torradas
2 colheres (sopa) de **salsinha** picada

Molho
4 colheres (sopa) de **azeite extravirgem**
2 colheres (sopa) de **vinagre de vinho branco**
1 **dente de alho** picado
1 colher (chá) de **xarope de romã**
1 colher (chá) de **mel**
sal e **pimenta** a gosto

Cozinhe as cenouras numa panela com água fervente e um pouco de sal por 10 minutos. Coe e deixe escorrer bem. Transfira para uma tigela, espalhe um pouco de óleo por cima e grelhe na churrasqueira quente por 5-10 minutos, virando sempre até escurecer um pouco.

Enquanto isso, coloque os ingredientes do molho numa tigela grande e tempere a gosto. Adicione a cenoura, as sementes de girassol e a salsinha. Sirva quente.

Variação: cenoura grelhada com manteiga de mostarda e cebolinha. Siga a receita acima para cozinhar as cenouras. Enquanto isso, bata 50 g de manteiga em temperatura ambiente com 2 colheres (chá) de mostarda em grãos, 1 colher (sopa) de cebolinha picada e um pouco de pimenta. Misture as cenouras com a manteiga e sirva quente.

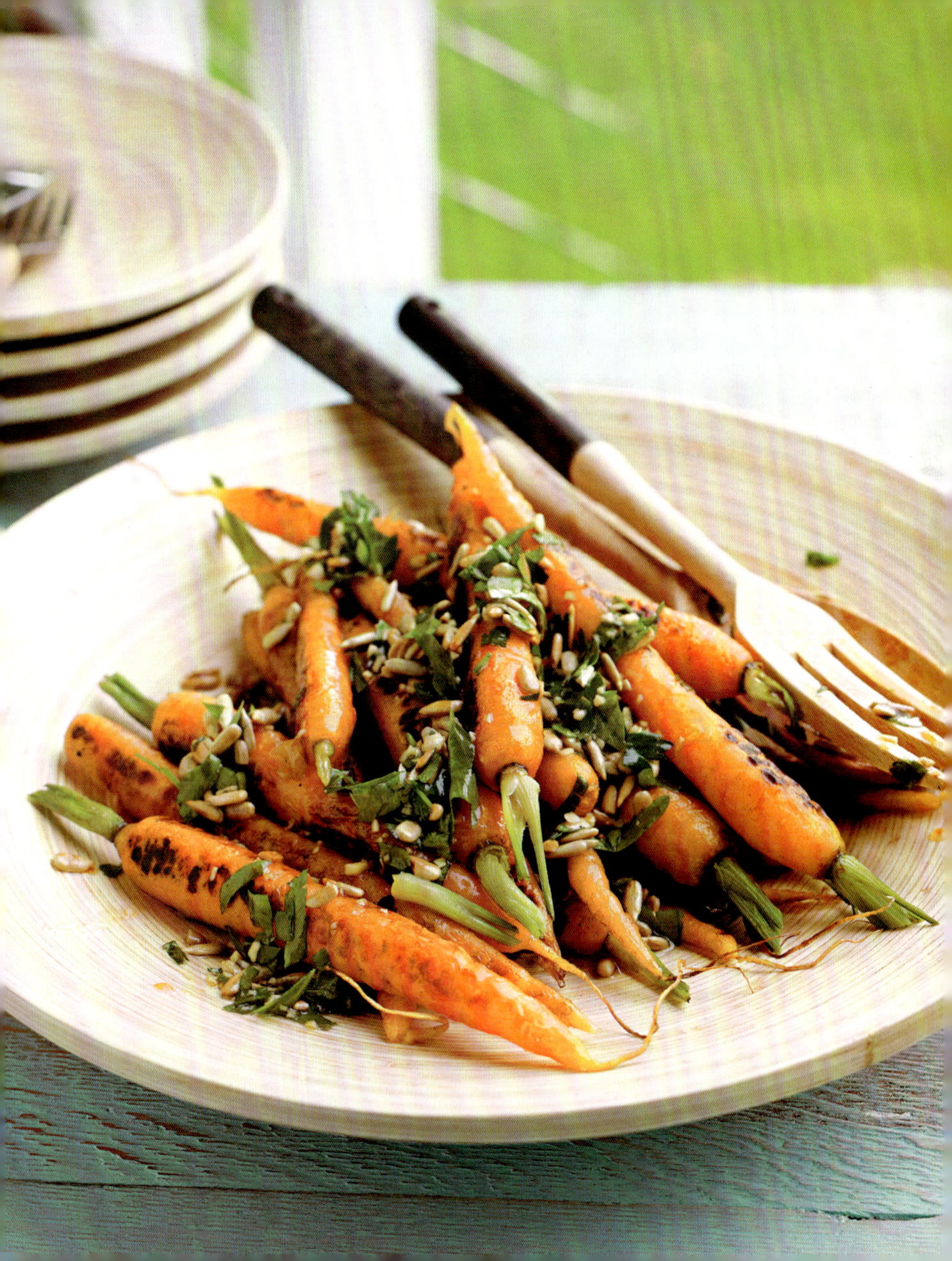

espetos de legumes com tabule

4 porções
Preparo: **15 minutos**, mais o tempo da marinada
Cozimento: **10-15 minutos**

1 colher (sopa) de **alecrim** picado
2 **abobrinhas** fatiadas
1 **pimentão vermelho** grande em quartos sem sementes
16 **champignons frescos** sem os talos
16 **tomates-cereja** grandes
tzatziki pronto ou caseiro (veja ao lado) para servir

Tabule
300 g de **trigo para quibe**
4 colheres (sopa) de cada de **coentro**, **salsinha** e **hortelã** picados
2 **tomates** em cubos
150 ml de **azeite extravirgem**
3 colheres (sopa) de **vinagre de vinho tinto**
sal e **pimenta** a gosto

Coloque o trigo numa tigela, despeje água suficiente para cobri-lo com sobra de 5 cm e deixe de molho por 20 minutos. Coe, misture o coentro, a salsinha, a hortelã, os tomates, 125 ml de azeite, o vinagre e sal e pimenta a gosto.

Enquanto isso, numa tigela grande, misture o alecrim com o restante do azeite e um pouco de sal e pimenta. Acrescente a abobrinha, o pimentão, os cogumelos e os tomates-cereja, misture bem e deixe marinar por 15 minutos. Coloque nos espetinhos.

Grelhe na churrasqueira quente por 10-15 minutos, virando na metade do tempo, até que os legumes fiquem cozidos. Sirva com o tabule e um pouco de tzatziki.

Acompanhamento: tzatziki caseiro. Rale 1 pepino e esprema para eliminar toda a água. Misture 1 copo de iogurte natural com 1 dente de alho amassado, 1 colher (sopa) de hortelã picada e um pouco de sal e pimenta.

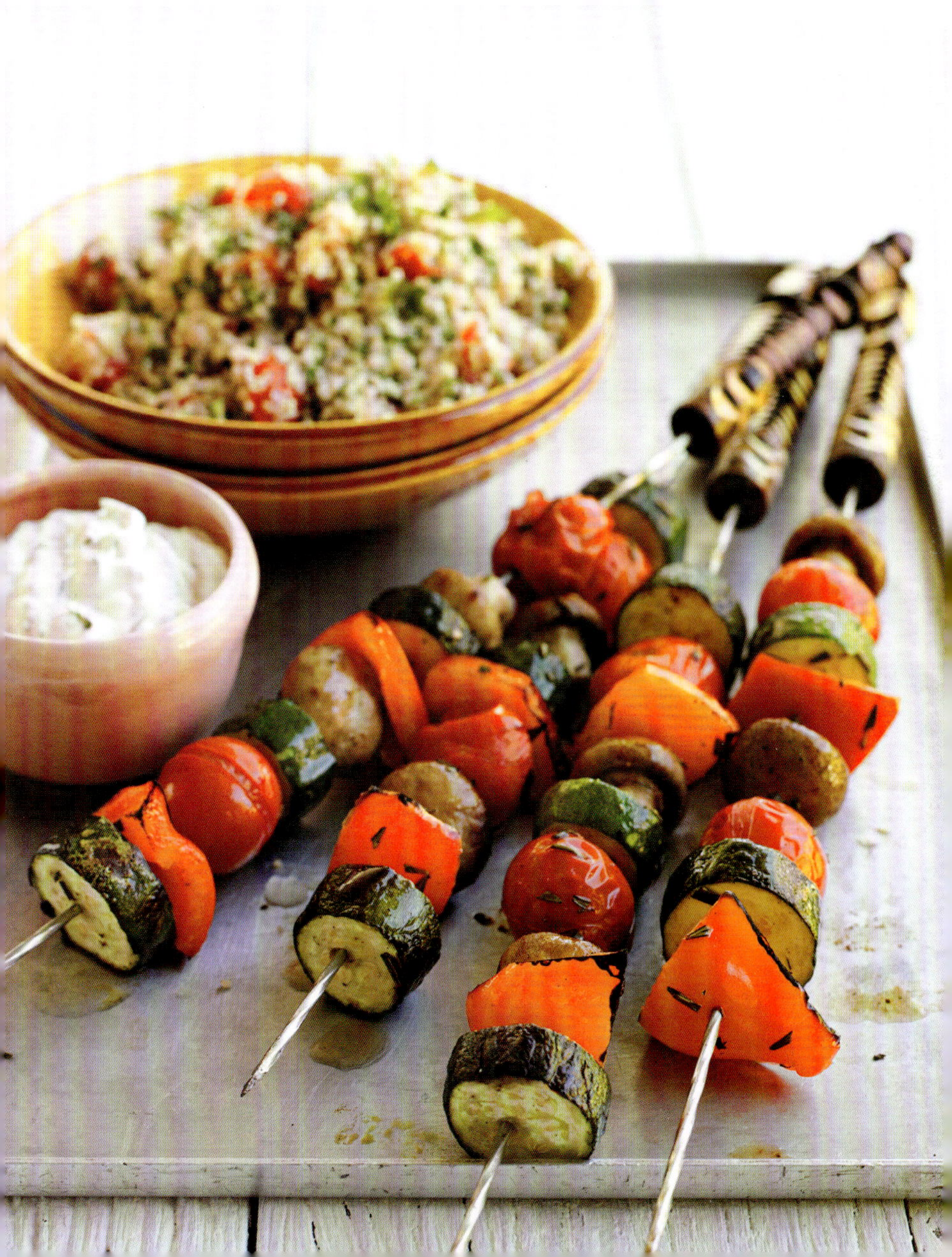

hambúrguer de cogumelo com geleia de cebola

4 porções
Preparo: **5 minutos**, mais o tempo de resfriamento
Cozimento: **30-40 minutos**

8 **cogumelos grandes** sem os talos
1 colher (sopa) de **azeite**
4 **pães ciabatta**
50 g de **folhas de miniespinafre**
sal e **pimenta** a gosto
Aïoli (p. 122) para servir (opcional)

Geleia de cebola
4 colheres (sopa) de **azeite extravirgem**
4 **cebolas** em fatias finas
4 ramos de **tomilho**
100 g de **açúcar mascavo**
100 ml de **vinagre de vinho tinto**
4 colheres (sopa) de **geleia de framboesa**

Faça a geleia de cebola. Aqueça o azeite numa panela e refogue a cebola com os ramos de tomilho e um pouco de sal e pimenta por 20-25 minutos, até dourar e amolecer. Retire os ramos de tomilho e misture o açúcar, o vinagre e a geleia de framboesa. Cozinhe em fervura leve por 6-8 minutos, até o molho encorpar e ficar com consistência de geleia. Deixe esfriar completamente.

Pincele os cogumelos com o azeite e tempere com sal e pimenta. Grelhe na churrasqueira quente por 2-3 minutos de cada lado. Enquanto isso, torre os pães ciabatta por cerca de 1 minuto de cada lado, até ficarem dourados.

Recheie cada pão com 2 cogumelos e folhas de espinafre e espalhe por cima um pouco de geleia de cebola e aïoli, se quiser. Sirva na hora.

Variação: embrulhos de cogumelo com alho.
Retire os talos de 500 g de champignons frescos e distribua-os em 4 pedaços de papel-alumínio. Cubra cada um com 25 g de manteiga, um pouco de alho amassado, 1 ramo de tomilho e sal e pimenta a gosto. Feche o papel para formar um embrulho e leve à churrasqueira quente por 10-12 minutos. Abra os embrulhos com cuidado e finalize com um pouco de salsinha picada e suco de limão.

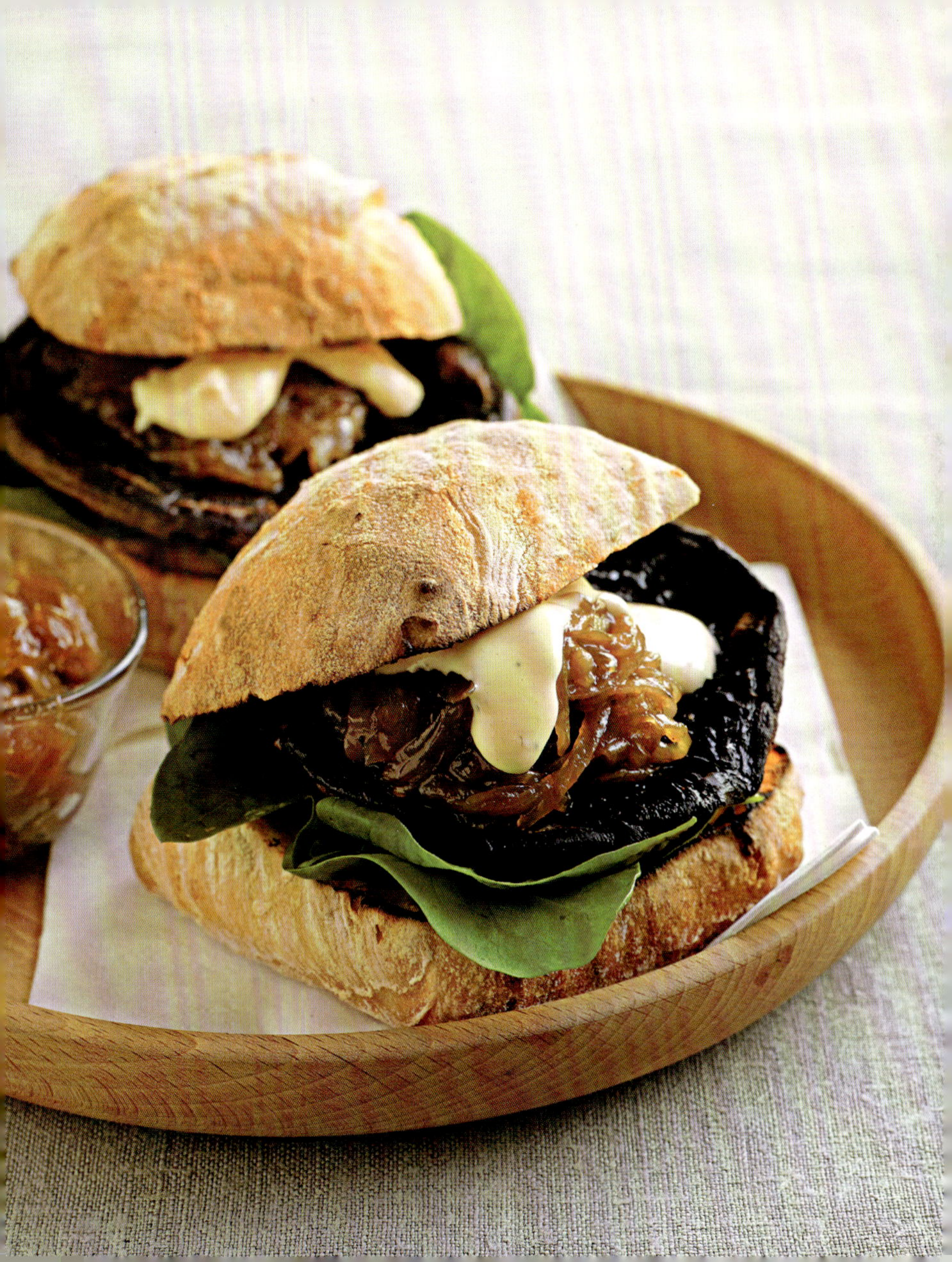

abóbora apimentada com cuscuz

4-6 porções
Preparo: **15 minutos**
Cozimento: **20 minutos**

uma **abóbora** de cerca de 1 kg
2 colheres (sopa) de **azeite**
1 colher (sopa) de **vinagre balsâmico**
1 colher (chá) de **molho de pimenta forte**
1 colher (chá) de **mel**
sal e **pimenta**

Salada de cuscuz
250 g de **cuscuz marroquino**
250 ml de **caldo de legumes** quente
4 **cebolinhas** picadas
1 colher (chá) de **limão em conserva** picado
50 g de **uvas-passas**
50 g de **pinholes torrados**
4 colheres (sopa) de **ervas picadas** variadas (**coentro**, **hortelã** e **salsinha**)
suco de ½ **limão**

Abra a abóbora ao meio, retire as sementes e corte em fatias de 1 cm de espessura. Coloque numa tigela grande com metade do azeite, um pouco de sal e pimenta e misture bem. Grelhe na churrasqueira em temperatura média por cerca de 10 minutos de cada lado, até escurecer um pouco e ficar macia. Transfira de novo para a tigela e acrescente o restante do azeite, o vinagre balsâmico, o molho de pimenta e o mel e misture bem.

Enquanto isso, faça a salada. Coloque o cuscuz numa tigela e despeje por cima o caldo de legumes. Deixe de molho por 10 minutos, depois solte os grãos com um garfo e misture com os outros ingredientes. Tempere a gosto e sirva com a abóbora.

Variação: abóbora grelhada com salada de cebola e queijo. Siga o método acima para grelhar a abóbora. Corte 1 cebola roxa em lascas grandes, pincele um pouco de óleo por cima e grelhe por 3-4 minutos de cada lado, até que escureçam um pouco e fiquem macias. Coloque a abóbora e a cebola numa tigela, junte 125 g de folhas de rúcula, 125 g de queijo feta ou branco em cubos, 25 g de nozes torradas e um pouco de sal e pimenta. Misture bem e sirva.

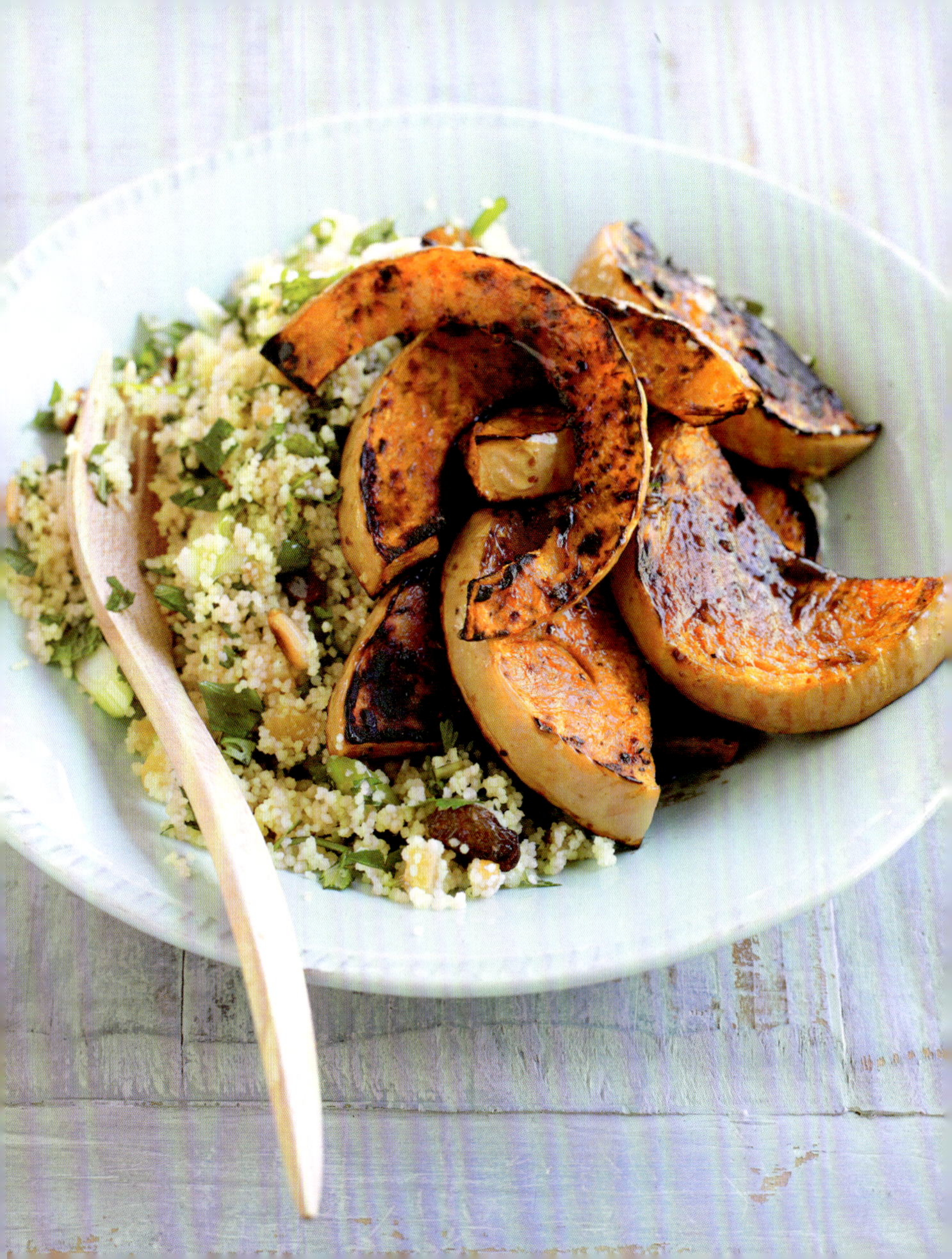

sanduíche com pesto

4 porções
Preparo: **15 minutos**
Cozimento: **4-6 minutos**

- 1 **berinjela** cortada no sentido do comprimento em fatias de 2 mm de espessura
- 2 **abobrinhas** cortadas em fatias longas de 2 mm de espessura
- 3 colheres (sopa) de **azeite extravirgem**
- 4 **pães ciabatta** cortados ao meio
- 2 **tomates** fatiados
- 150 g de **mussarela de búfala** fatiada
- 125 g de **folhas de rúcula**

Pesto
- 50 g de **manjericão**
- 1 **dente de alho** amassado
- 2 colheres (sopa) de **pinholes** torrados
- ¼ de colher (chá) de **sal grosso**
- 6-8 colheres (sopa) de **azeite extravirgem**
- 2 colheres (sopa) de **parmesão** ralado na hora
- **pimenta-do-reino**

Prepare o pesto. Coloque o manjericão, o alho, os pinholes e o sal grosso num pilão e amasse até formar uma pasta cremosa. Acrescente o azeite aos poucos, até ficar na consistência adequada (úmido mas não líquido). Por último, adicione o queijo e a pimenta a gosto.

Pincele a berinjela e as abobrinhas com o azeite e tempere com sal e pimenta. Grelhe-as na churrasqueira quente por 2-3 minutos de cada lado, até escurecerem um pouco e ficarem macias.

Passe um pouco de pesto nos pães, depois recheie com os legumes grelhados, os tomates, a mussarela e a rúcula. Junte um pouco mais de pesto e sirva quente.

Acompanhamento: maionese. Em vez de fazer o pesto, coloque 3 gemas de ovo, 2 colheres (chá) de vinagre de vinho branco, 1 colher (chá) de mostarda e um pouco de sal e pimenta numa tigela. Usando o batedor elétrico, bata até ficar espumoso. Acrescente aos poucos 300 ml de azeite, batendo sem parar até obter um molho espesso e brilhante. Se estiver muito grosso, junte um pouco de água para afinar. Recheie o sanduíche ou cubra com filme de PVC e guarde na geladeira por até 3 dias.

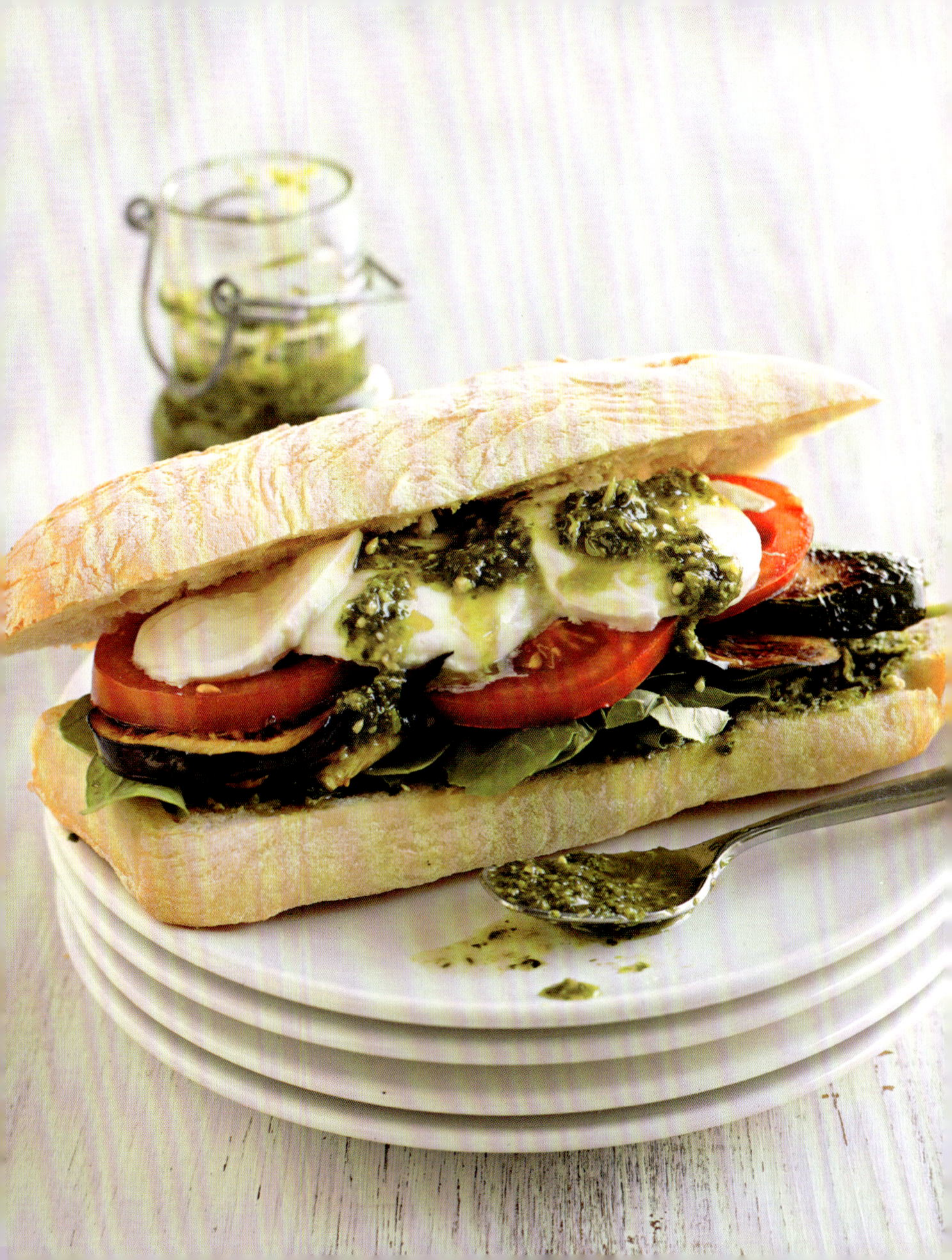

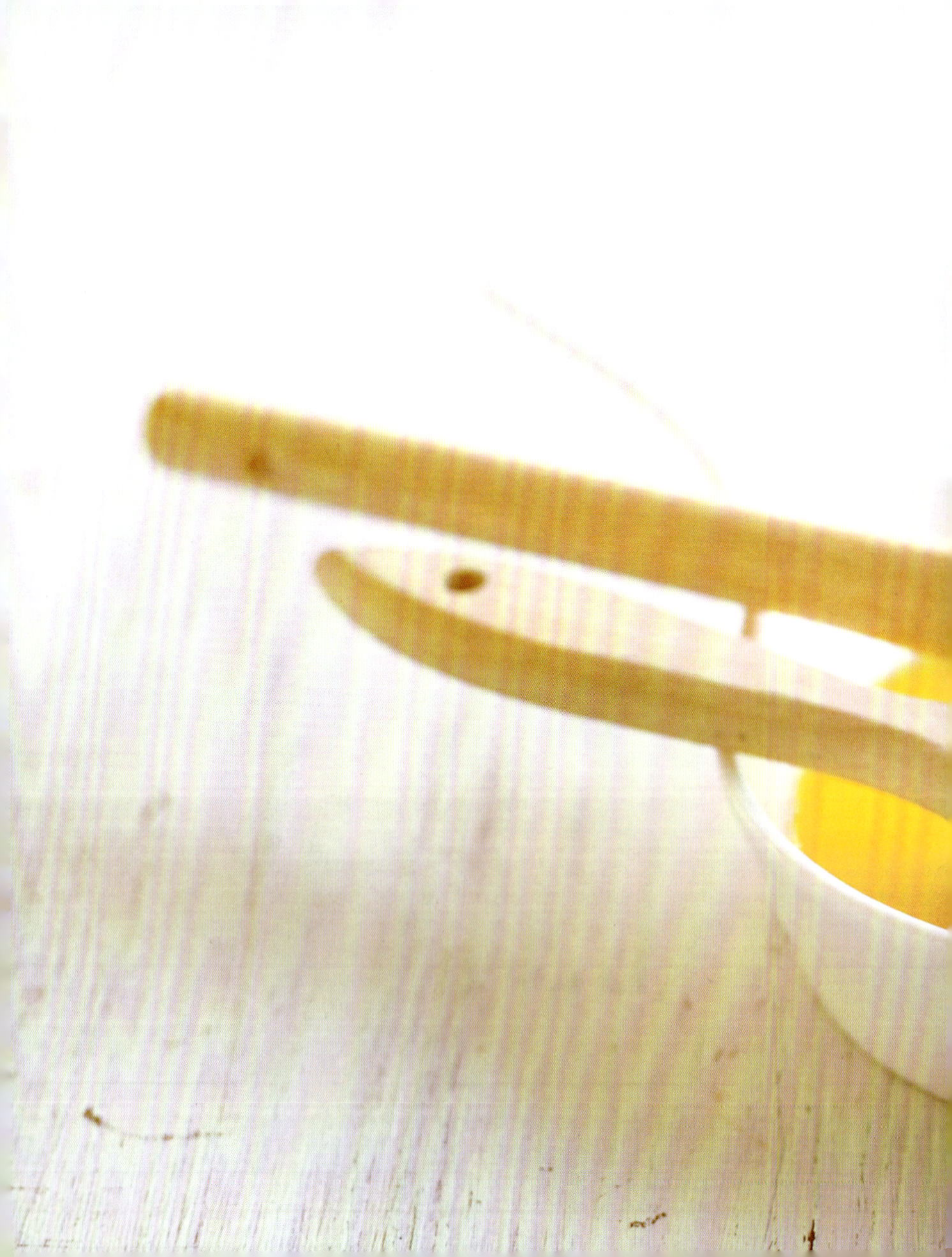

saladas, molhos e marinadas

salada de abobrinha e folhas

4 porções
Preparo: **10 minutos**
Cozimento: **10 minutos**

4 **abobrinhas** em fatias grossas
azeite para pincelar
125 g de **folhas verdes variadas** picadas

Molho
25 g de **pinholes** ou **nozes**
4 colheres (sopa) de **azeite**
2 colheres (sopa) de **suco de limão**
1 colher (chá) de **mel**
sal e **pimenta** a gosto

Pincele as fatias de abobrinha com um pouco de azeite e tempere. Grelhe-as por 2-3 minutos de cada lado e deixe esfriar. Quando estiverem frias, coloque-as numa tigela com as folhas verdes.

Faça o molho. Aqueça os pinholes numa frigideira até dourarem, agitando a panela para que torrem por igual. Use um pilão para moer os pinholes e transfira-os para uma tigela. Junte o azeite, o suco de limão, o mel e sal e pimenta a gosto. Espalhe sobre a salada e sirva.

Variação: salada de folhas com bacon e croûtons.
Corte 250 g de bacon em cubos. Aqueça uma frigideira e frite o bacon por 3-4 minutos, até deixá-lo crocante e eliminar a gordura. Retire com uma escumadeira e reserve. Adicione 2 colheres (sopa) de azeite e frite levemente 125 g de pão de fôrma em cubos por 4-5 minutos, até ficar crocante. Deixe secar sobre papel-toalha. Coloque o bacon, o pão e 125 g de folhas variadas numa tigela e espalhe um pouco mais de azeite por cima, 1-2 colheres (sopa) de vinagre branco e um pouco de sal e pimenta. Misture e sirva.

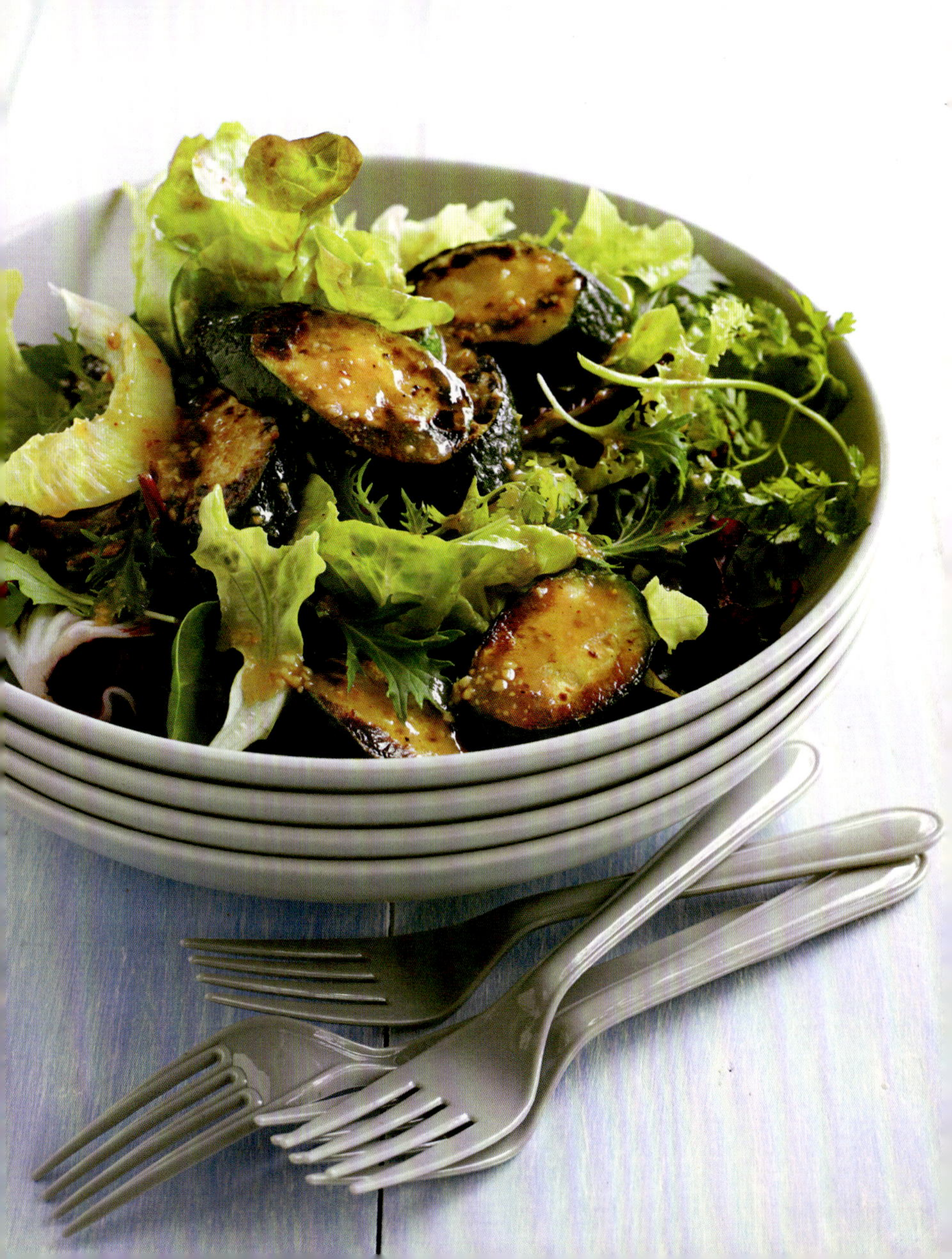

salada de pera e pecorino

4 porções
Preparo: **10 minutos**
Cozimento: **2-4 minutos**

4 **peras** descascadas
250 g de **rúcula**
4 colheres (sopa) de **azeite**
2 colheres (sopa) de **vinagre balsâmico**
150 g de **pecorino** ou **gorgonzola**
sal e **pimenta** a gosto

Corte as peras em quartos e tire as sementes. Depois corte cada quarto ao meio. Coloque-as em espetos de metal e grelhe por 1-2 minutos de cada lado.

Coloque a rúcula numa tigela com o azeite, o vinagre balsâmico e um pouco de sal e pimenta. Misture bem.

Corte lâminas do pecorino e misture à rúcula. Disponha a mistura em 4 pratos individuais e acrescente as peras grelhadas por cima. Sirva na hora.

Variação: bruschetta com salada de pera e pecorino. Pincele 4 fatias de pão italiano com azeite. Torre na churrasqueira por 1 minuto de cada lado, depois esfregue neles um dente de alho. Prepare a salada e coloque sobre os pães, espalhando um pouco de azeite por cima.

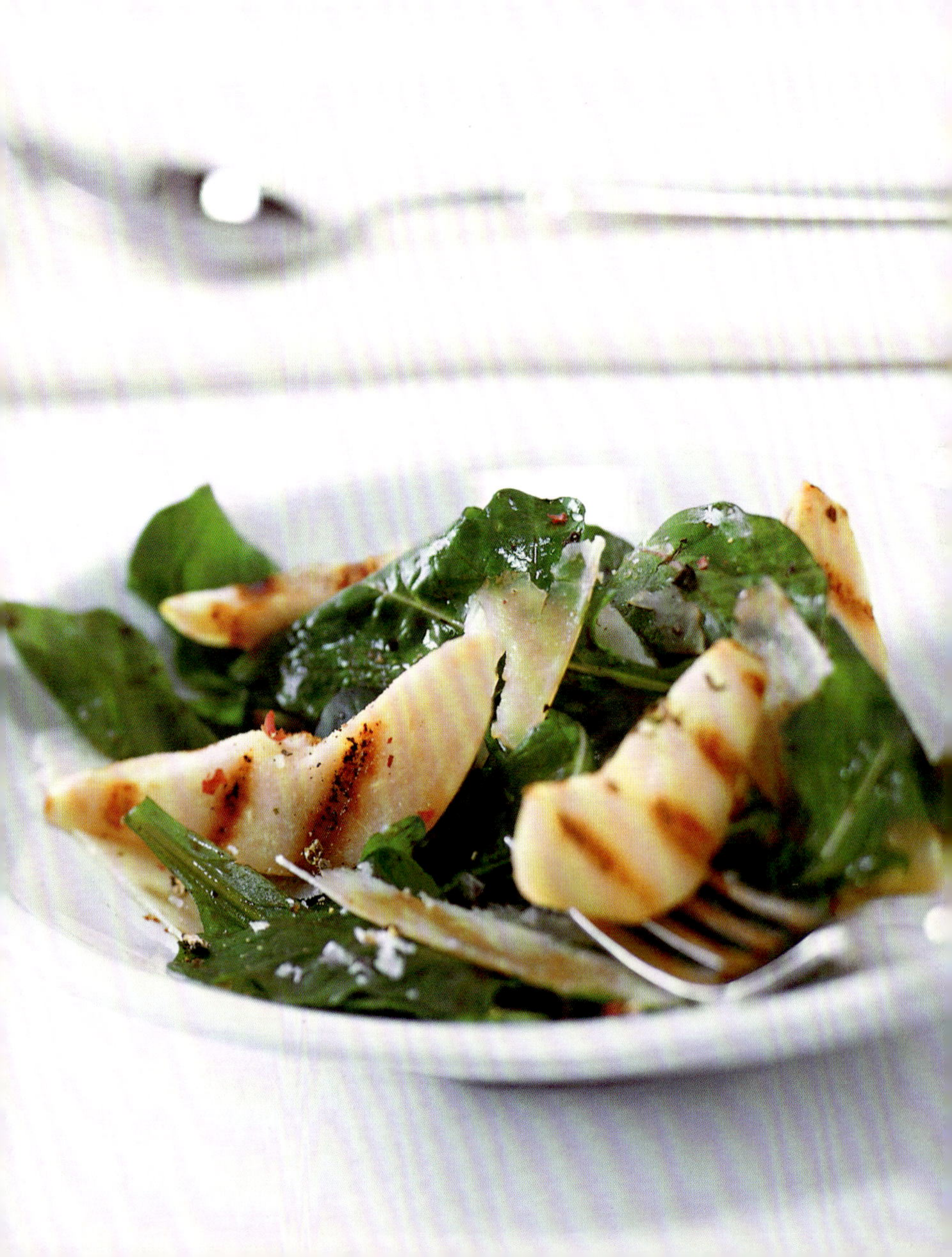

atum tataki com molho asiático

4 porções
Preparo: **10 minutos**
Cozimento: **3 minutos**

4 **filés de atum** com 200 g cada (bem frescos, pois serão consumidos semicrus)
2 colheres (sopa) de **óleo de gergelim**
250 g de **aspargos**
100 g de **salada de folhas variadas**
sal e **pimenta** a gosto

Molho de gergelim, soja e gengibre
1 colher (sopa) de **óleo de girassol**
1 colher (sopa) de **água fria**
4 colheres (chá) de **vinagre de arroz**
1 colher (sopa) de **shoyu**
1½ colher (sopa) de **açúcar**
1 colher (chá) de **gengibre** ralado
1 colher (chá) de **óleo de gergelim**

Pincele o atum com o óleo de gergelim e tempere bem com sal e pimenta. Sele por 10 segundos de cada lado, depois passe em água fria para interromper o cozimento. Deixe secar bem e reserve.

Misture os ingredientes do molho numa tigela e tempere a gosto.

Ferva os aspargos em água com sal por 2 minutos. Retire, esfrie em água corrente e deixe secar.

Disponha a salada e os aspargos numa travessa grande. Corte o atum em fatias finas e disponha-as ao lado da salada. Espalhe o molho por cima e sirva.

Variação: atum grelhado com geleia de pimenta.
Tempere sem exagero 4 filés de atum de 200 g, pincele-os com um pouco de azeite e grelhe na churrasqueira quente por 1 minuto de cada lado. Deixe esfriar um pouco e sirva com Geleia de pimenta (p. 114).

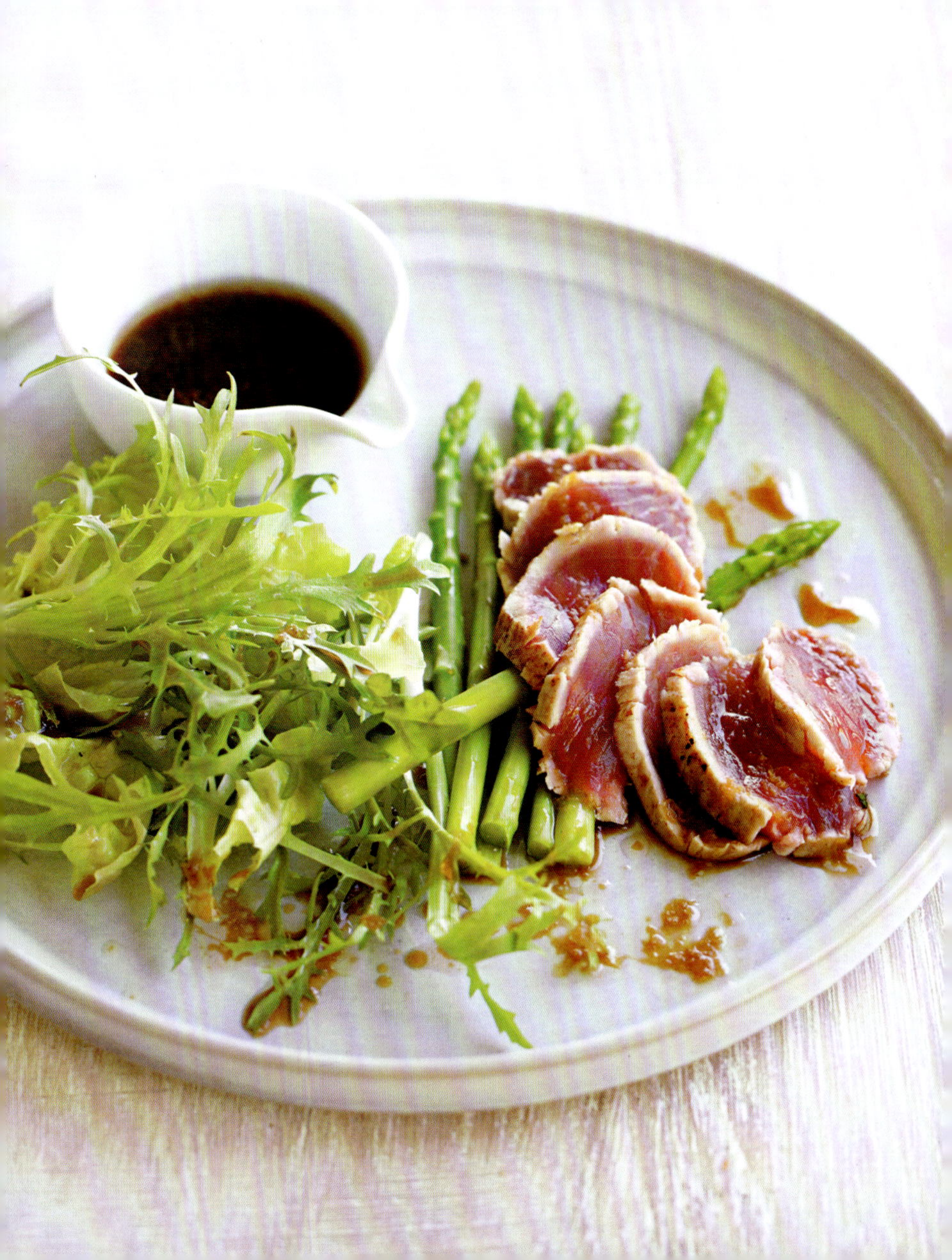

salada de agrião e cogumelo

4 porções
Preparo: **10 minutos**
Cozimento: **22 minutos**

4 fatias de **pão italiano**
4 **cogumelos grandes** sem os talos
125 g de **queijo de cabra cremoso**
3 colheres (sopa) de **azeite**
1 colher (sopa) de **vinagre de maçã**
125 g de **agrião**
sal grosso e **pimentas** sortidas moídas

Torre as fatias de pão na churrasqueira em temperatura média por 1 minuto de cada lado, até dourarem. Reserve os pães, mantendo-os quentes.

Coloque os cogumelos na churrasqueira quente com a parte de cima do "chapéu" para baixo e asse por 10 minutos. Vire e deixe por mais 10 minutos. (Cozinhe assim para que os líquidos fiquem retidos.)

Distribua os pães em 4 pratos e besunte-os com queijo de cabra. Misture o azeite, o vinagre e os temperos numa tigela.

Retire os cogumelos assados e corte-os em fatias. Misture-os ao agrião e ao molho e espalhe sobre os pães. Sirva na hora.

Variação: cogumelos grelhados com limão e manteiga de tomilho. Bata 2 colheres (sopa) de tomilho fresco picado e raspas de um limão com 125 g de manteiga e um pouco de pimenta. Tire os talos de 8 cogumelos grandes, pincele-os com um pouco de azeite e asse-os, com a parte de cima do "chapéu" para baixo, na churrasqueira em temperatura média por 2-3 minutos. Vire os cogumelos, passe a manteiga por cima e deixe por mais 3-4 minutos, até ficarem macios. Sirva com 4 fatias de pão torrado.

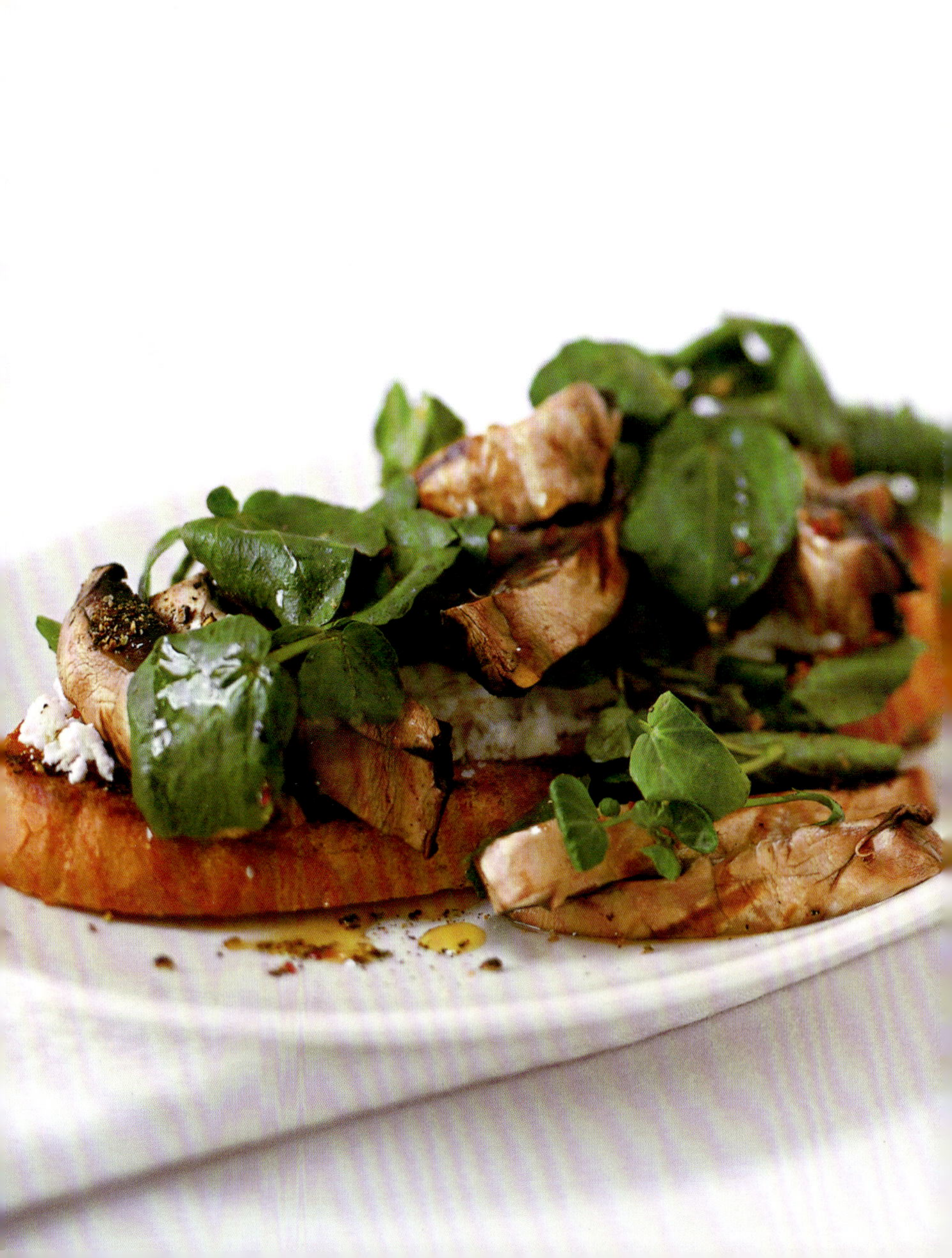

salada de raízes e rúcula

4 porções
Preparo: **15 minutos**
Cozimento: **40-55 minutos**

algumas **beterrabas** pequenas
algumas **cenouras** pequenas
óleo para untar
1 **cebola roxa** em lascas grandes
125 g de **minirrúcula**
100 g de **pecãs** ou **nozes** torradas

Molho de queijo de cabra
100 g de **queijo de cabra cremoso**
4 colheres (chá) de **vinagre de vinho branco**
2 colheres (chá) de **mel**
125 ml de **azeite extravirgem**, mais um pouco para pincelar
2-3 colheres (sopa) de **água fervente**
sal e **pimenta** a gosto

Coloque as beterrabas numa panela com água fria e deixe cozinhar em fogo brando por 20-30 minutos; retire com a escumadeira. Acrescente as cenouras e cozinhe por 5 minutos. Corte as beterrabas em lascas e coloque-as em 2 espetos de metal.

Passe um pouco de óleo nas beterrabas e cenouras e grelhe-as na churrasqueira quente por 8-10 minutos de cada lado. Enquanto isso, coloque as lascas de cebola em 2 espetos de metal, passe um pouco de óleo e grelhe por 5 minutos de cada lado.

Junte a beterraba, a cenoura e a cebola numa tigela com a rúcula e as nozes.

Faça o molho. Bata os ingredientes no processador ou liquidificador até obter um creme e tempere a gosto. Disponha a salada numa travessa e sirva com o molho.

Variação: vinagrete de mostarda. Em lugar do molho de queijo de cabra, bata 3 colheres (sopa) de azeite, 1 colher (sopa) de vinagre branco, 2 colheres (chá) de mostarda em grãos, um pouco de açúcar e de sal e pimenta-do-reino. Prepare a salada como acima e sirva com vinagrete de mostarda.

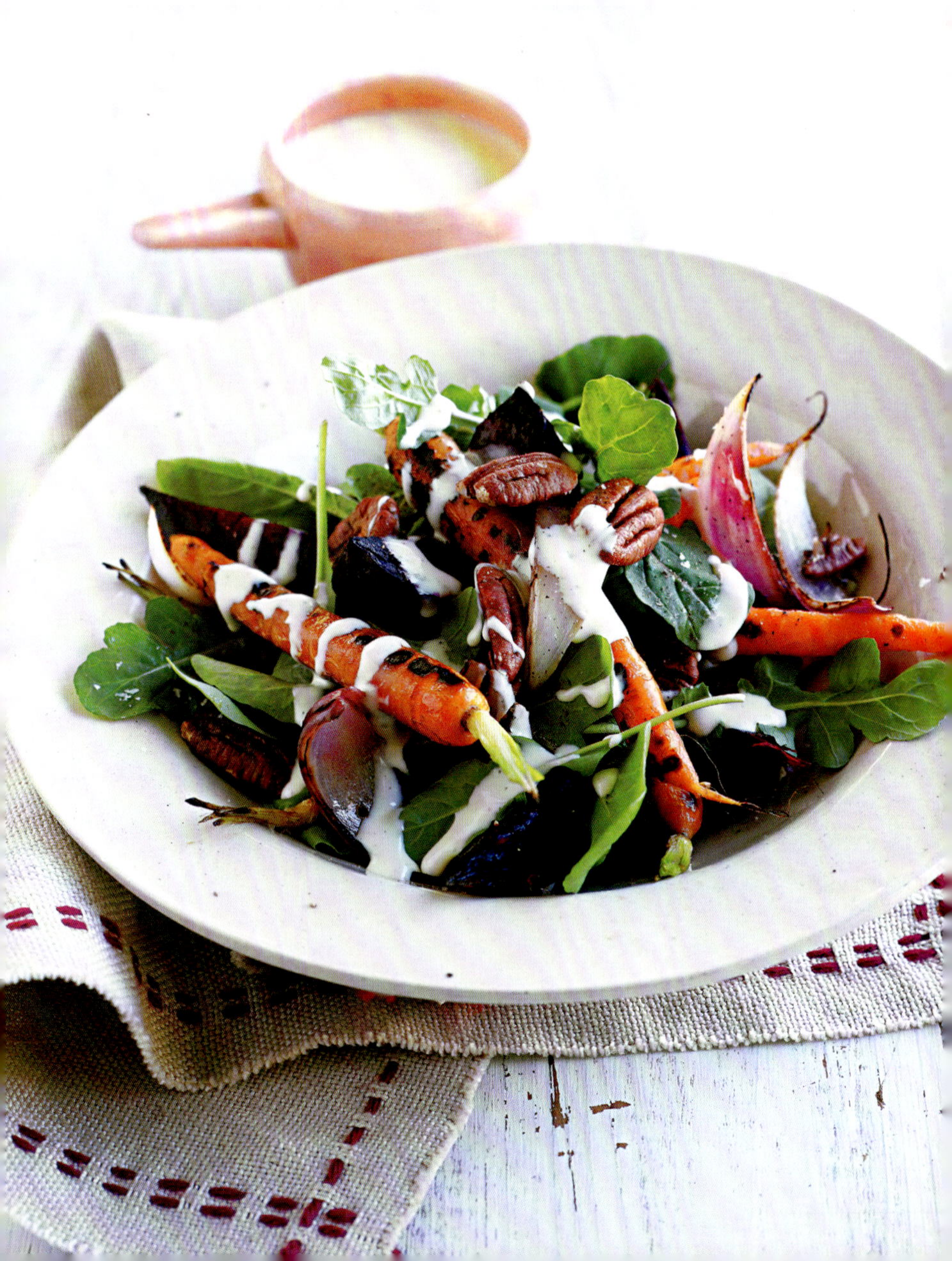

salada de grão-de-bico com legumes

4 porções
Preparo: **10 minutos**
Cozimento: **8 minutos**

4 **cebolas** redondinhas
2 **dentes de alho** em fatias
4 **pimentas vermelhas** grandes cortadas no sentido do comprimento sem sementes
300 g de **grão-de-bico** cozido
um punhado de **hortelã** picada
3 colheres (sopa) de **azeite**
4 colheres (sopa) de **suco de limão**
sal e **pimenta** a gosto

Aqueça uma frigideira. Corte as cebolinhas em gomos, mantendo a base intacta para que não desmanchem. Coloque-as em espetos de metal. Enfie os dentes de alho fatiados em outro espeto e as pimentas num terceiro.

Coloque todos os espetos na churrasqueira quente e grelhe o alho por 1 minuto de cada lado, as pimentas por 2-3 minutos de cada lado e as cebolinhas por 4 minutos de cada lado. Retire e passe todos para uma tigela grande.

Acrescente o grão-de-bico, a hortelã, o azeite, o suco de limão e tempere. Misture bem e sirva.

Variação: salada de trigo com legumes grelhados.
Grelhe os legumes como acima e faça o dobro da quantidade de molho (sem o grão-de-bico). Enquanto isso, deixe de molho 150 g de trigo em cerca de 600 ml de água fervente por 20 minutos. Coe e misture com os legumes e o molho.

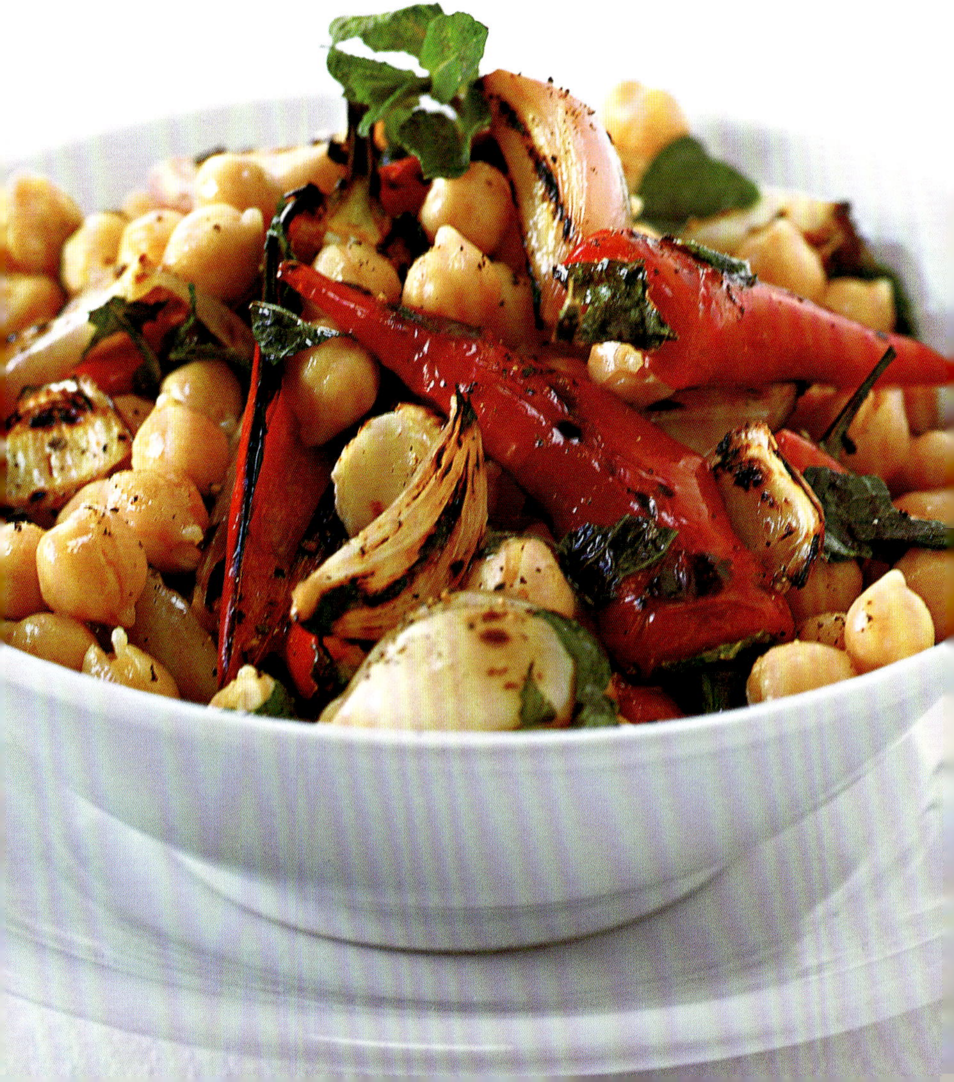

salada caesar com alho defumado

4 porções
Preparo: **10 minutos**
Cozimento: **10-12 minutos**

2 fatias grandes de **pão italiano**
azeite para pincelar
4 fatias de **bacon**
2 corações de **alface** "rasgados"
12 filés de **alici**
2 **ovos** cozidos em quartos

Molho
3 **dentes de alho**
1 **gema**
2 colheres (chá) de **vinagre de vinho branco**
4 filés de **alici**
75 ml de **azeite**
3 colheres de **parmesão** ralado na hora
sal e **pimenta** a gosto

Faça primeiro o molho. Coloque os dentes de alho em espetos de metal e grelhe na churrasqueira em temperatura média por 6-8 minutos, até ficarem macios e um pouco escurecidos. Deixe esfriar. Coloque o alho no processador ou liquidificador com os outros ingredientes e bata até obter um creme. Acrescente um pouco de água fervente para afinar o molho, se necessário.

Pincele o pão italiano com um pouco de óleo e torre por 1 minuto de cada lado, até dourar. Corte em cubos e coloque numa tigela grande. Grelhe o bacon até ficar crocante, depois deixe esfriar e pique em pedaços grandes. Junte a alface, o alici e os ovos. Espalhe o molho por cima, misture bem e sirva.

Variação: salada caesar com frango grelhado.
Corte filés de peito de frango de 250 g cada um ao meio, no sentido do comprimento, para obter 4 filés finos. Tempere bem, pincele com óleo e grelhe na churrasqueira quente por 4-5 minutos de cada lado. Corte em tiras e misture à salada acima.

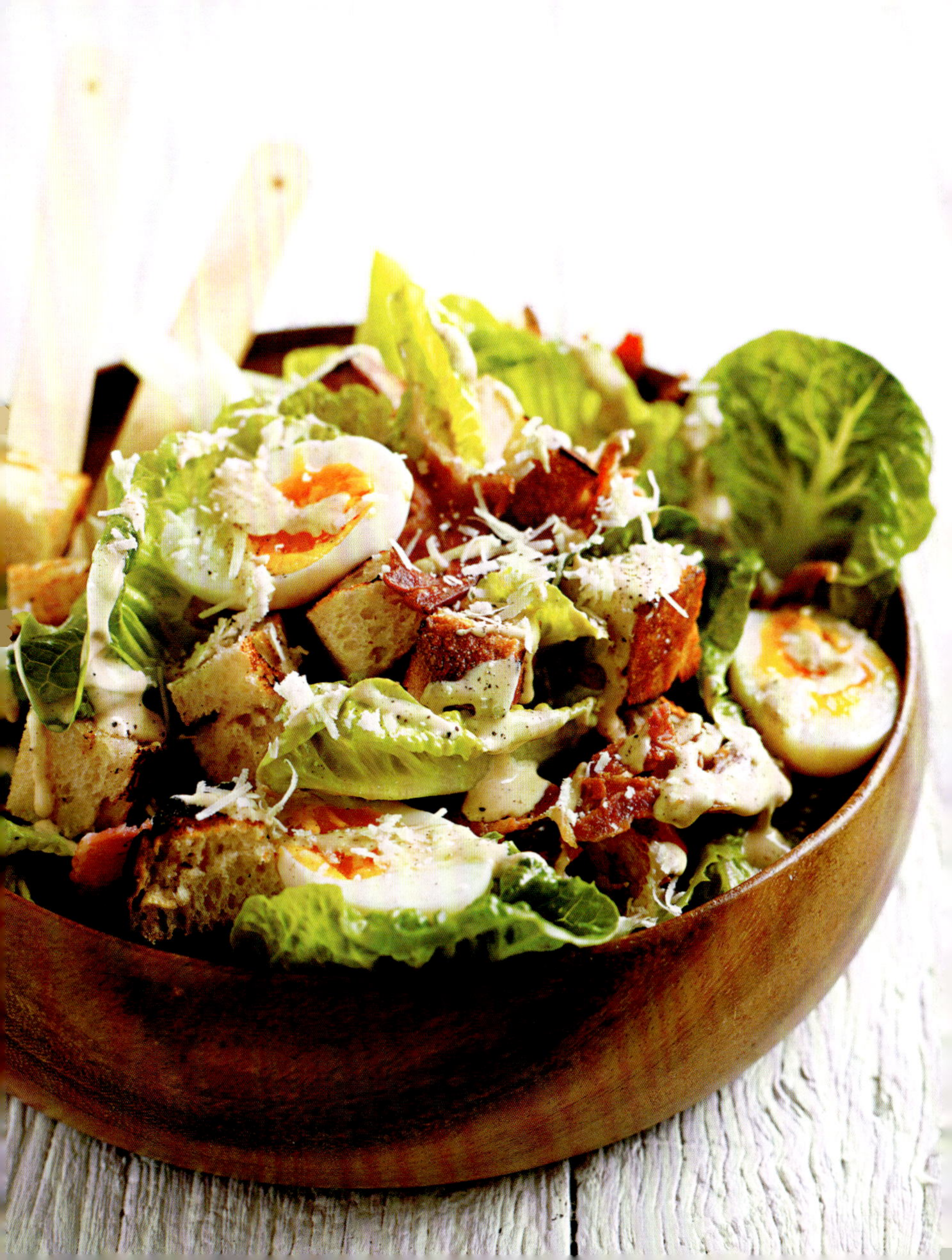

salada de aspargos e pimentão

4 porções
Preparo: **10 minutos**
Cozimento: **10 minutos**

4 **pimentões vermelhos** em quartos sem sementes
200 g de **aspargos**
2 **pimenta**s vermelhas
4 colheres (sopa) de **azeite**
1 colher (sopa) de **vinagre balsâmico**
75 g de **parmesão**
sal e **pimenta** a gosto

Grelhe os pimentões e os aspargos na churrasqueira quente por 5 minutos de cada lado e reserve. Grelhe também as pimentas, virando sempre, por 3 minutos. Reserve.

Tire as sementes das pimentas e corte-as em tiras bem finas.

Disponha os legumes numa travessa. Espalhe um pouco de azeite e de vinagre balsâmico por cima e tempere com sal e pimenta. Corte fatias bem finas de parmesão usando um descascador de legumes e espalhe sobre os outros ingredientes. Sirva com pão torrado na churrasqueira ou como acompanhamento de peixe ou frango grelhado.

Variação: sanduíche enrolado de pimentão, aspargo e queijo de cabra. Grelhe os pimentões, os aspargos e as pimentas como acima e fatie as pimentas. Distribua sobre 4 pães sírios (ou pães tipo tortilha) e cubra cada um com 25 g de queijo de cabra e um punhado de folhas de rúcula. Enrole o sanduíche e sirva.

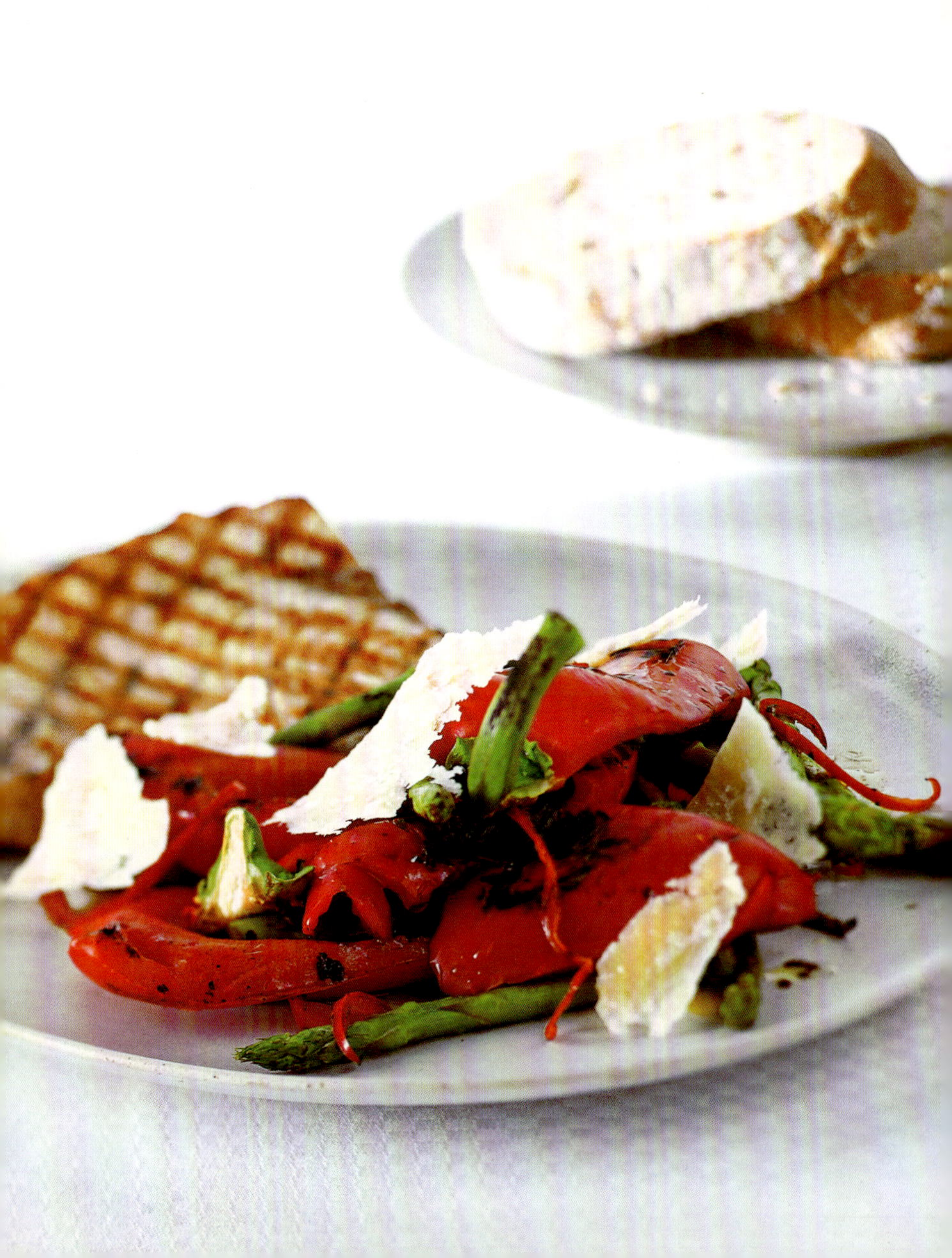

salada de carne com molho de mostarda

4 porções
Preparo: **15 minutos**
Cozimento: **8-10 minutos**

4 **filés-mignons** (200 g cada um)
azeite para pincelar e servir
2 colheres (sopa) de **tomilho** picado
4 fatias de **pão italiano**
2 **dentes de alho**
50 g de **agrião**
50 g de **rúcula**
2 colheres (sopa) de **alcaparras**
sal e **pimenta** a gosto

Molho
3 colheres (sopa) de **creme de leite**
1 colher (sopa) de **mostarda em grãos**
1 colher (chá) de **vinagre de vinho branco**
2 colheres (sopa) de **cebolinhas** picadas
1 colher (sopa) de **água fervente**

Pincele a carne com azeite e tempere com o tomilho, sal e pimenta. Grelhe na churrasqueira quente por 3-4 minutos de cada lado. Deixe descansar embrulhado em papel-alumínio por 5 minutos, depois corte em fatias finas.

Enquanto isso, faça o molho batendo o creme de leite, a mostarda, o vinagre e a cebolinha. Continue batendo e adicione a água e um pouco de sal e pimenta.

Torre as fatias de pão na churrasqueira por 1 minuto de cada lado até dourarem. Esfregue o alho nos pães e espalhe um pouco de azeite por cima. Cubra cada um com algumas folhas de salada, alcaparras e os filés. Espalhe o molho por cima.

Variação: filé grelhado com pesto de nozes.
Coloque 50 g de nozes, 25 g de pepinos em conserva, 1 dente de alho amassado, 1 colher (sopa) de alcaparras, 2 colheres (sopa) de salsinha picada, 6 colheres (sopa) de azeite e um pouco de sal e pimenta no processador ou liquidificador e misture até ficar cremoso. Grelhe a carne como acima e sirva com o pesto e a Salada de tomate e azeitona (p. 86).

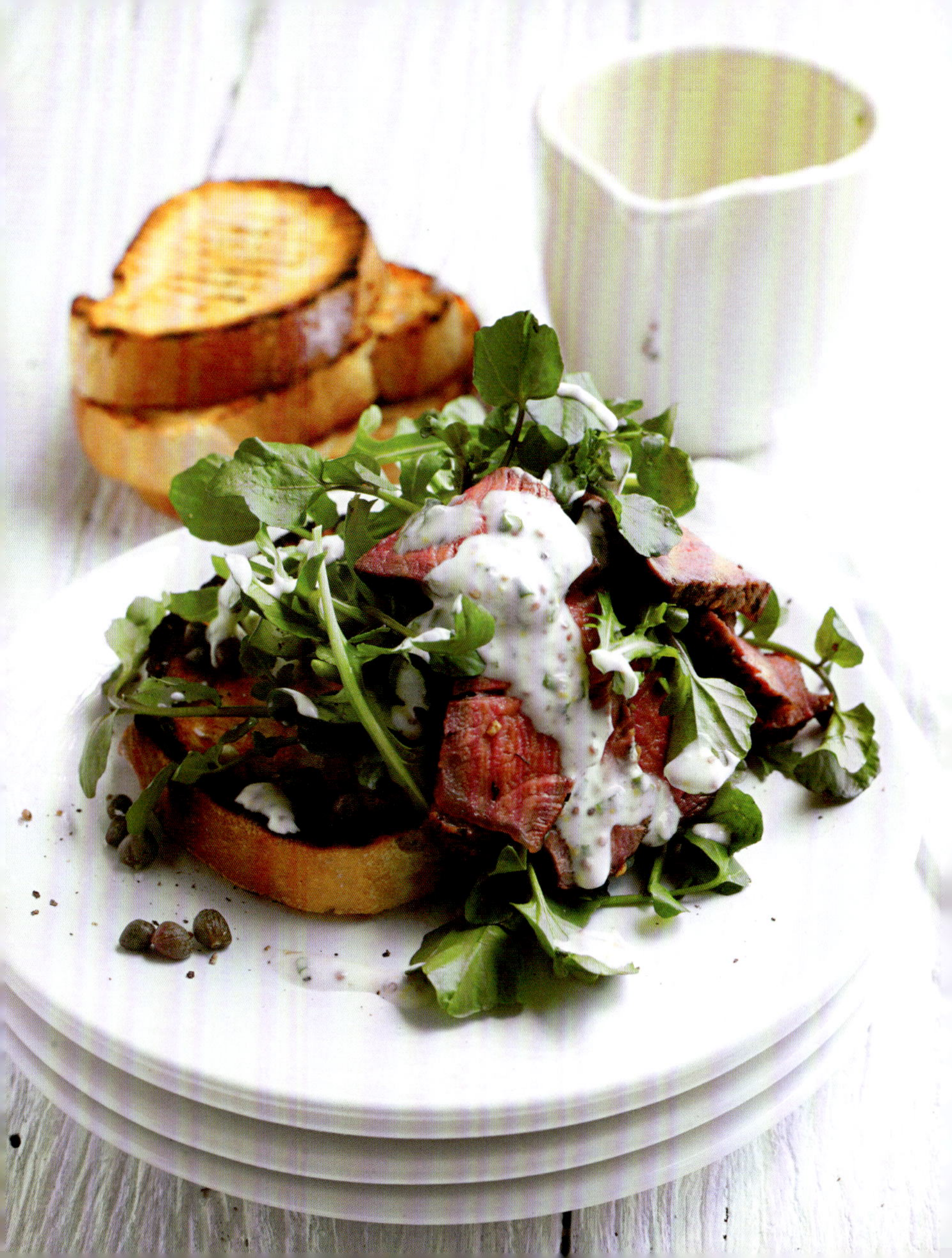

cuscuz mediterrâneo

4 porções
Preparo: **15 minutos**
Cozimento: **10 minutos**

2 **cebolas roxas**
2 **dentes de alho**
2 **pimentas** verdes
1 **berinjela** fatiada
1 **pimentão vermelho**
1 **abobrinha** fatiada no sentido do comprimento
125 g de **cuscuz marroquino**
½ colher (chá) de **cominho**
½ colher (chá) de **páprica**
uma pitada de **pimenta em grãos**
5 colheres (sopa) de **azeite**
sal e **pimenta** a gosto

Para decorar
um punhado de **coentro** picado
1 **limão** sem casca em gomos

Corte as cebolas roxas em gomos, sem cortar a base para que não desmanchem.

Coloque os dentes de alho e as pimentas em espetos de metal diferentes. Grelhe o alho, as pimentas e todos os legumes na churrasqueira quente: deixe a berinjela, o pimentão e as cebolas roxas por 5 minutos de cada lado; a abobrinha por 4 minutos de cada lado; as pimentas por 2-3 minutos de cada lado; e o alho por 1 minuto de cada lado. Depois, transfira-os para uma saladeira grande.

Coloque o cuscuz numa tigela e adicione água até cobrir. Deixe de molho por 5 minutos para absorver a água.

Descasque as pimentas e o pimentão quando estiverem frios o suficiente para serem manuseados e retire as sementes. Pique os legumes e acrescente-os à tigela com cuscuz. Junte o cominho, a páprica e a pimenta em grãos e misture bem. Espalhe um pouco de azeite por cima e decore com coentro picado e gomos de limão.

Variação: salada de legumes grelhados, queijo e hortelã. Prepare e grelhe os legumes como acima e misture-os numa tigela grande. Acrescente 200 g de queijo feta ou branco em cubos, 125 g de azeitonas pretas picadas e um punhado de hortelã picada. Bata 3 colheres (sopa) de azeite, suco de ½ limão, 1 colher (chá) de mel, ½ colher (chá) de cominho em pó e um pouco de sal e pimenta. Misture à salada e sirva.

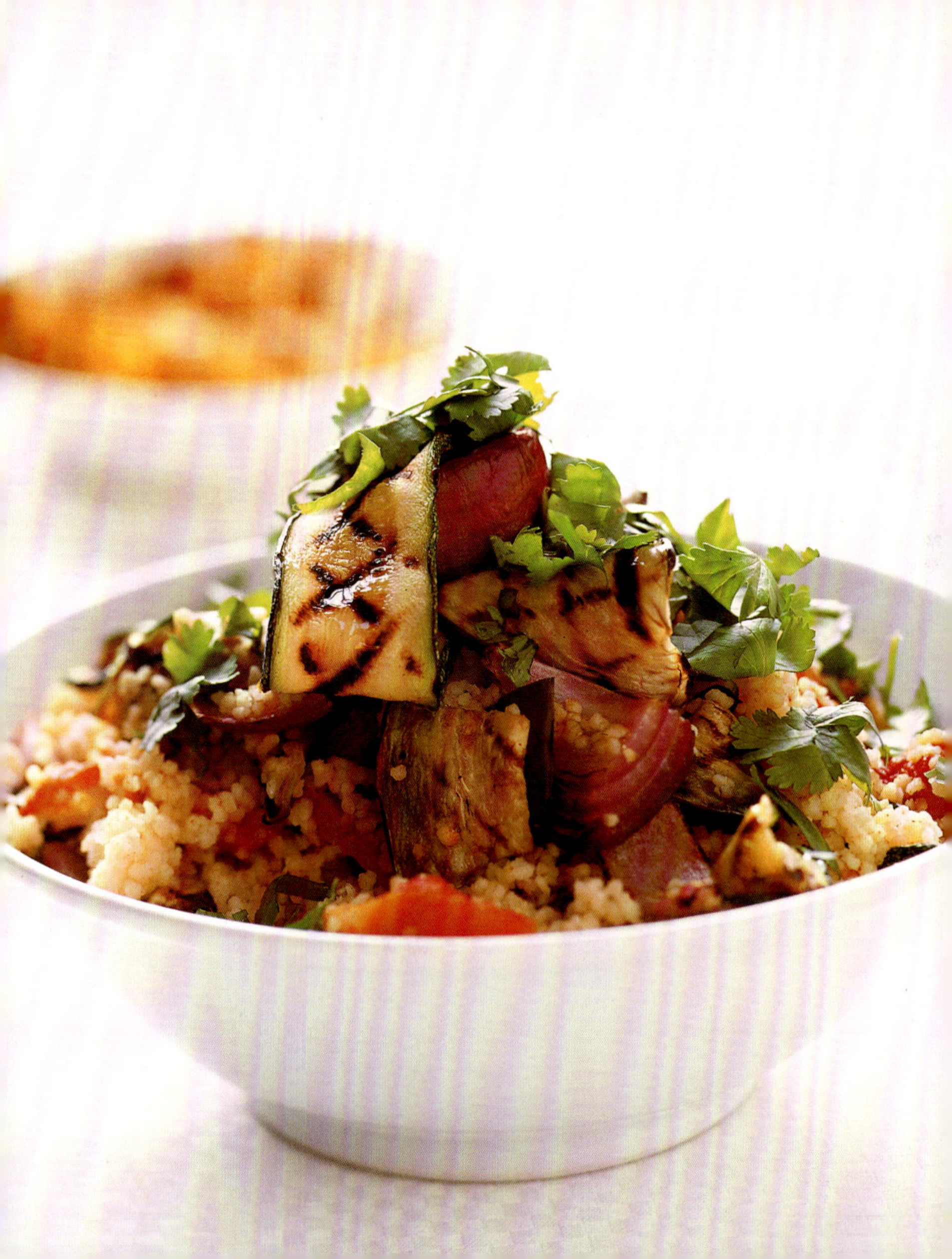

salada com presunto cru

4 porções
Preparo: **10 minutos**
Cozimento: **18 minutos**

2 **cebolas roxas**
2 **pimentões vermelhos** em lascas
2 **abobrinhas** em fatias longas
1 **berinjela** em fatias longas
um maço de **aspargos**
8 fatias de **presunto cru**
um punhado de **manjericão** picado
4 colheres (sopa) de **azeite**
2 colheres (sopa) de **vinagre balsâmico**
sal e **pimenta** a gosto
um ramo de **manjericão** para decorar

Corte as cebolas roxas em gomos, sem cortar a base para não desmanchar. Grelhe todos os legumes na churrasqueira quente: as cebolas por 5 minutos de cada lado; os pimentões por 5 minutos (só o lado com pele); as abobrinhas por 3 minutos de cada lado; a berinjela por 4 minutos de cada lado; e os aspargos por 4 minutos de um lado só. (Se for colocar todos ao mesmo tempo, retire-os na seguinte ordem: aspargos, pimentões, abobrinhas, berinjela, cebolas.) Quando todos os legumes estiverem grelhados, junte-os em uma tigela e misture.

Grelhe as fatias de presunto cru por 4 minutos de cada lado, até ficarem crocantes.

Acrescente aos legumes o manjericão, o azeite, o vinagre balsâmico e um pouco de tempero. Cubra os legumes com as fatias de presunto e sirva imediatamente, decorada com o ramo de manjericão.

Variação: salada de carne e legumes. Tempere 750 g de filé-mignon e pincele com óleo. Grelhe na churrasqueira em temperatura médio-alta por 25 minutos, virando na metade desse tempo. Enquanto isso, prepare e grelhe os legumes como indicado acima e adicione o molho (sem colocar o presunto). Fatie os filés e sirva com a salada de legumes.

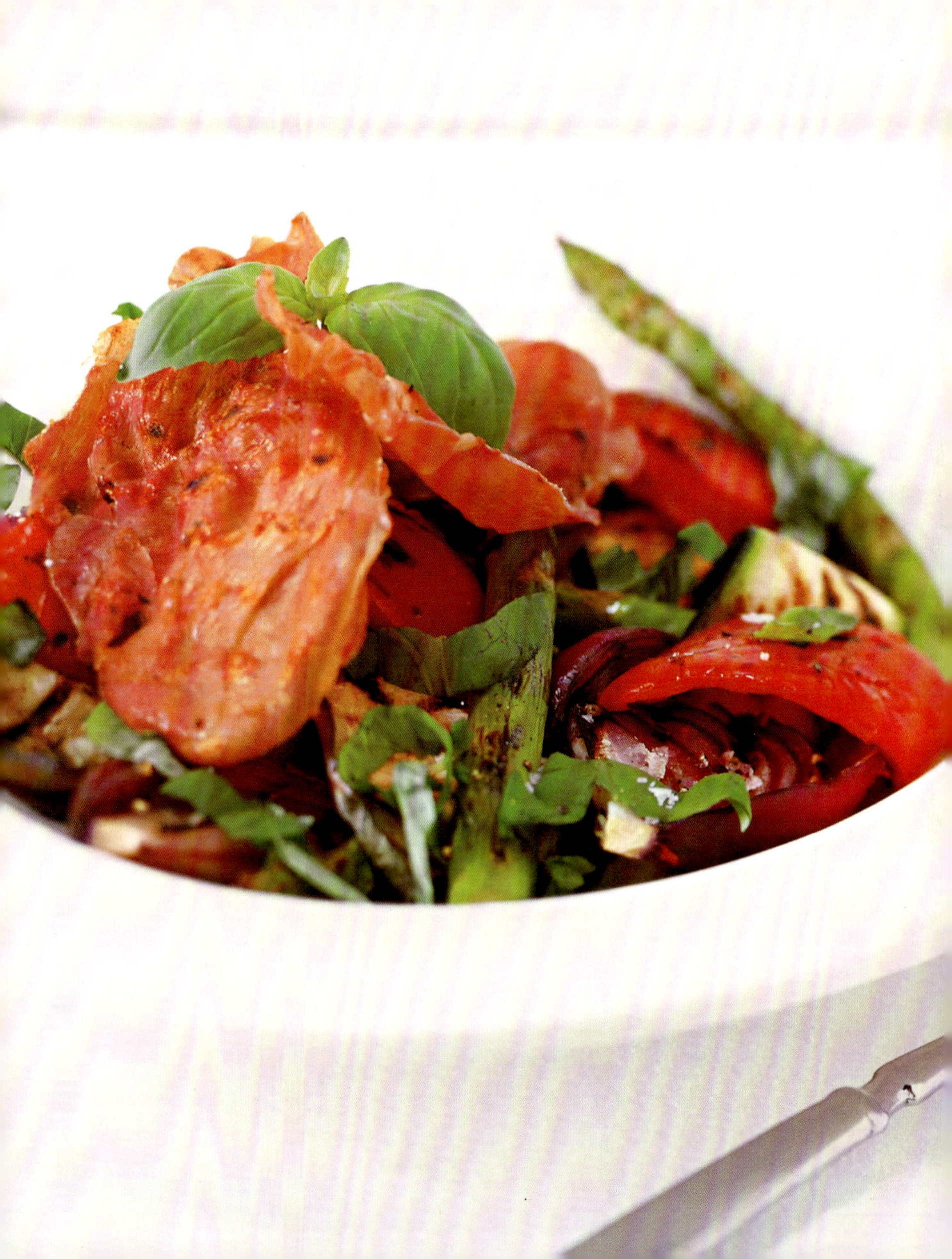

frango com queijo de coalho e salada

4 porções
Preparo: **20 minutos**
Cozimento: **20-24 minutos**

3 **filés de peito de frango** de 125 g
um punhado de **orégano fresco** picado
1 colher (sopa) de **azeite**
250 g de **queijo de coalho** (ou **mussarela**)
sal e **pimenta** a gosto

Salada de Chipre
1 **pepino** sem casca em palitinhos
4 **tomates** grandes em quartos
1 **cebola roxa** picada
um maço de **salsa lisa** picada
3 colheres (sopa) de **azeite**
1 colher (sopa) de **vinagre**
sal e **pimenta** a gosto

Coloque o frango numa tigela. Acrescente o orégano picado e o azeite e tempere. Deixe marinar em temperatura ambiente por 2 horas.

Grelhe o frango na churrasqueira quente por 6-8 minutos de cada lado. Retire, corte em pedaços e mantenha quente.

Enquanto isso, faça a salada. Coloque o pepino, as lascas de tomate, a cebola roxa picada e a salsinha numa tigela. Acrescente o azeite e o vinagre, misture bem e tempere a gosto.

Corte o queijo em 8 fatias e grelhe por 4 minutos de cada lado. Sirva o frango com o queijo grelhado e a salada.

Variação: queijo de coalho grelhado com limão.
Corte 250 g de queijo de coalho em 12 fatias e grelhe numa chapa preaquecida ou numa frigideira antiaderente por 1 minuto de cada lado, até dourar. Transfira para uma travessa e esprema suco de ½ limão por cima. Espalhe um pouco de azeite e salsinha picada por cima. Sirva na hora.

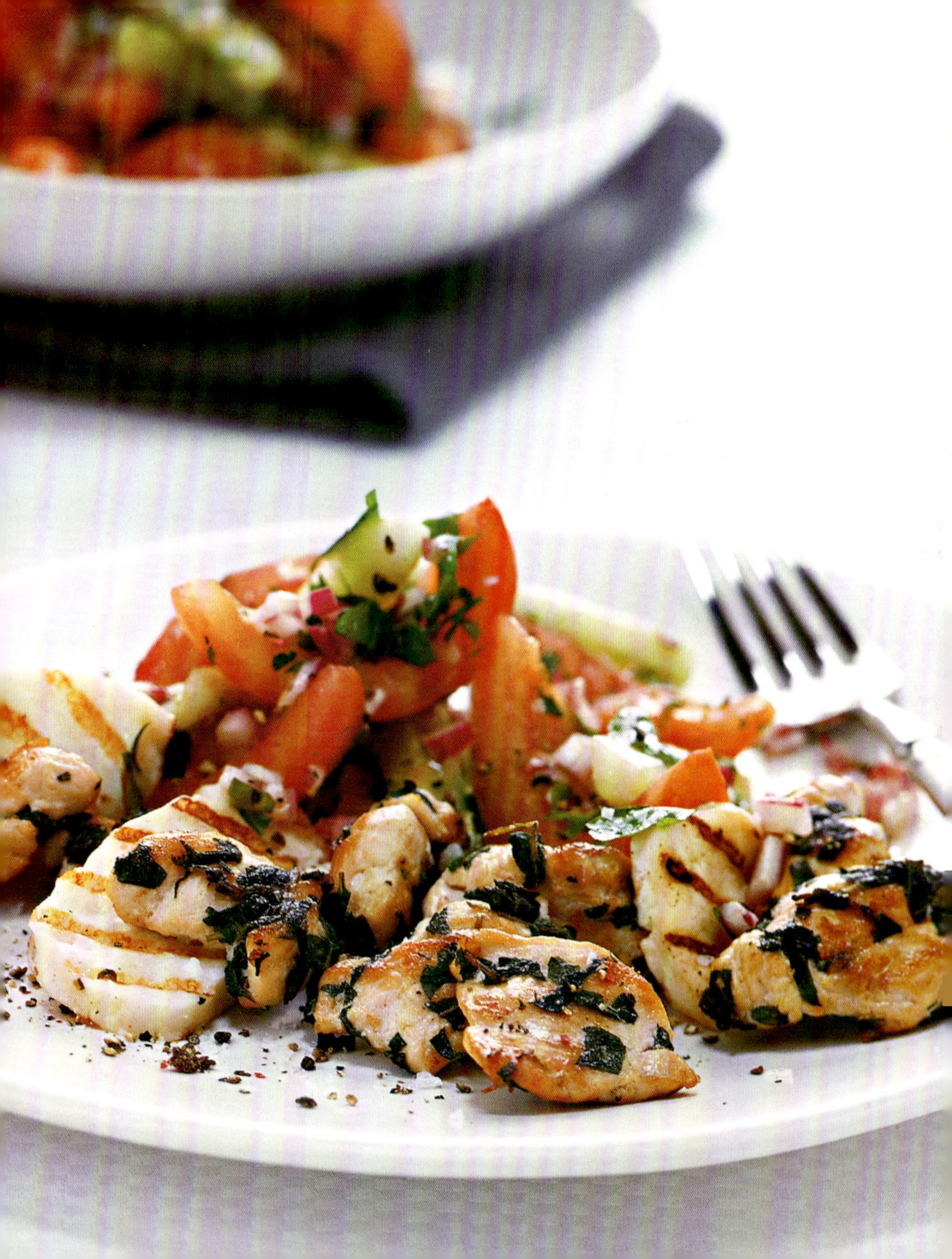

molho de iogurte e limão

Rendimento: **250** ml
Preparo: **5 minutos**, mais o tempo de resfriamento

150 g de **iogurte natural**
2 colheres (sopa) de **hortelã** picada
raspas e suco de ½ **limão**
1 **dente de alho** amassado
½ colher (chá) de **cominho**
uma pitada de **açúcar**
sal e **pimenta** a gosto

Coloque todos os ingredientes numa tigela e tempere a gosto. Cubra e leve à geladeira por 1 hora para que os sabores se misturem e acentuem. Use quando necessário.

Variação: molho tandoori. Misture 150 g de iogurte natural com 2 dentes de alho amassados, 2 colheres (chá) de gengibre ralado, 2 colheres (chá) de pasta tandoori pronta, 2 colheres (chá) de suco de limão e um pouco de sal e pimenta. Use para marinar sobrecoxas de frango e depois grelhe-as na churrasqueira ou no forno.

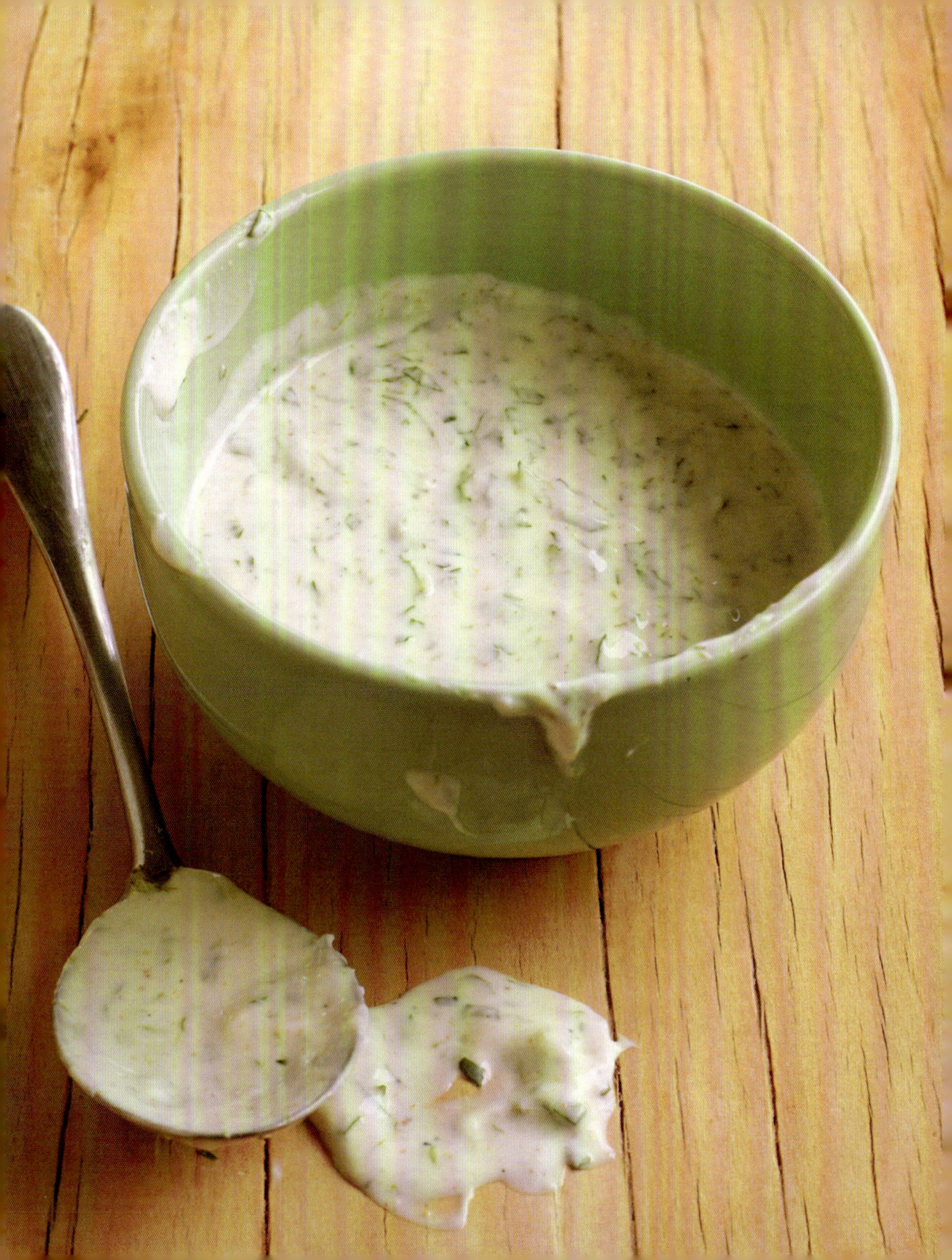

molho barbecue com chocolate

Rendimento: **200** ml
Preparo: **5 minutos**
Cozimento: **20 minutos**

- 2 colheres (sopa) de **azeite**
- 1 **cebola** pequena picada
- 1 **dente de alho** amassado
- 2 colheres (chá) de **coentro** em pó
- 1 colher (chá) de **cominho** em pó
- ½ colher (sopa) de **canela** em pó
- 400 g de **tomates** picados
- 3 colheres (sopa) de **melado**
- 3 colheres (sopa) de **vinagre**
- 1-2 colheres (chá) de **molho de pimenta forte**
- 15 g de **chocolate amargo** picado
- **sal** e **pimenta** a gosto

Aqueça o azeite numa panela e refogue a cebola, o alho e as especiarias por 10 minutos até ficarem macios, mas não escuros. Acrescente os tomates, o melado, o vinagre, o molho de pimenta e um pouco de sal e pimenta. Deixe cozinhar em fogo brando por 10 minutos, misture o chocolate até derreter e espere esfriar.

Transfira para um processador ou liquidificador e bata até ficar cremoso. Use como indicado na receita e armazene num recipiente hermético na geladeira por até 1 semana.

Variação: molho barbecue com pimenta doce.

Misture 2 colheres (sopa) de extrato de tomate com 2 colheres (sopa) de molho de pimenta doce e 1 colher (sopa) de shoyu. Tempere com um pouco de pimenta. Use para pincelar no frango antes de levar ao forno ou à churrasqueira.

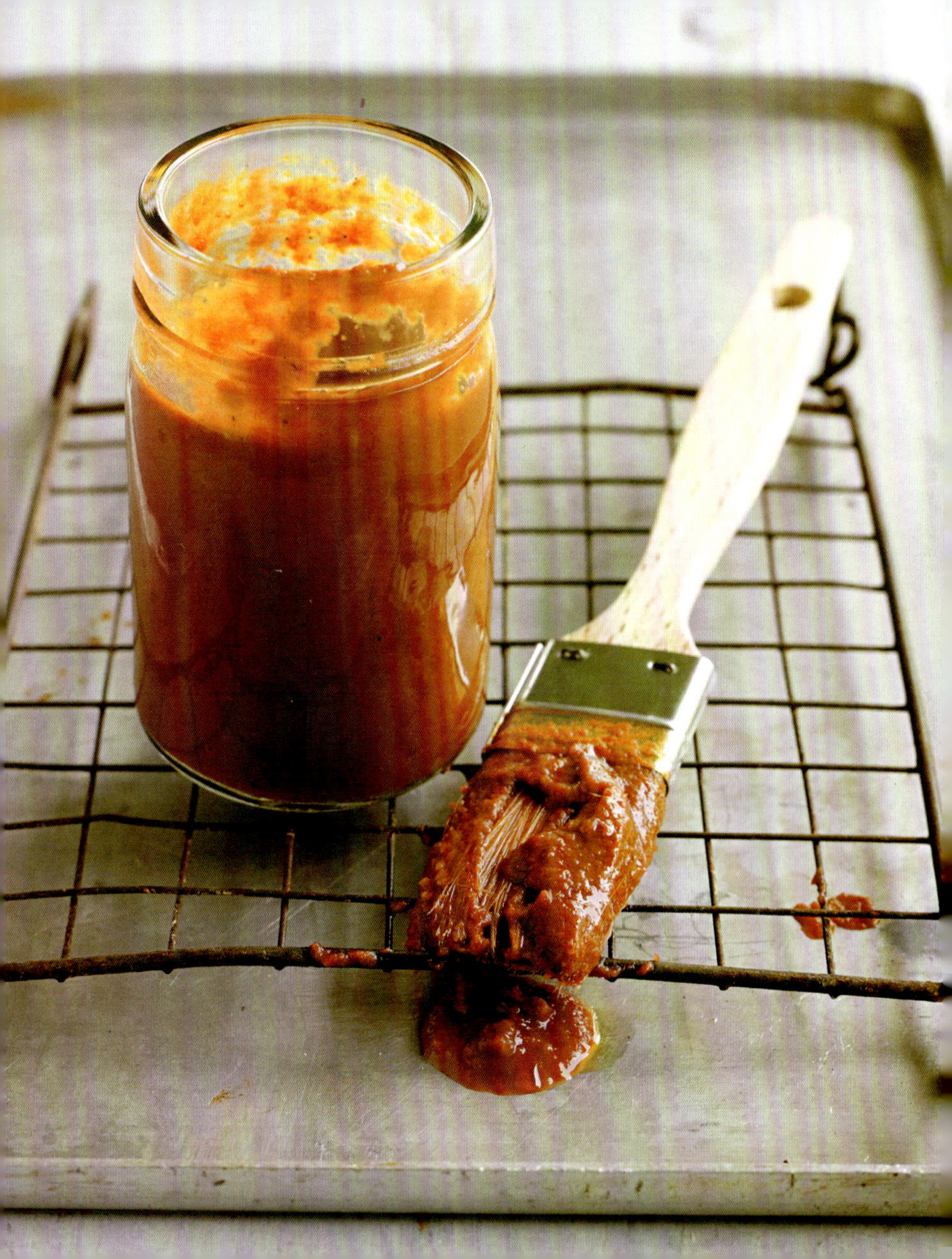

pasta de temperos marroquina

Rendimento: **150** ml
Preparo: **5 minutos**

- 1 maço de **coentro** com a raiz picado
- 1 maço de **salsinha** picado
- 125 ml de **azeite**
- 2 **dentes de alho** picados
- 2 colheres (chá) de **vinagre de vinho branco**
- 1 colher (chá) de **suco de limão**
- 1 colher (chá) de **coentro** em pó
- 1 colher (chá) de **páprica**
- 1 colher (chá) de **cominho** em pó
- **sal** e **pimenta-de-caiena** a gosto

Bata o coentro e a salsinha no processador ou liquidificador. Acrescente todos os outros ingredientes e misture até formar uma pasta cremosa.

Use quando preciso e armazene num recipiente hermético na geladeira por até 3 dias.

Variação: pasta apimentada de ervas. Misture 4 colheres (sopa) de ervas variadas (salsinha, manjericão, hortelã e coentro), 2 dentes de alho picados, 1 pimenta grande picada sem sementes, raspas de 1 limão, 125 ml de azeite e um pouco de sal e pimenta. Use para marinar os filés de frango ou peixe.

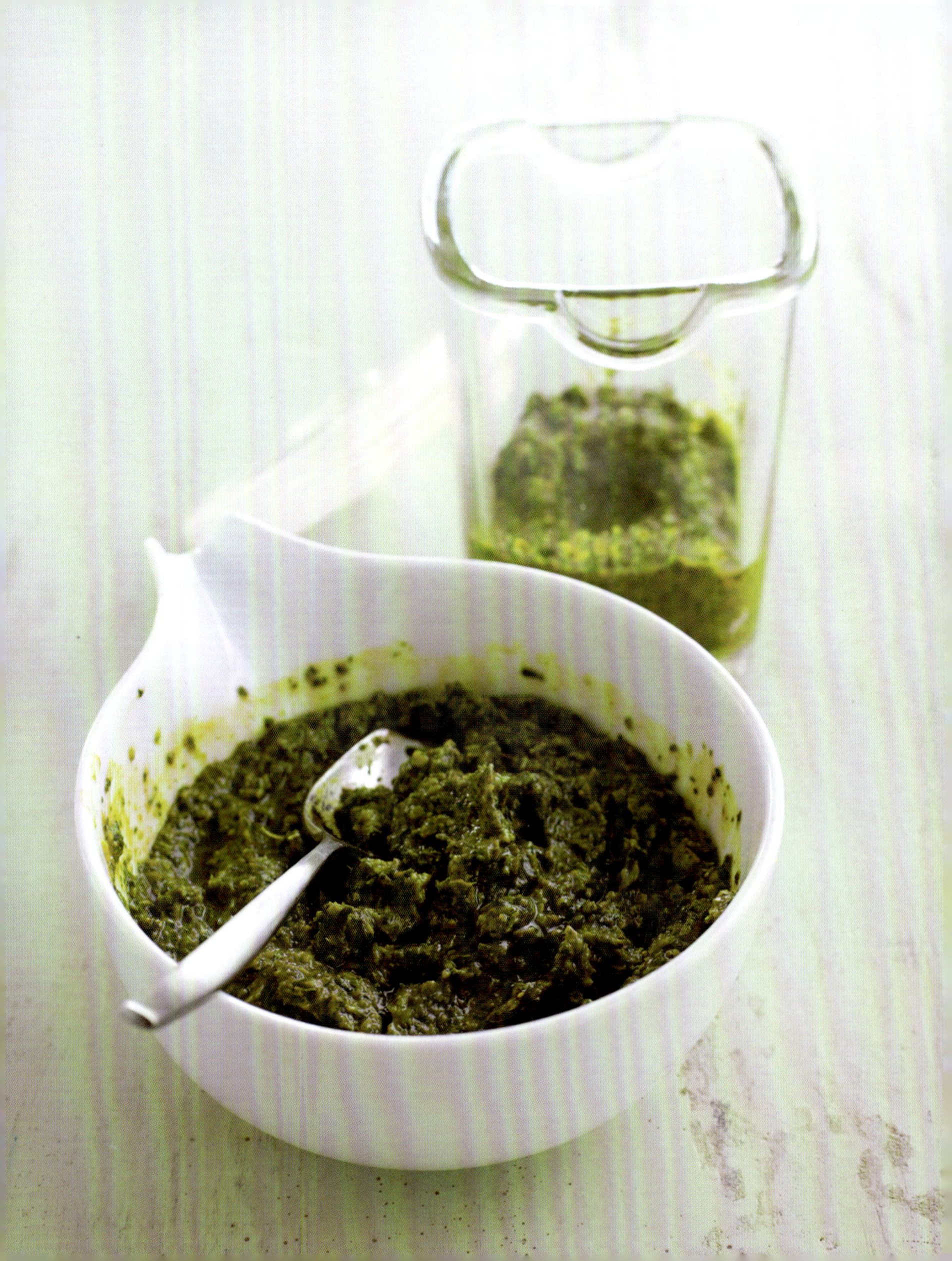

tempero de alecrim, coentro e limão

Rendimento: **5** colheres (sopa)
Preparo: **2-3 minutos**
Cozimento: **5 minutos**

2 colheres (sopa) de sementes de **coentro**
2 colheres (sopa) de **alecrim** picado
raspas de 1 **limão-siciliano**
sal e **pimenta** a gosto

Toste levemente as sementes numa frigideira em fogo alto por 2-3 minutos, até começarem a estourar e liberar o aroma. Deixe esfriar e misture com o alecrim, as raspas de limão e um pouco de sal e pimenta.

Use conforme indicado ou armazene num recipiente hermético por até 2 semanas.

Variação: tempero de erva-doce. Toste 2 colheres (sopa) de sementes de erva-doce e 1 colher (sopa) de grãos de pimenta-do-reino numa frigideira em fogo médio por 1-2 minutos, até começarem a escurecer e liberar o aroma. Deixe esfriar e triture num moedor de temperos até ficar um pó fino. Transfira para um recipiente e misture ¼ de colher (chá) de sal. Use conforme indicado.

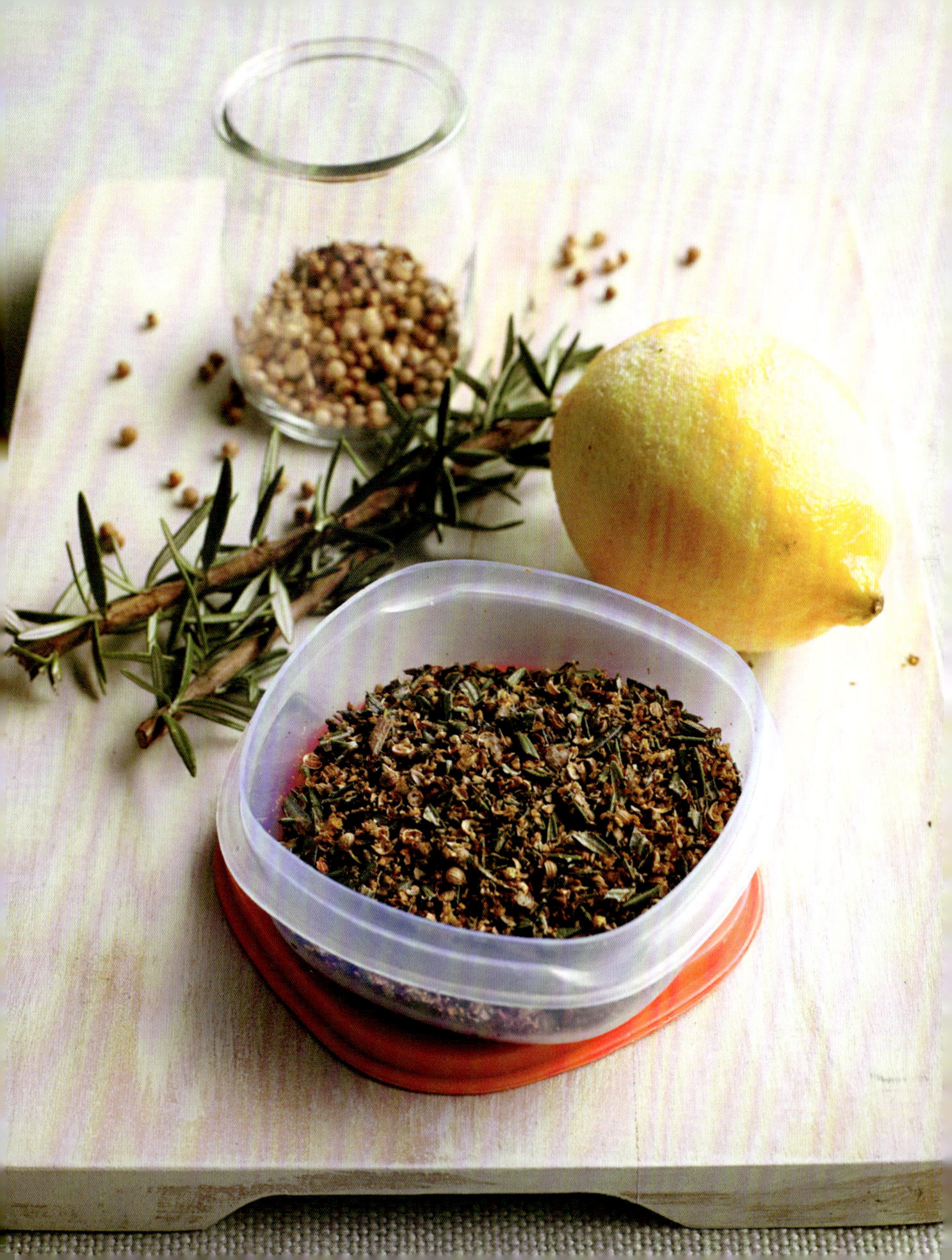

tempero de churrasco defumado

Rendimento: **5** colheres (sopa)
Preparo: **5 minutos**

1 colher (sopa) de **sal**
1 colher (sopa) de **páprica defumada**
1 colher (chá) de **coentro** em pó
2 colheres (chá) **pimenta-do-reino** moída
2 colheres (chá) de **mostarda em pó**
1 colher (chá) de **açúcar**
¼ de colher (chá) de **pimenta-de-caiena**

Misture bem os ingredientes numa tigela. Transfira para um recipiente hermético e use conforme indicado. Dura até 2 semanas.

Variação: tempero barbecue ao estilo asiático.

Misture 1 anis-estrelado, 2 colheres (chá) de pimenta-chinesa, 1 colher (chá) de sementes de erva-doce, 1 pau de canela e 6 cravos-da-india. Misture com 2 dentes de alho amassados, raspas de 2 limões e 1 colher (chá) de sal. Armazene e use conforme indicado acima.

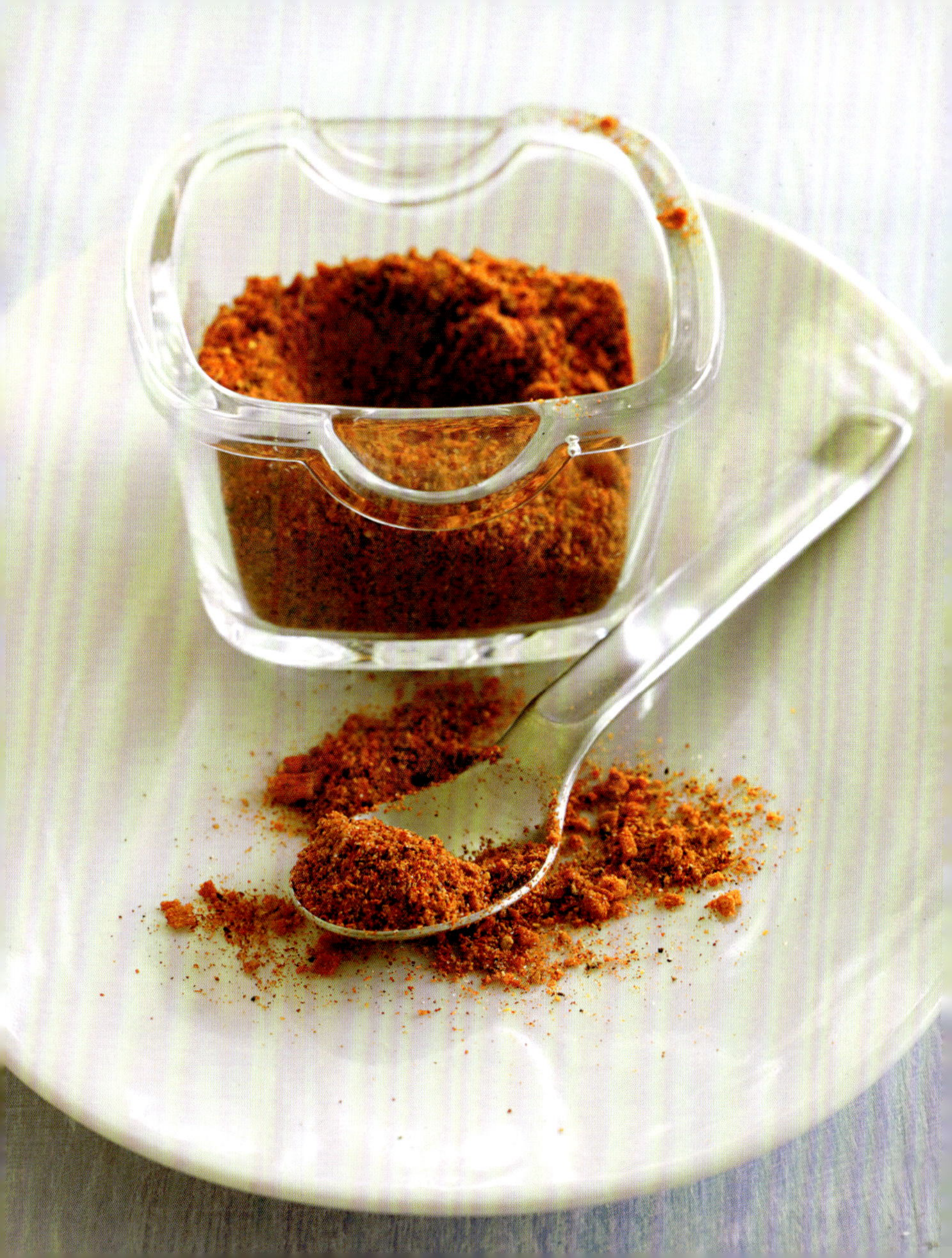

azeite aromatizado

Rendimento: **125** ml
Preparo: **10 minutos**, mais o tempo da demolha
Cozimento: **30 minutos**

1 **alho**
250 g de **castanhas**
125 ml de **azeite extravirgem**
sal e **pimenta** a gosto

Coloque o alho e as castanhas numa tigela e cubra com água fria. Deixe de molho por 30 minutos e coe.

Disponha dois pedaços de papel-alumínio de cerca de 30 cm e faça uma pilha com as castanhas no centro. Dobre o papel e feche, formando um embrulho em forma de travesseiro.

Aqueça a churrasqueira até alcançar temperatura média e, usando o método indireto de cozimento (p. 12), coloque o papel-alumínio sobre a boca apagada da churrasqueira elétrica (ou sobre o espaço sem carvão, na churrasqueira tradicional) e posicione o alho na grelha sobre a assadeira. Cubra e cozinhe por 30 minutos.

Retire o alho, embrulhe em papel-alumínio e deixe esfriar totalmente. Corte a parte de cima da cabeça de alho, esprema para sair a pasta e amasse num pilão, até ficar bem cremoso. Coloque num recipiente de vidro e acrescente o azeite e um pouco de sal e pimenta. Use conforme indicado ou armazene num recipiente hermético na geladeira por até 3 dias.

Variação: azeite com alecrim. Coloque 2 ramos de alecrim numa garrafa limpa e seca e cubra com azeite, cobrindo bem os ramos. Deixe em local fresco e escuro por 3-4 dias e a seguir passe para outra garrafa limpa. Use conforme indicado.

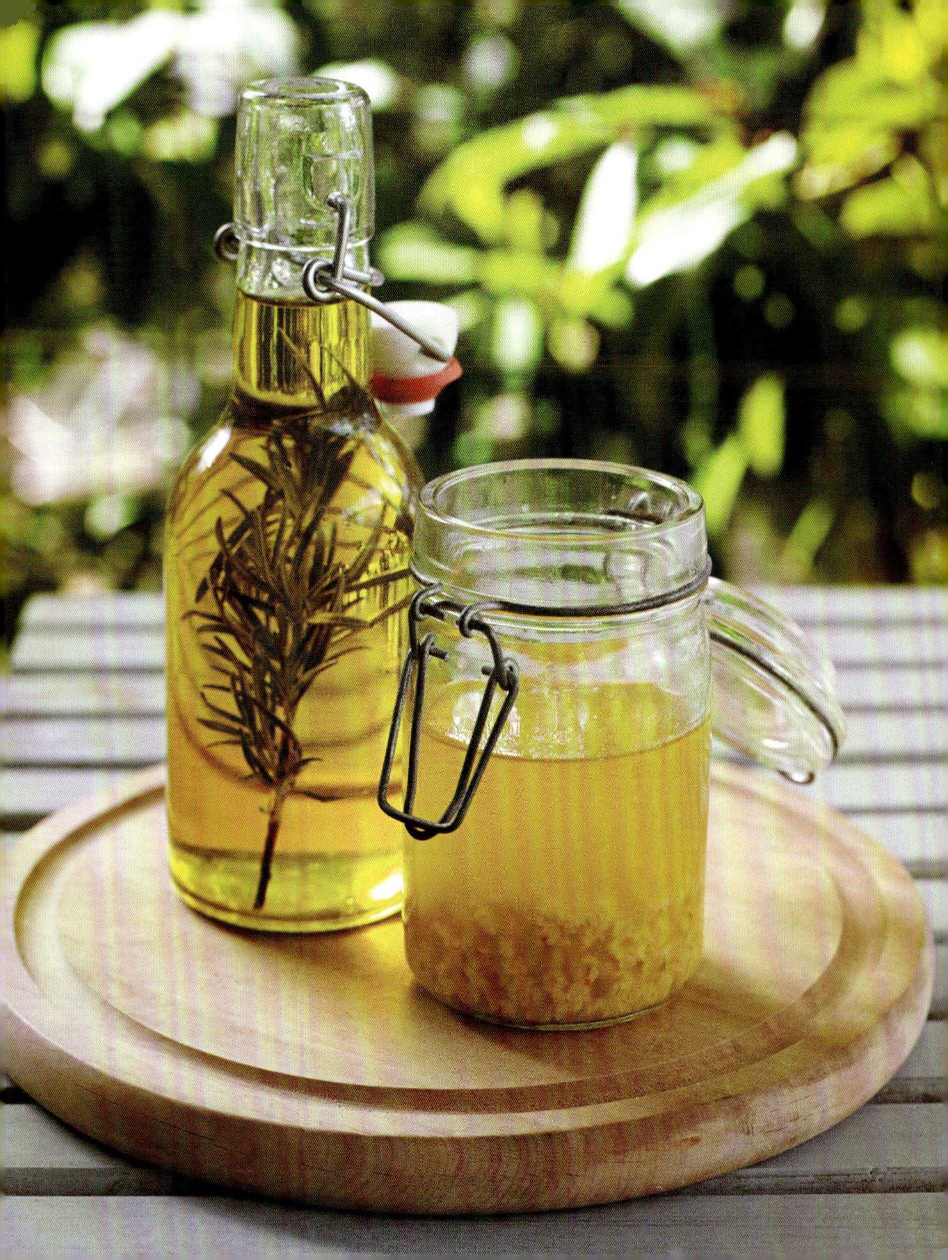

azeite cítrico com tomilho

Rendimento: **600** ml
Preparo: **5 minutos**, mais o tempo da marinada

casca de 2 **limões** em tiras longas e finas
1 **pimenta vermelha** grande sem sementes em fatias
6 ramos de **tomilho**
1 colher (chá) de **pimenta-preta** levemente amassada
600 ml de **azeite**
sal

Coloque as cascas de limão numa tigela e adicione a pimenta, os ramos de tomilho, a pimenta-preta e um pouco de sal. Despeje o azeite, cubra e deixe assentar em lugar fresco e protegido da luz por 3-4 dias, até adquirir sabor.

Filtre o azeite numa peneira fina e coloque numa garrafa limpa. Use conforme indicado.

Variação: piri-piri. Para fazer este azeite apimentado, despeje 600 ml de azeite numa garrafa e acrescente 2 colheres (sopa) de grãos de pimenta-calabresa e um pouco de sal. Deixe assentar por 3 dias e use conforme indicado, deixando a pimenta no azeite.

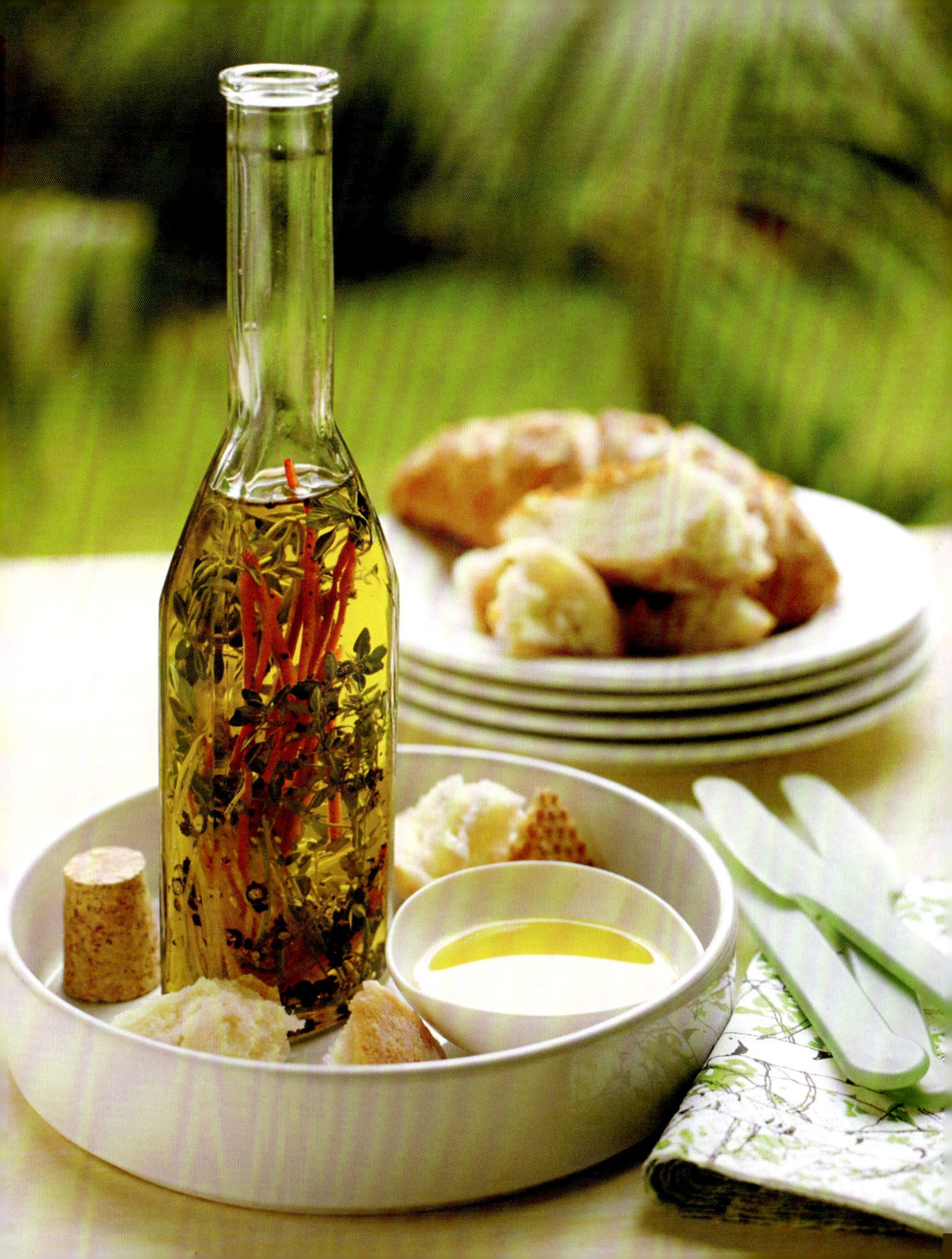

sobremesas

manga com sorvete de morango

6 porções
Preparo: **10 minutos**, mais o tempo de congelamento
Cozimento: **6 minutos**

125 g de **açúcar cristal**
300 ml de **água**
raspas e suco de 1 **limão**
75 ml de **rum claro**
500 g de **morangos**
3 **mangas** grandes
2 colheres (sopa) de **açúcar mascavo**
½ colher (chá) de **cinco especiarias chinesas: pimenta, dill, cravo, canela e anis**

Coloque o açúcar, a água, as raspas e o suco de limão numa panela e aqueça até o açúcar dissolver. Ferva por mais 3 minutos. Retire e misture o rum. Deixe esfriar.

Bata os morangos no processador ou liquidificador com a calda já fria até virar um creme. Transfira para um recipiente e congele. Após 1 hora, bata a mistura e, a cada 30 minutos, bata de novo, até adquirir consistência de sorbet. Como alternativa, coloque numa máquina de fazer sorvete e congele como indicado.

Corte as mangas em fatias verticais rentes ao caroço e depois ao meio. Misture o açúcar mascavo e as especiarias e salpique sobre as frutas. Grelhe na churrasqueira (ou no forno) em temperatura média por 2-3 minutos de cada lado, até escurecer um pouco. Sirva com sorvete de morango.

Acompanhamento: molho butterscotch rápido.
Este molho pode ser servido com manga e outras frutas. Misture 200 g de iogurte natural com 4 colheres (sopa) de açúcar mascavo e ½ colher (chá) de essência de baunilha.

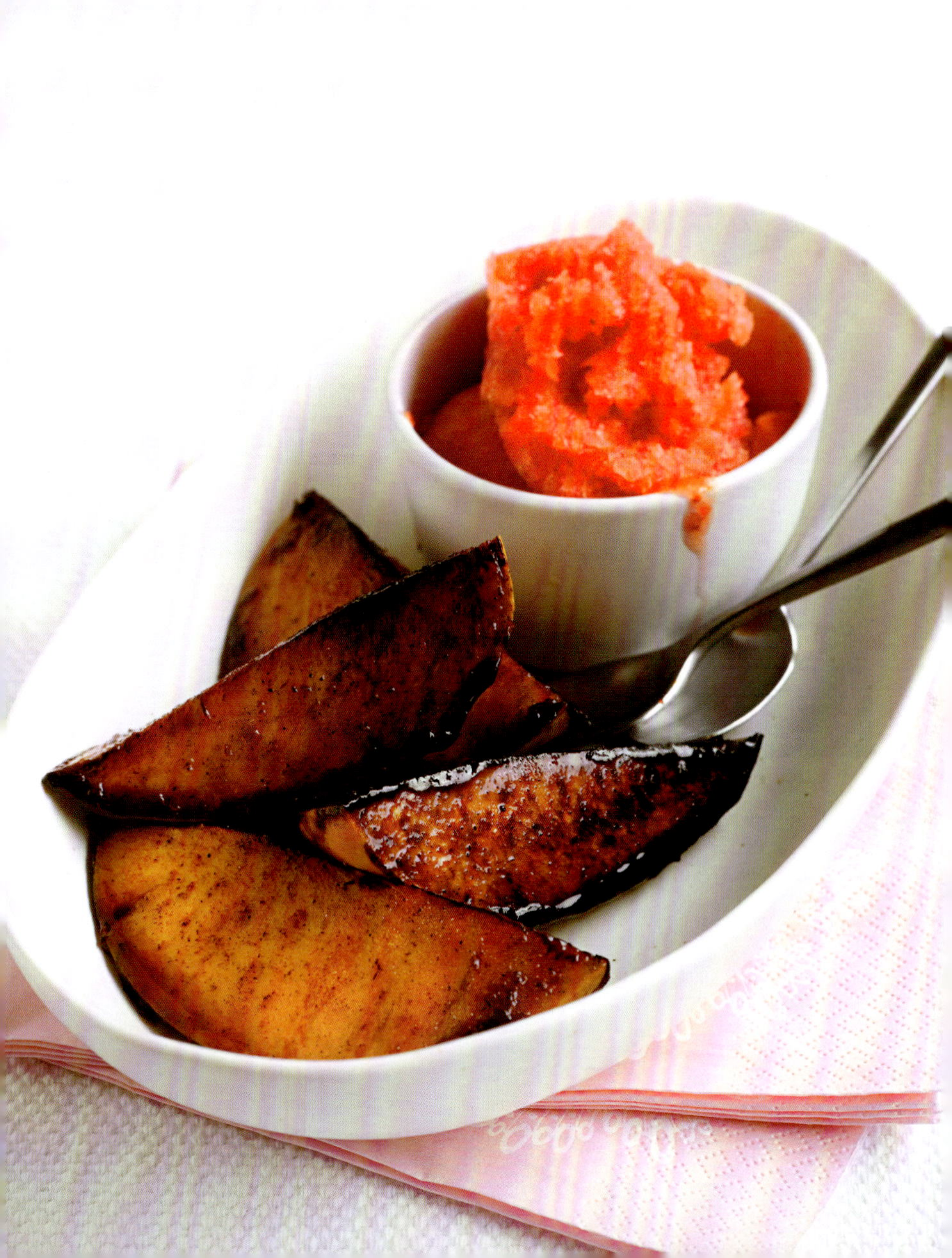

musse de morango

6 porções
Preparo: **30 minutos**, mais o tempo de congelamento
Cozimento: **2 minutos**

3 colheres (sopa) de **água**
3 colheres (chá) de **gelatina incolor em pó** (ou 1 **sachê**)
400 g de **morangos** cortados ao meio e mais alguns para decorar
6 colheres (chá) de **mel**
300 g de **iogurte natural** firme
2 **maracujás** cortados ao meio

Coloque a água num refratário pequeno e salpique a gelatina por cima, fazendo com que todo o pó absorva a água. Reserve por 5 minutos.

Bata metade dos morangos com 2 colheres (chá) do mel no processador ou liquidificador até obter uma consistência cremosa. Passe para um recipiente.

Ponha o refratário com gelatina sobre uma panela com água fervente (banho-maria), para derreter bem e formar um líquido claro.

Coloque 3 colheres (sopa) de gelatina de morango e distribua em 6 forminhas individuais. Leve ao congelador por 15 minutos até firmar.

Bata o restante dos morangos com o restante do mel. Acrescente o iogurte e bata. Aos poucos, junte a gelatina restante e despeje sobre as camadas de morango das forminhas. Leve ao congelador por mais 4-5 horas.

Mergulhe cada forminha em água fervente, conte até 5, solte as laterais com a ponta do dedo e vire-as em pratos. Segurando o prato e a forminha juntos, balance para soltar a musse. Espalhe sementes de maracujá ao redor da sobremesa e decore com morangos cortados ao meio, se quiser.

Variação: espetos de morango com calda de chocolate. Faça um pouco de calda de chocolate (p. 208). Enquanto isso, coloque 20 morangos grandes em espetos que tenham ficado de molho em água fria. Salpique um pouco de açúcar de confeiteiro e grelhe na churrasqueira quente (ou no forno) por 2 minutos, até começarem a soltar liquido. Sirva com a calda de chocolate.

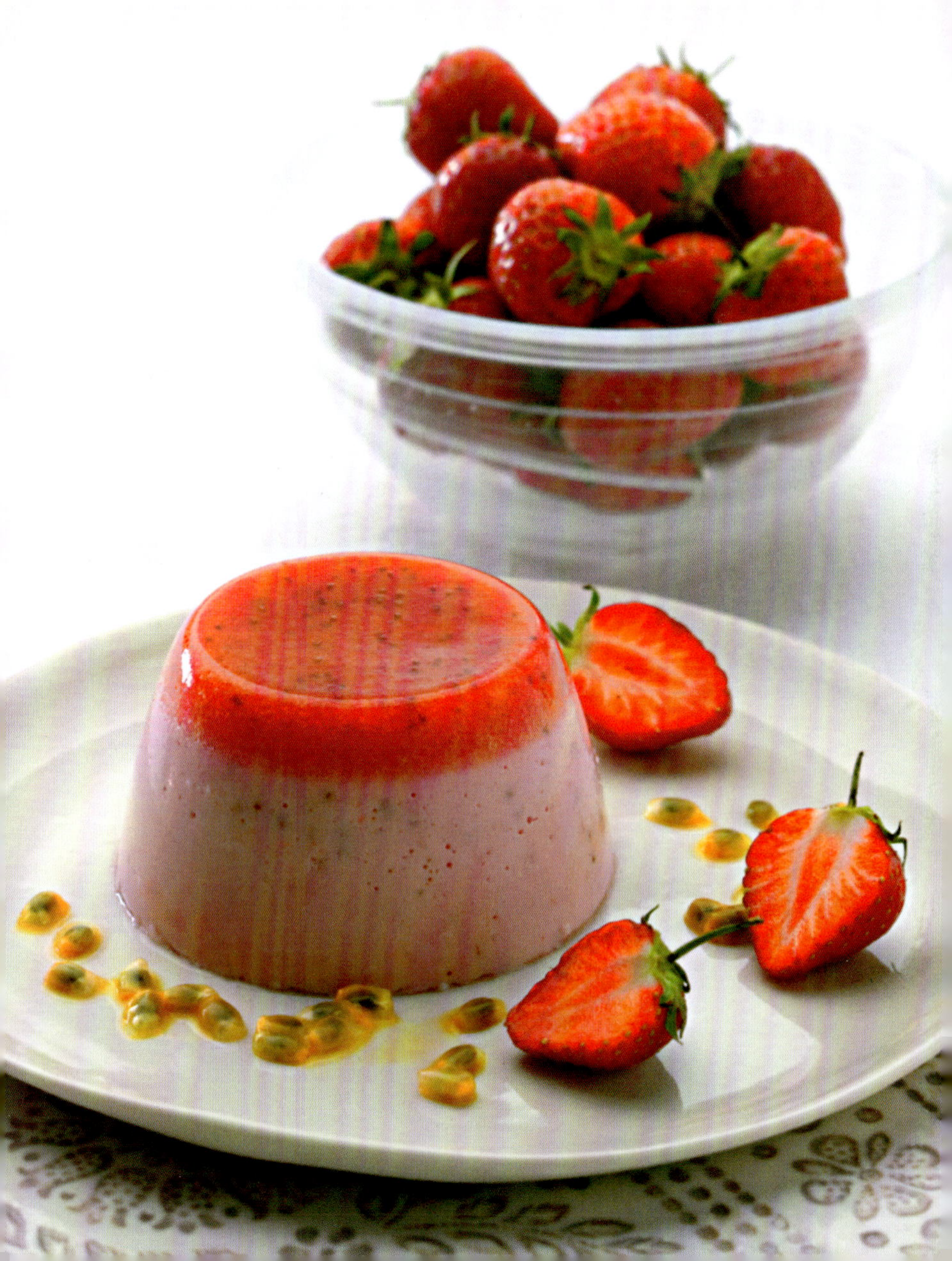

omelete cremosa com morangos

4 porções
Preparo: **15 minutos**
Cozimento: **8-10 minutos**

375 g de **morangos** em fatias grandes e mais um pouco para decorar
2 colheres (sopa) de **geleia de framboesa**
2 colheres (chá) de **vinagre balsâmico**
5 **ovos** (gemas e claras separadas)
4 colheres (sopa) de **açúcar de confeiteiro**
25 g de **manteiga**

Aqueça as fatias de morango, a geleia de framboesa e o vinagre numa panela até que a geleia derreta.

Enquanto isso, bata as claras em neve. Misture as gemas com 1 colher (sopa) de açúcar e adicione às claras.

Derreta a manteiga numa frigideira grande, junte a mistura de ovos e cozinhe em temperatura média por 3-4 minutos, até o lado de baixo dourar. Rapidamente, transfira a panela para a grelha quente e deixe por 2-3 minutos, até que a parte de cima doure também e o centro fique mais claro. Deixe o cabo da panela sempre longe do calor.

Espalhe a mistura quente de morango sobre a omelete, dobre ao meio e polvilhe com o restante do açúcar. Corte em quatro e sirva imediatamente com mais morangos.

Variação: omelete cremosa com cerejas e sorvete.
Faça a omelete como indicado acima. Tire 250 ml de cerejas ao marasquino da calda e sirva com uma bola de sorvete de sua preferência.

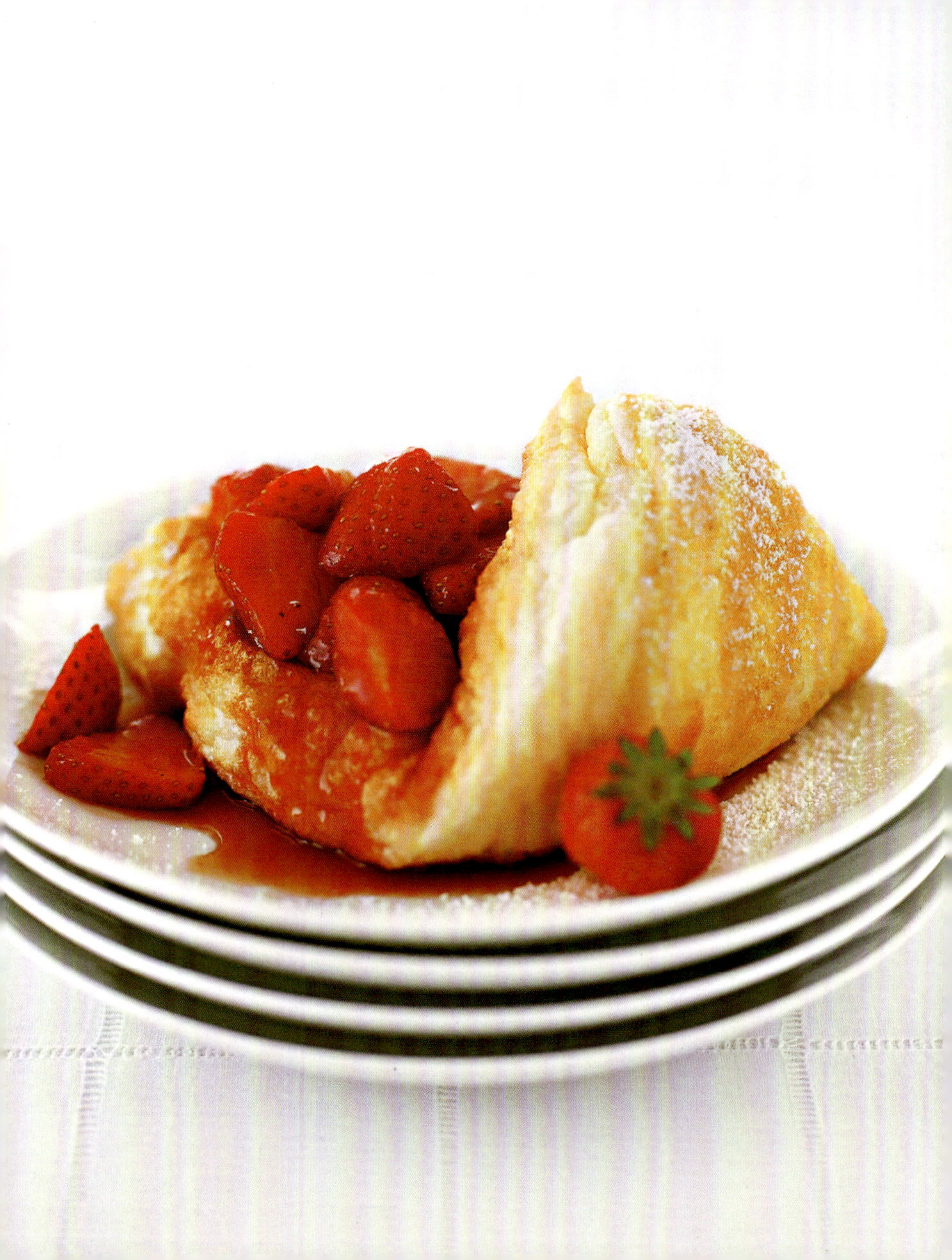

sanduíche de chocolate e banana

4 porções
Preparo: **5 minutos**
Cozimento: **2-4 minutos**

8 fatias de **pão de fôrma** sem casca
75 g de **chocolate amargo** picado
1 **banana** grande picada
50 g de **marshmallow** picado
óleo para untar

Espalhe o chocolate, a banana e o marshmallow em 4 fatias de pão. Cubra com as outras fatias de pão, formando sanduíches.

Passe um pouco de óleo nos sanduíches e grelhe na chapa da churrasqueira elétrica ou na grelha da churrasqueira tradicional por 1-2 minutos. Unte novamente, vire e cozinhe por mais 1-2 minutos, até dourar. Se quiser, sirva com sorvete de creme.

Variação: marshmallows grelhados com calda de chocolate. Misture 175 ml de creme de leite, 150 g de chocolate amargo e 15 g de manteiga numa tigela e coloque-a sobre uma panela com água fervente (banho-maria), sem deixar a tigela encostar no fundo. Mexa sempre, até o chocolate derreter e a mistura ficar cremosa. Retire do fogo e deixe esfriar um pouco. Coloque marshmallows em espetos de metal e asse sobre a churrasqueira quente (mas sem encostar na grelha, pois pode grudar). Sirva com a calda de chocolate.

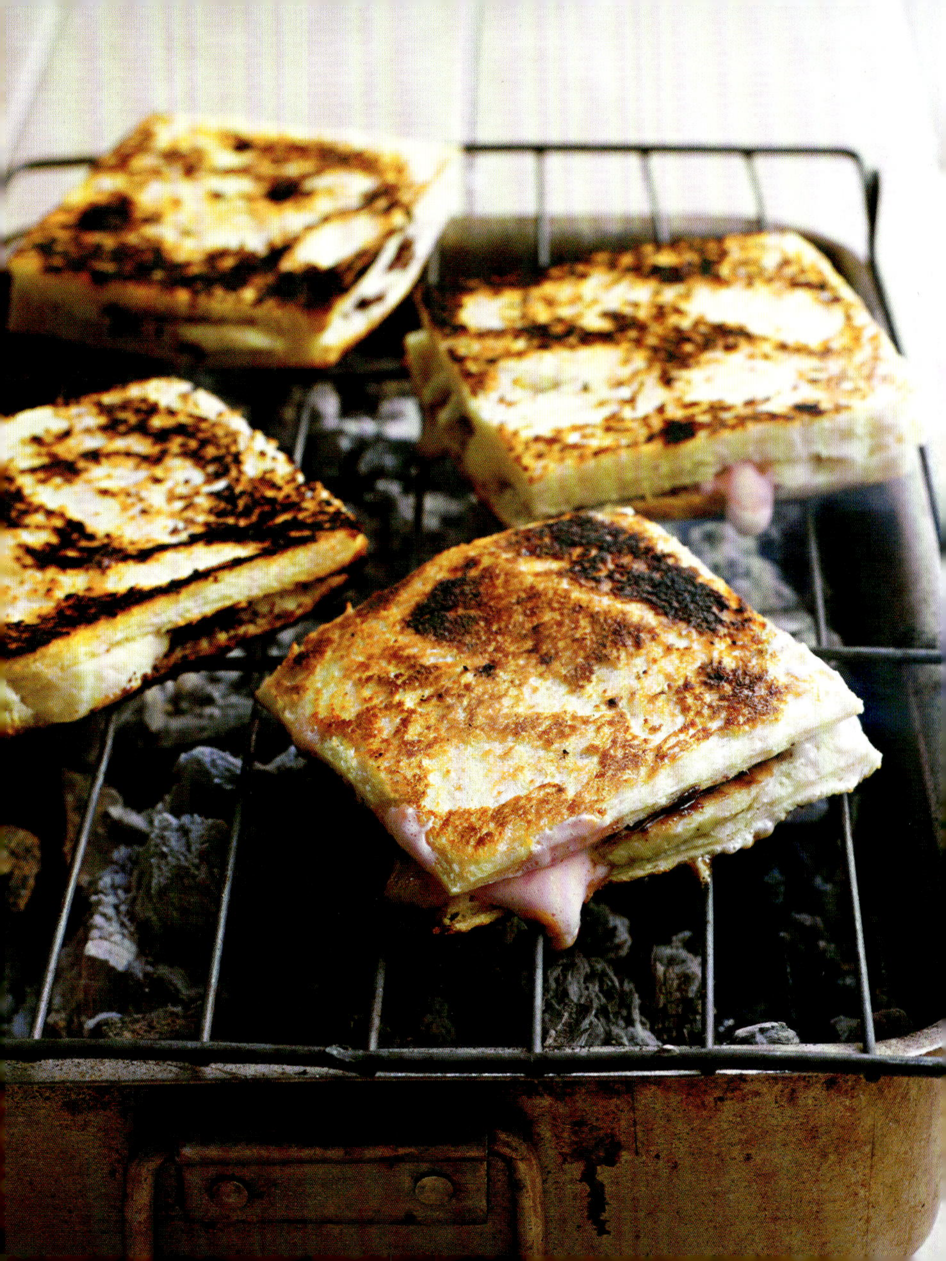

salada de frutas grelhadas

4 porções
Preparo: **15 minutos**
Cozimento: **8 minutos**

1 **abacaxi** pequeno
1 **manga**
1 **nectarina** em quartos
1 **pera** em quartos
2 **pêssegos** cortados ao meio ou em quartos se forem grandes
4 colheres (sopa) de **iogurte natural**
mel para servir
sementes de **cardamomo** (opcional)

Descasque o abacaxi e corte-o em lascas. Se for pequeno, aproveite o centro, em geral não é tão duro e é doce.

Corte a manga em fatias verticais rentes ao caroço. Grelhe as duas frutas na churrasqueira quente por 4 minutos de cada lado, e a nectarina, a pera e os pêssegos por 3 minutos de cada lado. Se desejar, coloque os pedaços de frutas em espetos, antes de grelhar.

Disponha as frutas grelhadas em pratos individuais. Cubra as porções com 1 colher (sopa) de iogurte natural, um pouco de mel e sementes de cardamomo (se quiser). Ou cubra com bolas do iogurte de caramelo e canela (veja abaixo).

Acompanhamento: iogurte de caramelo e canela.
Misture 200 g de iogurte natural com 1 colher (sopa) de açúcar mascavo e 1 colher (chá) de canela em pó.

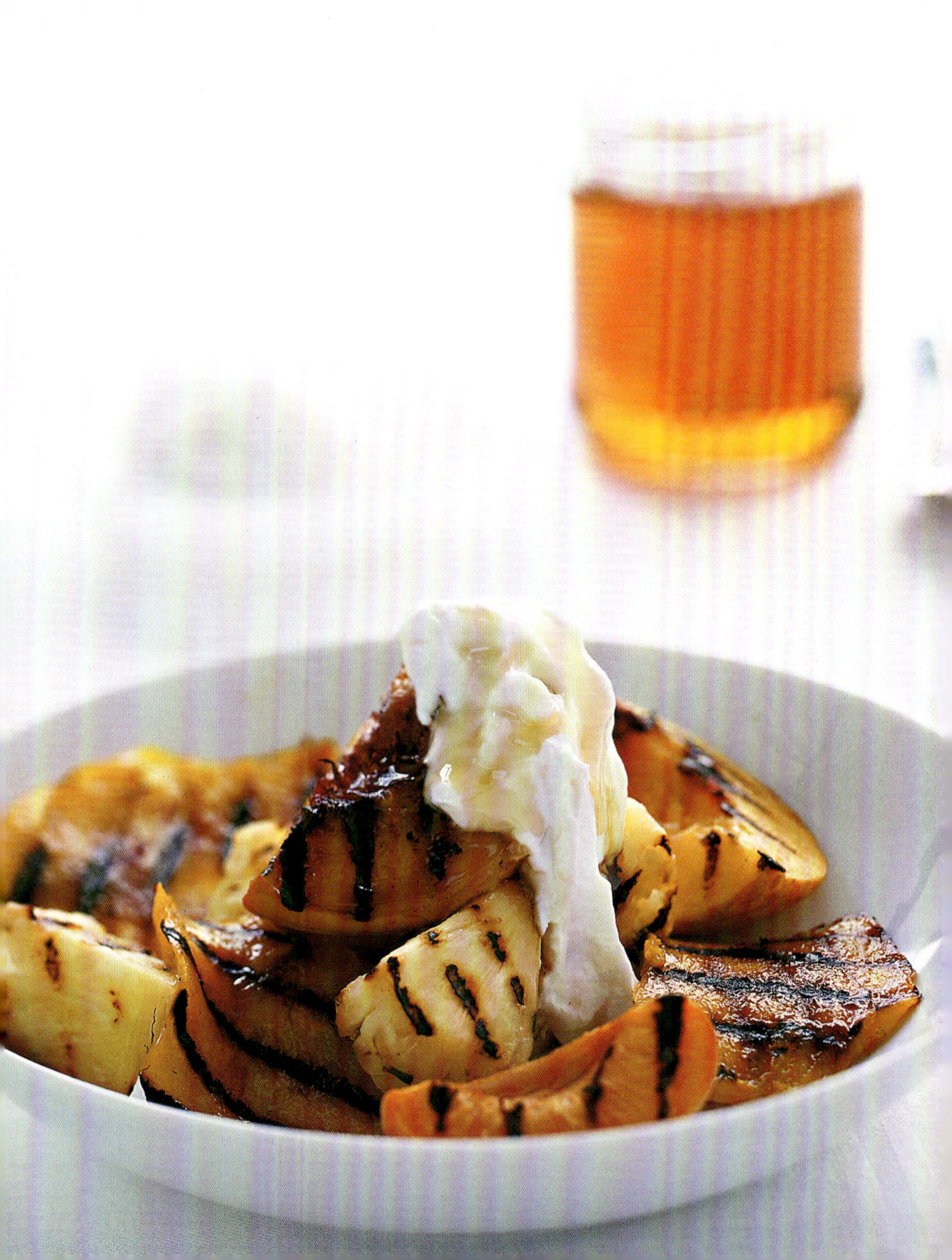

sorvete de mel e limão

4-6 porções
Preparo: **20-25 minutos**, mais o tempo de resfriamento e congelamento
Cozimento: **2 minutos**

4 **limões-sicilianos grandes** ou 6 médios
cerca de 4 colheres (sopa) de **água**
2 colheres (sopa) de **mel**
50 g de **açúcar**
1 **folha de louro**
475 ml de **iogurte natural**
raspas de **limão-siciliano** para decorar

Corte o topo de cada limão. Retire toda a polpa com cuidado com uma colher de chá. Tire as sementes e a pele e bata a polpa no liquidificador ou processador. Você vai precisar de 150 ml. Se tiver menos que isso, complete com água.

Coloque a água, o mel, o açúcar e a folha de louro numa panela. Misture em fogo baixo até o açúcar dissolver. Junte a polpa de limão e o iogurte. Não retire o louro.

Transfira para uma fôrma e leve ao congelador até ficar levemente congelado. Passe o garfo na mistura para soltá-la. Retire o louro. Retorne ao congelador.

Passe do congelador à geladeira cerca de 20 minutos antes de servir. Sirva em taças individuais decoradas com as raspas de limão.

Variação: sorvete de iogurte e morango. Lave e seque 500 g de morango, bata no processador ou liquidificador com 2 colheres (sopa) de mel, 1 colher (chá) de suco de limão e algumas gotas de essência de baunilha até virar um creme. Acrescente 600 ml de iogurte natural e leve ao congelador por 6 horas. Bata a cada hora até congelar.

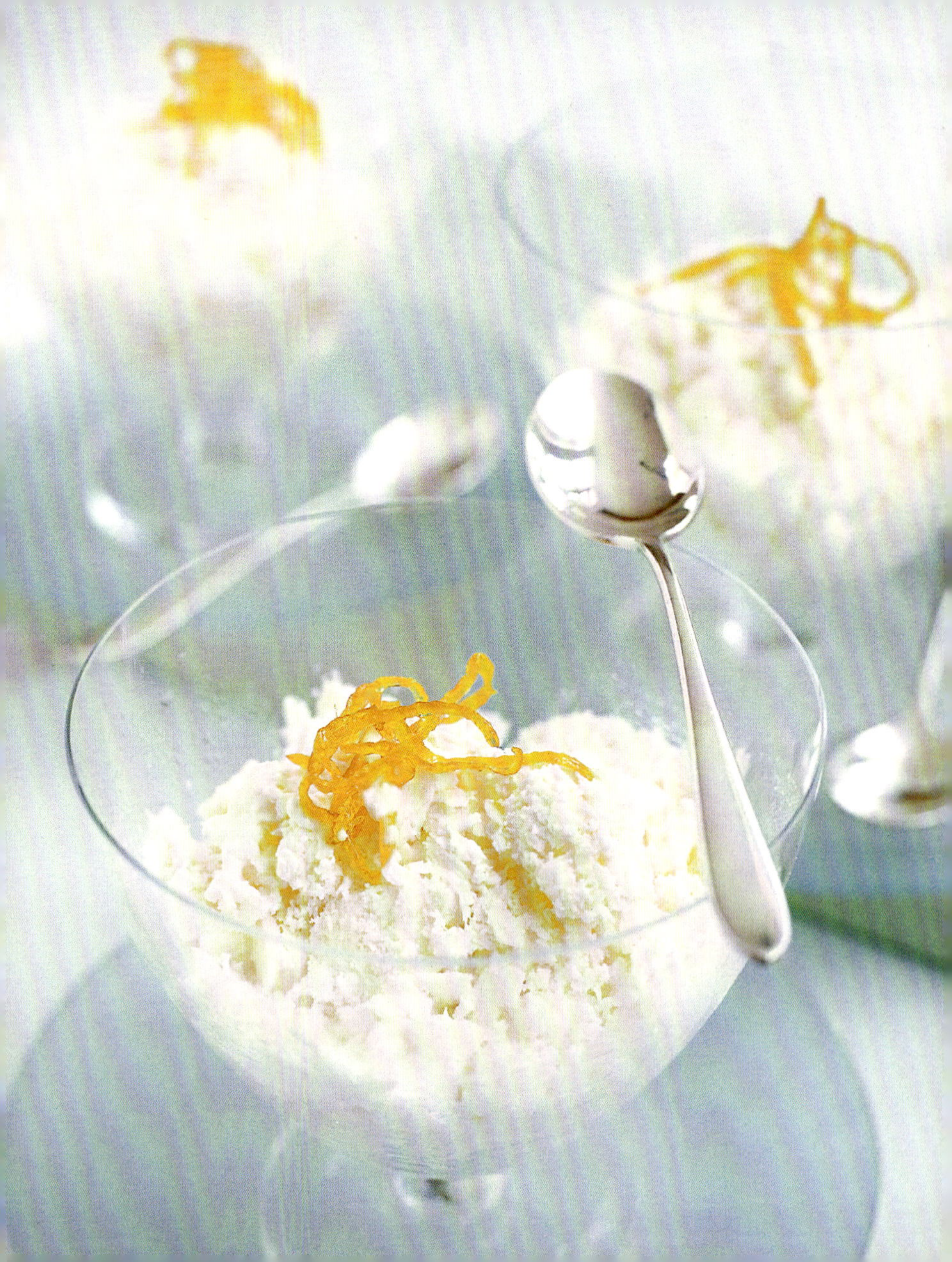

bananas grelhadas com sorvete

4 porções
Preparo: **5 minutos**, mais o tempo de infusão e congelamento
Cozimento: **10 minutos**

4 **bananas** grandes

Sorvete
500 ml de **leite**
250 ml de **creme de leite**
2 **anises-estrelados**
5 **gemas**
125 ml de **melado**

Comece fazendo o sorvete. Coloque o leite, o creme de leite e os anises-estrelados numa panela e aqueça até ferver. Retire e deixe em infusão por 20 minutos.

Enquanto isso, bata as gemas com o melado, depois passe pela peneira sobre a mistura de leite e leve de volta ao fogo baixo. Misture até a calda ficar espessa o suficiente para aderir à colher de pau. Não ferva. Deixe esfriar e depois congele na sorveteira, conforme as instruções do fabricante.

Coloque as bananas inteiras na churrasqueira quente e asse por 4-5 minutos, virando na metade do tempo, até que as cascas estejam escuras. Descasque e sirva com uma bola do sorvete.

Variação: bananas grelhadas com chocolate. Siga a receita acima para assar as bananas, abrindo a casca após 3 minutos. Coloque 2 quadradinhos de chocolate amargo, ao leite ou branco dentro da banana e asse por mais 1-2 minutos, até o chocolate derreter.

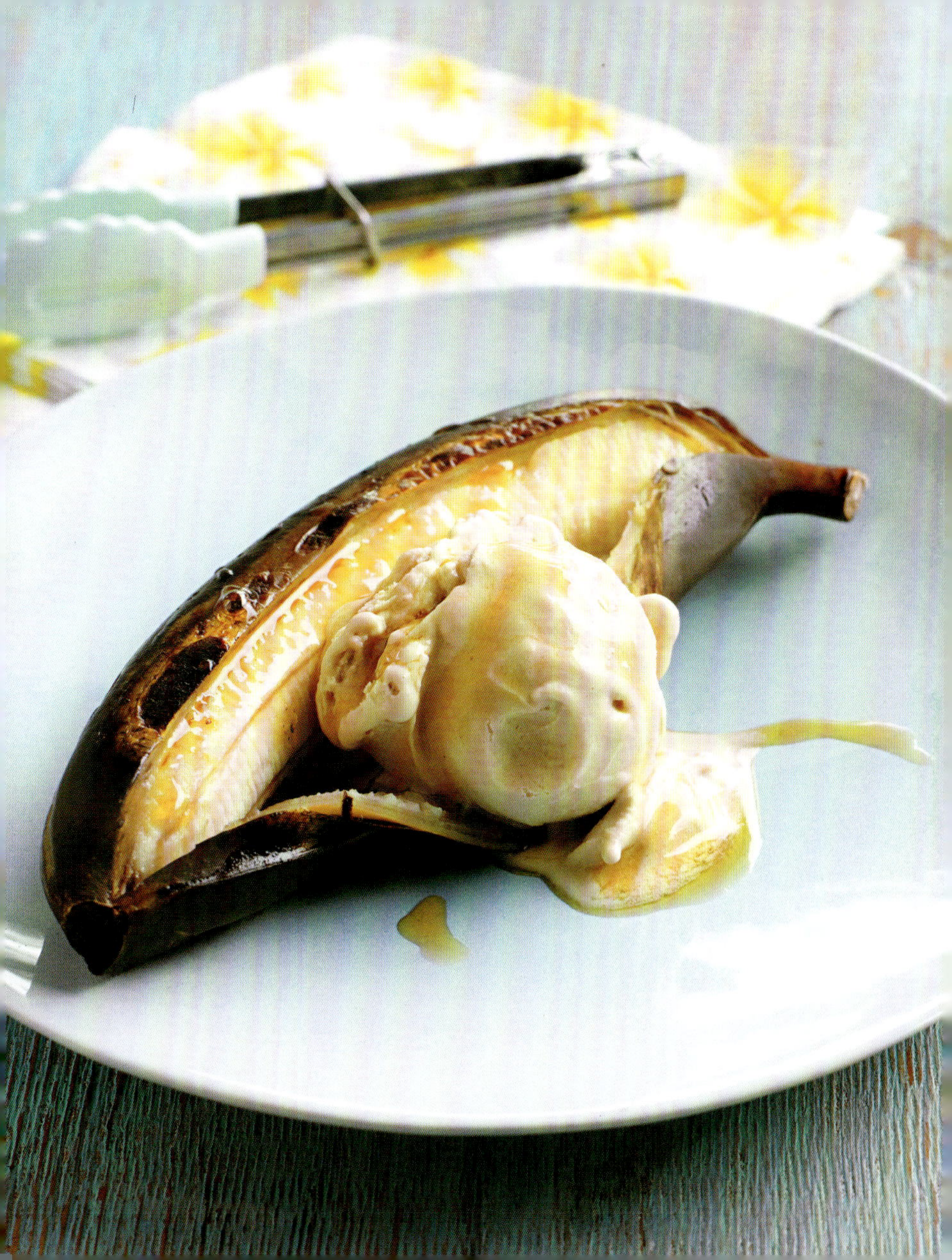

cheesecake de framboesa

6-8 porções
Preparo: **20 minutos**
Cozimento: **5 minutos**

50 g de **manteiga derretida**
125 g de **bolachas tipo maisena** picadas
3 colheres (sopa) de **suco de laranja**
3 colheres (chá) de **gelatina incolor em pó** (ou 1 **sachê**)
375 g de **cream cheese**
50 g de **açúcar**
3 **ovos** (claras e gemas separadas)
300 ml de **creme de leite**

Para decorar
4 colheres (sopa) de **chantilly**
250 g de **framboesas**

Misture a manteiga derretida aos biscoitos e pressione essa massa no fundo de uma assadeira com aro removível de 20 cm de diâmetro untada com óleo. Leve à geladeira por 20 minutos para firmar.

Coloque o suco de laranja numa panela pequena e polvilhe a gelatina por cima. Aqueça em fogo baixo (ou em banho-maria) até que a gelatina dissolva.

Enquanto isso, bata o cream cheese com o açúcar numa tigela até ficar cremoso. Incorpore as 2 gemas. Adicione 2 colheres (sopa) dessa mistura à gelatina e mexa bem. Acrescente o restante e misture.

Bata o creme de leite até ficar firme e incorpore à mistura de queijo. Numa tigela limpa, bata as claras em neve. Acrescente 2 colheres (sopa) de claras à mistura de queijo para deixá-la mais leve. Incorpore então o restante das claras, até obter uma textura homogênea.

Espalhe esse creme sobre a base de bolacha. Leve à geladeira por 1-1½ hora para firmar o recheio. Decore com uma borda de chantilly e framboesas na superfície. Corte em fatias e sirva.

Variação: cheesecake de limão com mirtilos. Faça a base usando 125 g de biscoitos de gengibre, substitua o suco de laranja por suco de limão e junte 2 colheres (chá) de raspas de limão à mistura de queijo, açúcar e gemas. Sirva o cheesecake com chantilly e mirtilos.

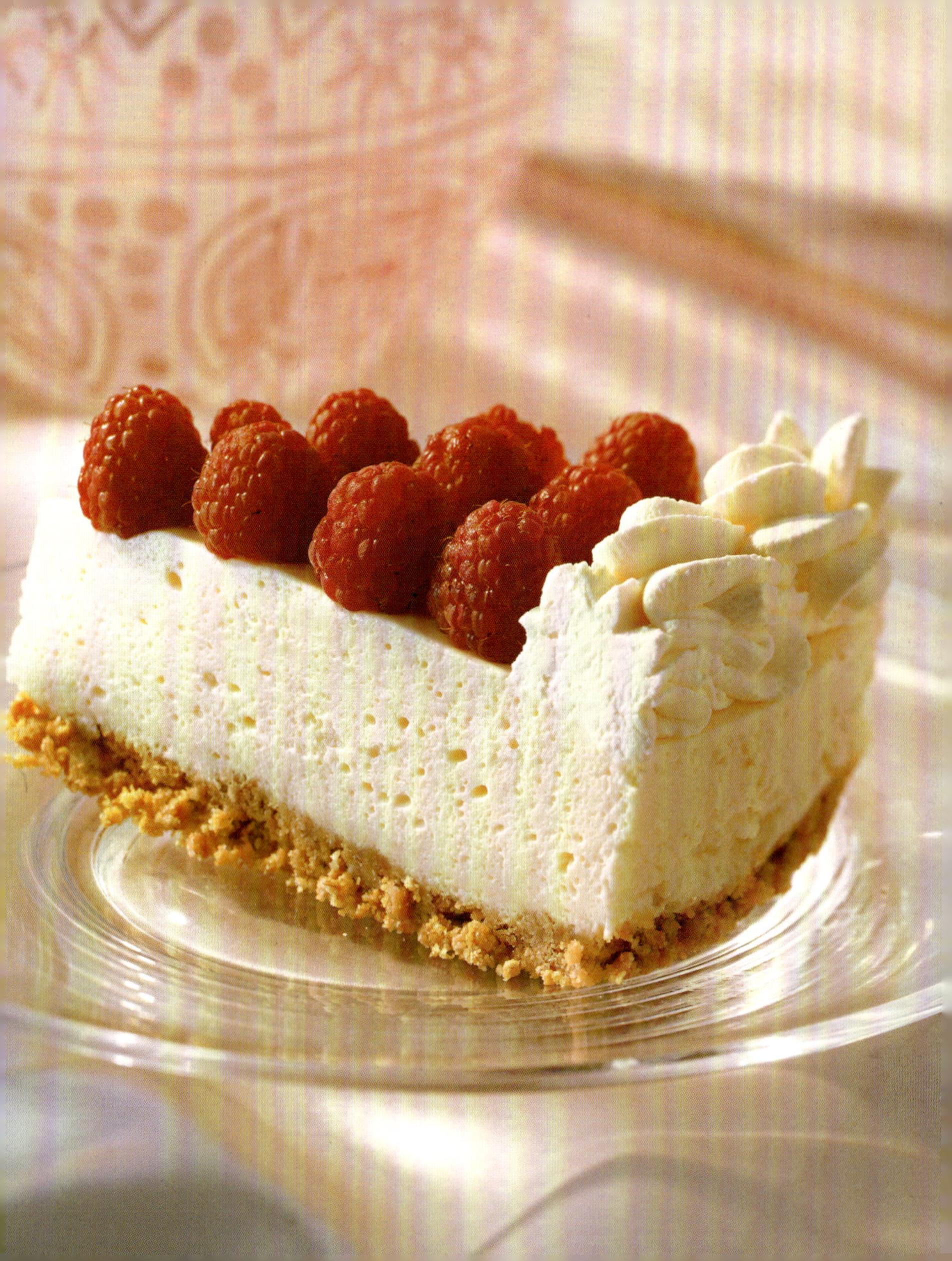

abacaxi grelhado com granita

6 porções
Preparo: **10 minutos**
Cozimento: **12-14 minutos**

um **abacaxi** de 750 g
75 g de **açúcar mascavo**

Granita de limão e hortelã
250 g de **açúcar cristal**
500 ml de **água**
4 tiras de **casca de limão**
4 ramos grandes de **hortelã**
250 ml de **suco de limão**
  (cerca de 6 limões)
50 ml de **vodca**

Faça a granita. Coloque o açúcar, a água e a casca de limão numa panela. Aqueça em fogo brando para dissolver o açúcar. Ferva por 5 minutos, retire e misture a hortelã. Deixe esfriar e filtre.

Misture o suco de limão e a vodca à calda de açúcar e transfira para uma tigela. Leve ao congelador no mínimo por 4 horas, até congelar. Retire, espere 15 minutos para amolecer e passe no processador. Bata por 30 segundos até ficar claro e leve. Se precisar, recoloque no congelador.

Descasque o abacaxi apoiando-o numa tábua. Corte-o em quatro e retire o centro, depois corte em fatias no sentido do comprimento. Coloque em 6 espetos de metal, passe-os no açúcar e grelhe na churrasqueira em temperatura média por 2-3 minutos de cada lado, até dourar bem. Deixe esfriar um pouco e sirva com a granita.

Variação: pirulitos de abacaxi grelhado. Prepare o abacaxi como acima e corte as fatias em lascas. Coloque-as em espetinhos (que tenham ficado de molho em água fria), polvilhe com um pouco de açúcar mascavo e grelhe como acima. Sirva os pirulitos com iogurte natural misturado com mel e um pouco de suco de limão.

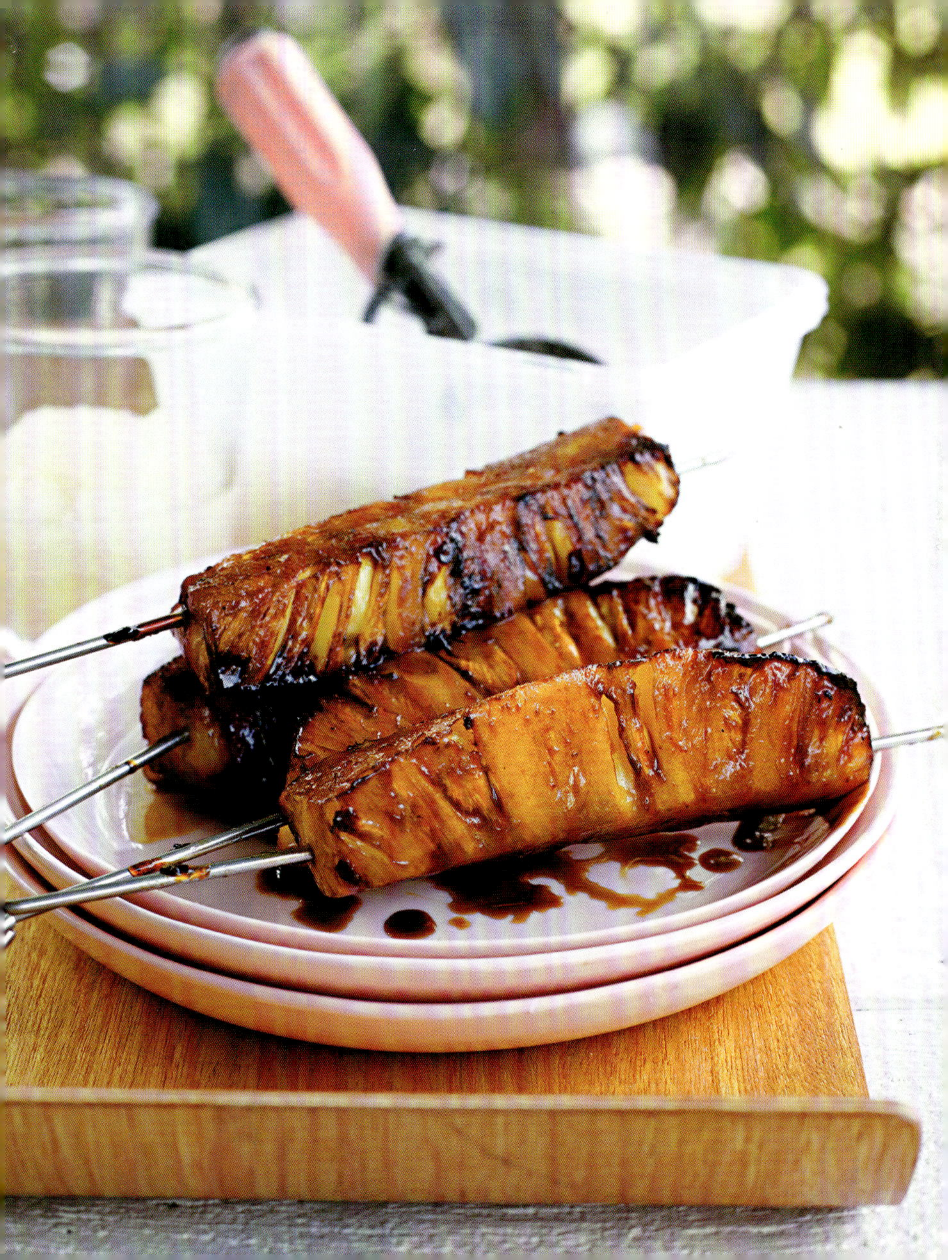

morangos grelhados com sorvete

4 porções
Preparo: **5 minutos**
Cozimento: **3-4 minutos**

500 g de **morangos** lavados
500 ml de **sorvete** (de creme, morango ou chocolate)

Deixe 8 espetinhos de molho em água fria por 30 minutos. Coloque os morangos nos espetinhos e grelhe na churrasqueira quente por 3-4 minutos, virando sempre.

Enquanto isso, distribua bolas de sorvete em 4 pratos ou taças. Cubra com os morangos grelhados.

Variação: figos grelhados com sorvete. Corte 8 figos ao meio e polvilhe com açúcar glacê. Grelhe na churrasqueira quente por 2-3 minutos, virando na metade do tempo, até ficarem macios. Sirva com sorvete de nozes.

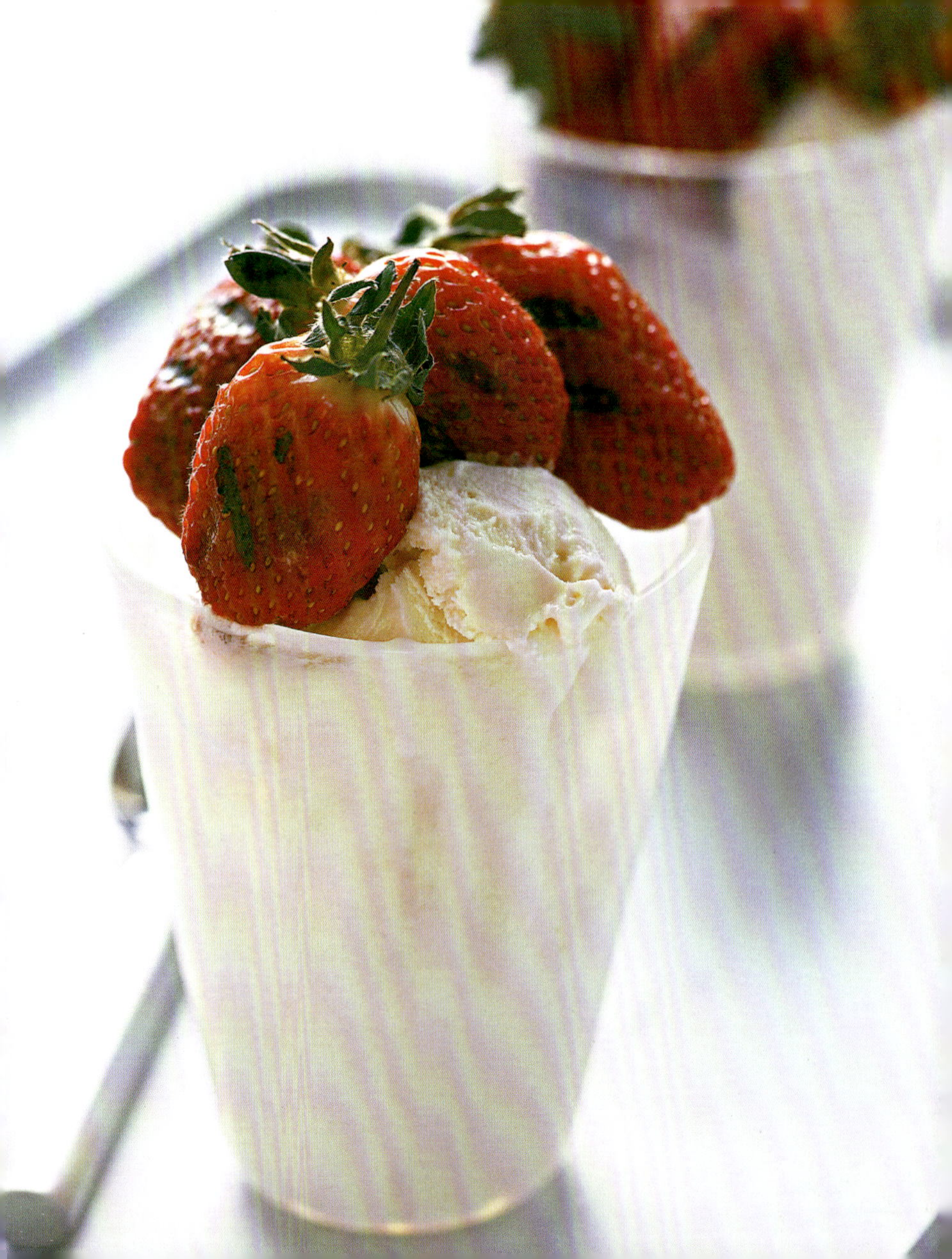

minipanquecas com favo de mel

2 porções
Preparo: **6 minutos**
Cozimento: **2-4 minutos**

60 ml de **creme de leite**, mais um pouco para servir
30 g de **favo de mel**
1 colher (sopa) de raspas de **limão**
65 g de **cascas de limão cristalizadas** (opcional)
100 ml de **mel** batido com um pouco de limão (o suficiente para ficar azedinho)
6 **minipanquecas**
mirtilos para servir

Coloque o creme de leite, o favo de mel, as raspas de limão, as cascas de limão cristalizadas (se quiser) e o mel com limão numa tigela. Misture bem. Espalhe um pouco dessa mistura nas panquecas e cubra com outra panqueca. Espalhe outra porção e cubra com uma terceira panqueca. Faça outra panqueca tripla.

Asse as panquecas na churrasqueira em temperatura médio-alta por 1-2 minutos, depois vire e asse pelo mesmo tempo, até tostar por fora e o recheio começar a escorrer. Sirva imediatamente com mirtilos.

Variação: buschetta com creme de favo de mel e limão. Faça o creme de limão como acima. Torre 2 fatias de brioche ou pão doce na churrasqueira, cubra com um pouco do creme e sirva com frutas vermelhas e açúcar de confeiteiro polvilhado.

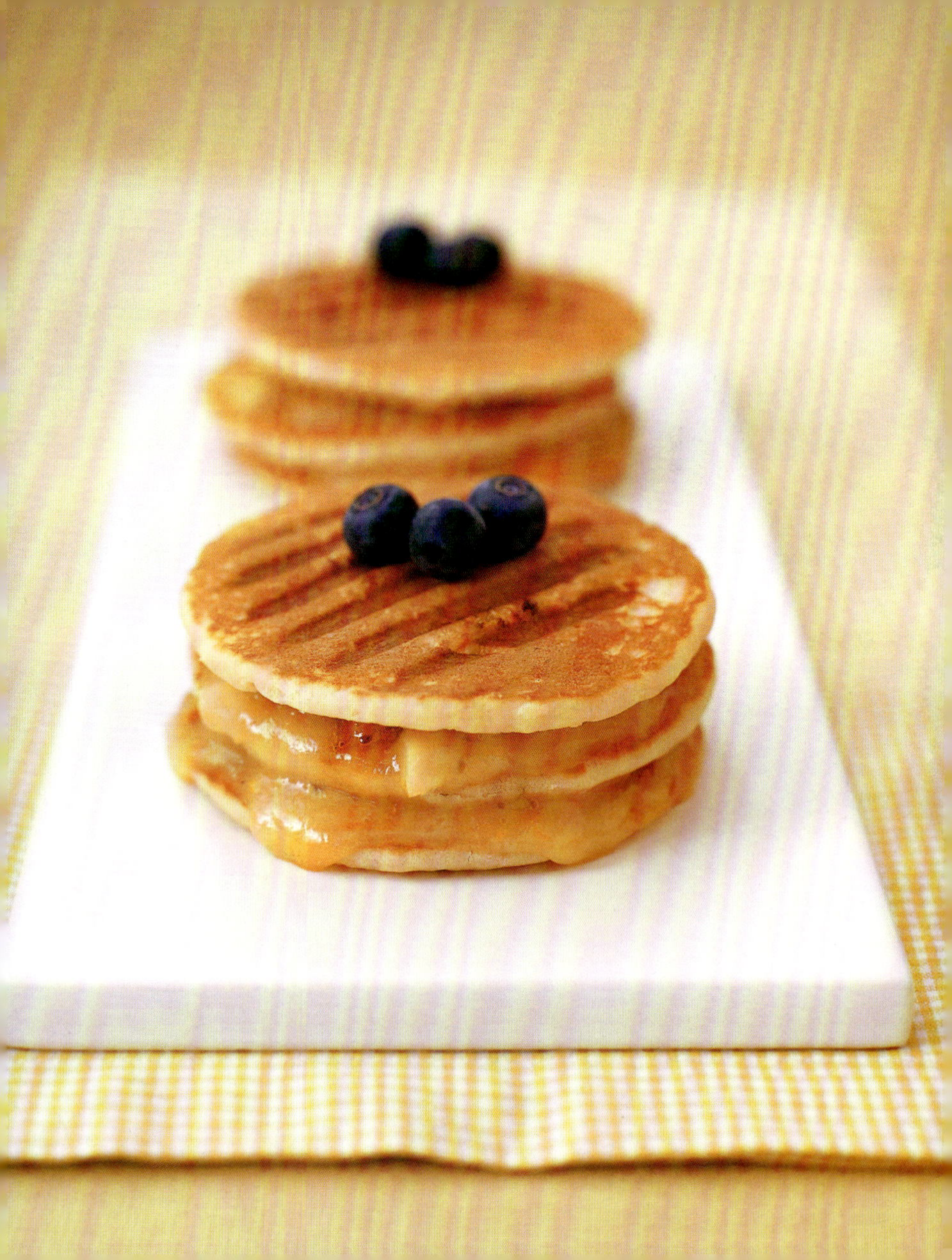

surpresa de frutas com caramelo

4 porções
Preparo: **10 minutos**
Cozimento: **15 minutos**

6 **figos** em quartos
2 **pêssegos** em quartos
175 g de **mirtilos** ou **jabuticabas**

Caramelo
50 g de **manteiga** sem sal
175 g de **açúcar mascavo**
2 colheres (sopa) de **melado** ou **glucose de milho**
75 ml de **creme de leite**
algumas gotas de **essência de baunilha**

Prepare a calda. Derreta a manteiga em fogo médio, acrescente o açúcar e o melado e deixe ferver até o açúcar se dissolver. Junte o creme de leite e a essência de baunilha e deixe ferver. Retire e reserve enquanto prepara as frutas.

Disponha pilhas de frutas em 4 pedaços de papel--alumínio. Embrulhe as surpresas e asse na churrasqueira por 8-10 minutos. Abra com cuidado e sirva com a calda de caramelo.

Variação: figos grelhados com creme de amaretto.
Corte 6 figos ao meio e polvilhe com um pouco de açúcar mascavo. Asse com a polpa para cima na churrasqueira em temperatura média por 3-4 minutos, até ficarem macios. Enquanto isso, bata 150 ml de creme de leite com 1 colher (sopa) de açúcar de confeiteiro e 1 colher (sopa) de licor amaretto. Sirva com os figos.

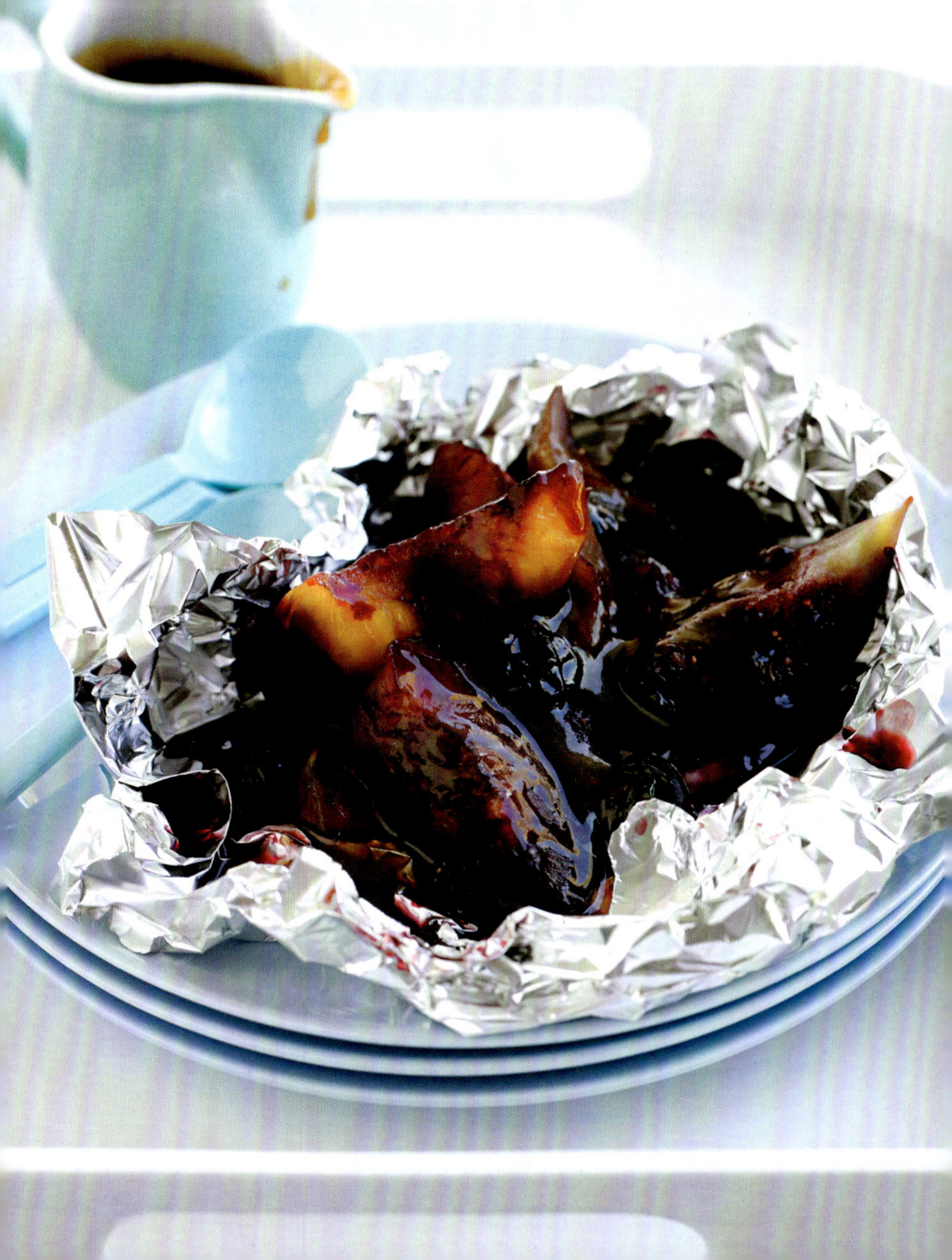

barquinhas com salada de frutas

6 porções
Preparo: **45 minutos**
Cozimento: **15 minutos**

1 **manga** grande
150 g de **framboesas** ou morangos
100 g de **mirtilos**
200 g de **iogurte natural**
açúcar de confeiteiro para decorar

Barquinhas
2 **claras**
50 g de **açúcar**
3 colheres (sopa) de **óleo de girassol**
algumas gotas de **essência de baunilha**
40 g de **farinha de trigo**

Forre as assadeiras com papel-manteiga. Coloque as claras numa tigela e bata até ficarem espumosas e leves. Acrescente o açúcar, o óleo e a essência de baunilha e misture.

Junte a farinha e mexa. Distribua seis porções da massa nas assadeiras e espalhe cada uma para formar um disco de 12 cm de diâmetro.

Coloque uma das assadeiras no forno preaquecido a 190ºC por 5 minutos, até a massa ficar bem dourada no centro e nas bordas. Retire e reserve por 30 segundos. Faça o mesmo com as outras assadeiras.

Solte as massas. Rapidamente, molde cada uma sobre uma laranja grande, virando as bordas para formar as barquinhas. Espere alguns minutos e retire da laranja. Repita com todos os discos de massa.

Corte a manga em fatias verticais, rentes ao caroço. Misture com as outras frutas. Coloque porções de iogurte e frutas nas barquinhas. Passe-as para uma travessa e polvilhe com açúcar de confeiteiro. Sirva imediatamente com molho de maracujá (abaixo).

Acompanhamento: molho de maracujá. Leve ao fogo baixo uma panela com 100 g de açúcar e 100 ml de água, mexendo sempre até o açúcar dissolver. Junte 75 ml de polpa de maracujá (cerca de 6 frutas) e deixe ferver por 10 minutos, até obter o molho. Sirva em temperatura ambiente.

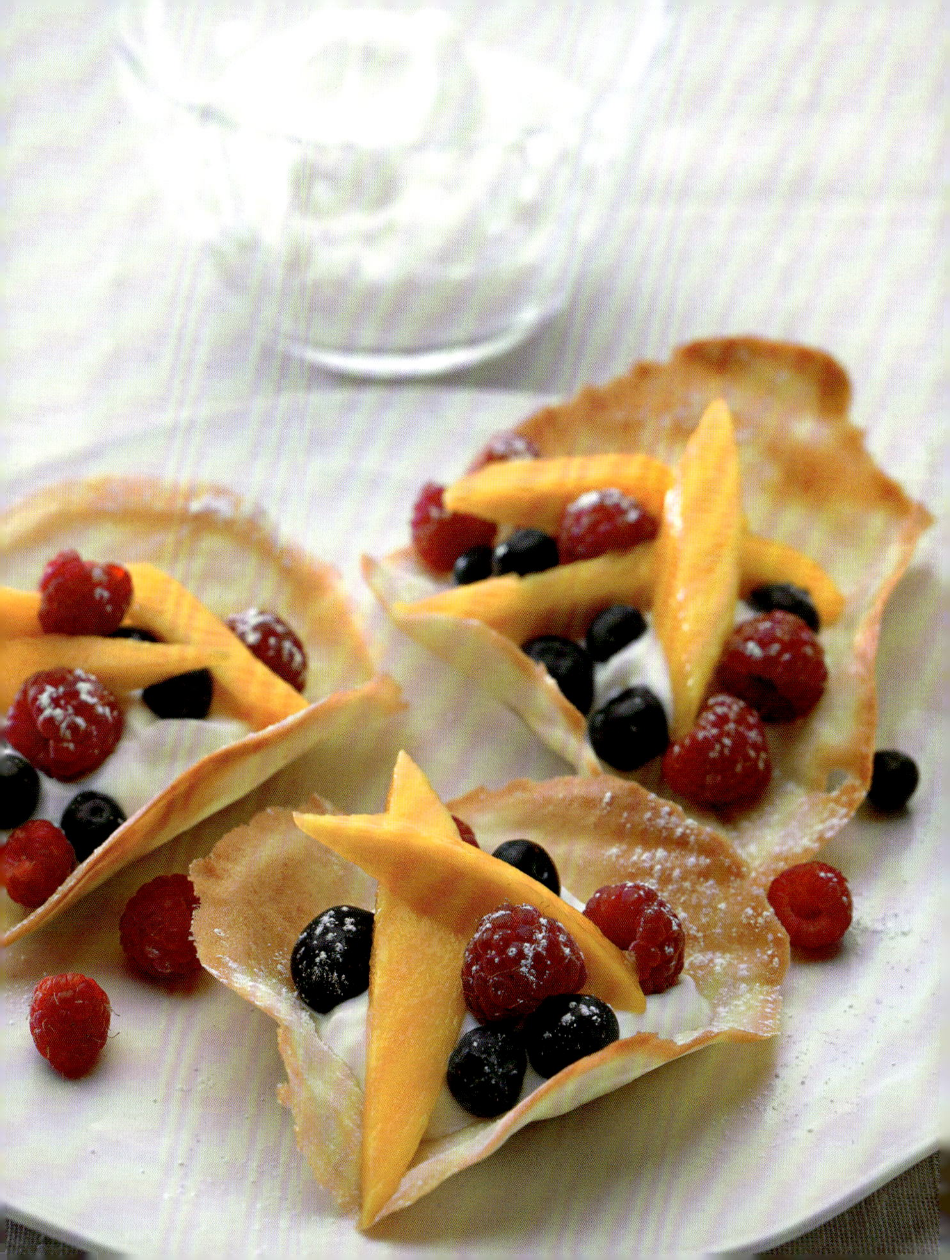

brioche de framboesa e mascarpone

4 porções
Preparo: **5 minutos**
Cozimento: **1-2 minutos**

4 fatias de **brioche** ou **pão doce**
250 g de **framboesas**

Mascarpone de baunilha
250 g de **mascarpone** ou **requeijão firme**
2 colheres (sopa) de **creme de leite**
sementes de 1 **fava de baunilha**
1-2 colheres (sopa) de **açúcar de confeiteiro** e mais um pouco para polvilhar

Faça o mascarpone de baunilha. Misture o mascarpone, o creme de leite, as sementes de baunilha e o açúcar de confeiteiro até ficar com textura uniforme – não bata demais.

Toste as fatias de brioche na churrasqueira por 30 segundos de cada lado até dourarem bem. Cubra com as framboesas e o mascarpone de baunilha e polvilhe com açúcar de confeiteiro.

Variação: brioche com pêssegos grelhados. Corte 6 pêssegos ao meio e retire os caroços. Polvilhe com um pouco de açúcar de confeiteiro e asse em temperatura média por 1-2 minutos de cada lado, até dourarem e ficarem macios. Misture 250 g de mascarpone com 2 colheres (sopa) de creme de leite, 1 colher (sopa) de essência de amêndoa e uma pitada de especiarias. Sirva com os pêssegos.

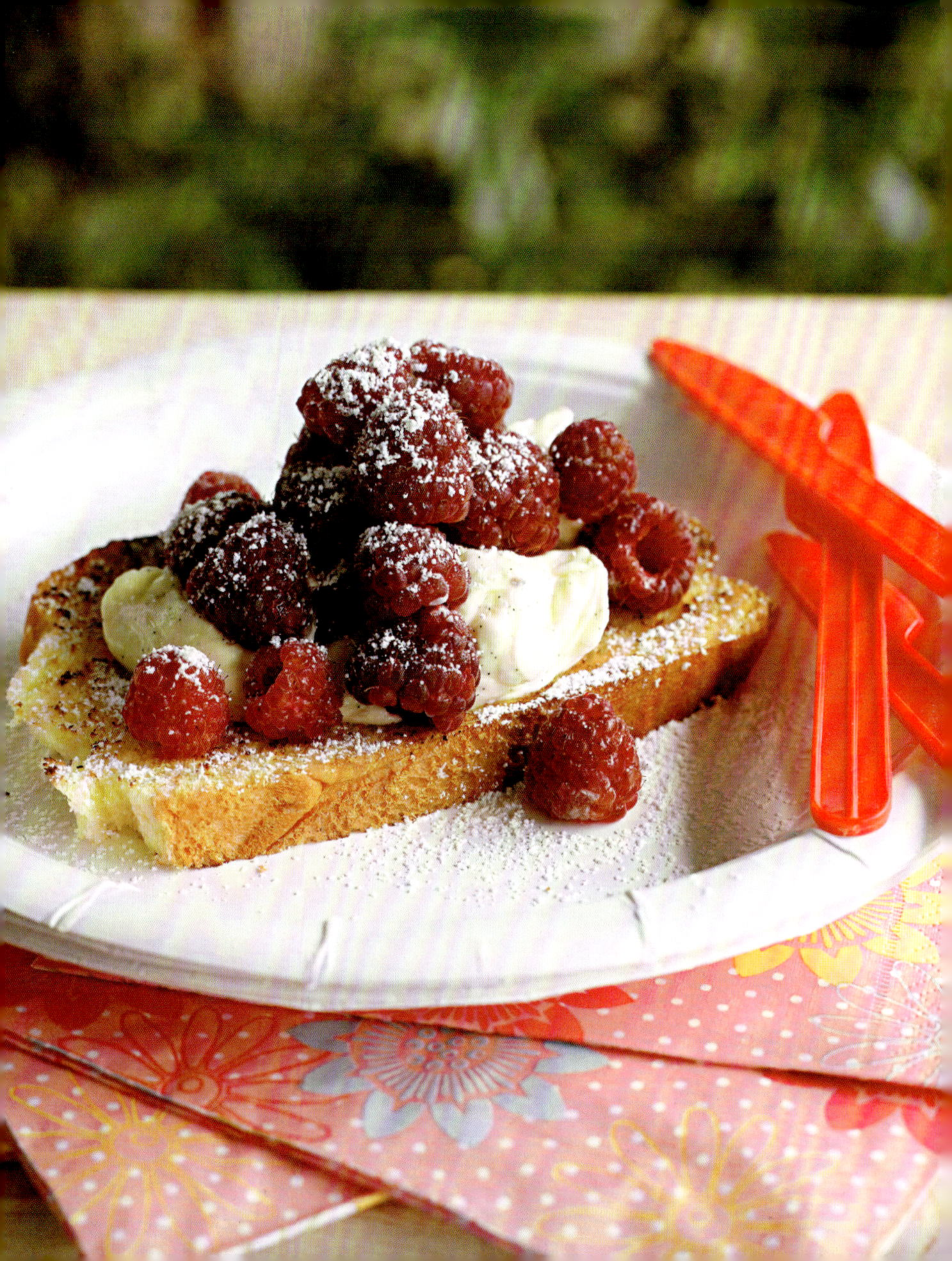

rocambole de frutas vermelhas

8 porções
Preparo: **30 minutos**
Cozimento: **20 minutos**

4 **ovos**
125 g de **açúcar** e mais um pouco para polvilhar
raspas de 1 **limão**
125 g de **farinha de trigo**

Recheio
250 g de **iogurte natural**
125 g de **cream cheese**
1 colher (sopa) de **açúcar**
125 g de **mirtilos**
150 g de **framboesas** ou **morangos**

Forre uma assadeira rasa de 30 x 23 cm com papel-manteiga, cortando os cantos para ficar bem ajustada. Misture os ovos, o açúcar e as raspas de limão num recipiente de metal ou vidro sobre uma panela com água fervendo (banho-maria). Use um batedor elétrico para bater por 10 minutos, até virar um creme encorpado e o batedor deixar um rastro no creme.

Retire o recipiente, incorpore a farinha delicadamente e despeje a massa formada na assadeira. Leve ao forno preaquecido a 200ºC por 8-10 minutos, até que a superfície afunde e volte ao ser tocada com a ponta do dedo.

Polvilhe um pouco de açúcar sobre um pedaço de papel-manteiga do tamanho da assadeira. Vire a massa sobre o papel, retire o papel que estava forrando a fôrma e cubra com um terceiro papel. Enrole a massa, começando pela borda mais próxima a você. Deixe esfriar.

Desenrole a massa e retire o papel do meio. Misture o iogurte, o cream cheese e o açúcar e espalhe o creme formado sobre o bolo. Espalhe as frutas por cima, reservando algumas para decorar. Enrole de novo a massa, da mesma forma, com cuidado para não enrolar o papel que sobrou junto. Decore com as frutas e corte em fatias para servir.

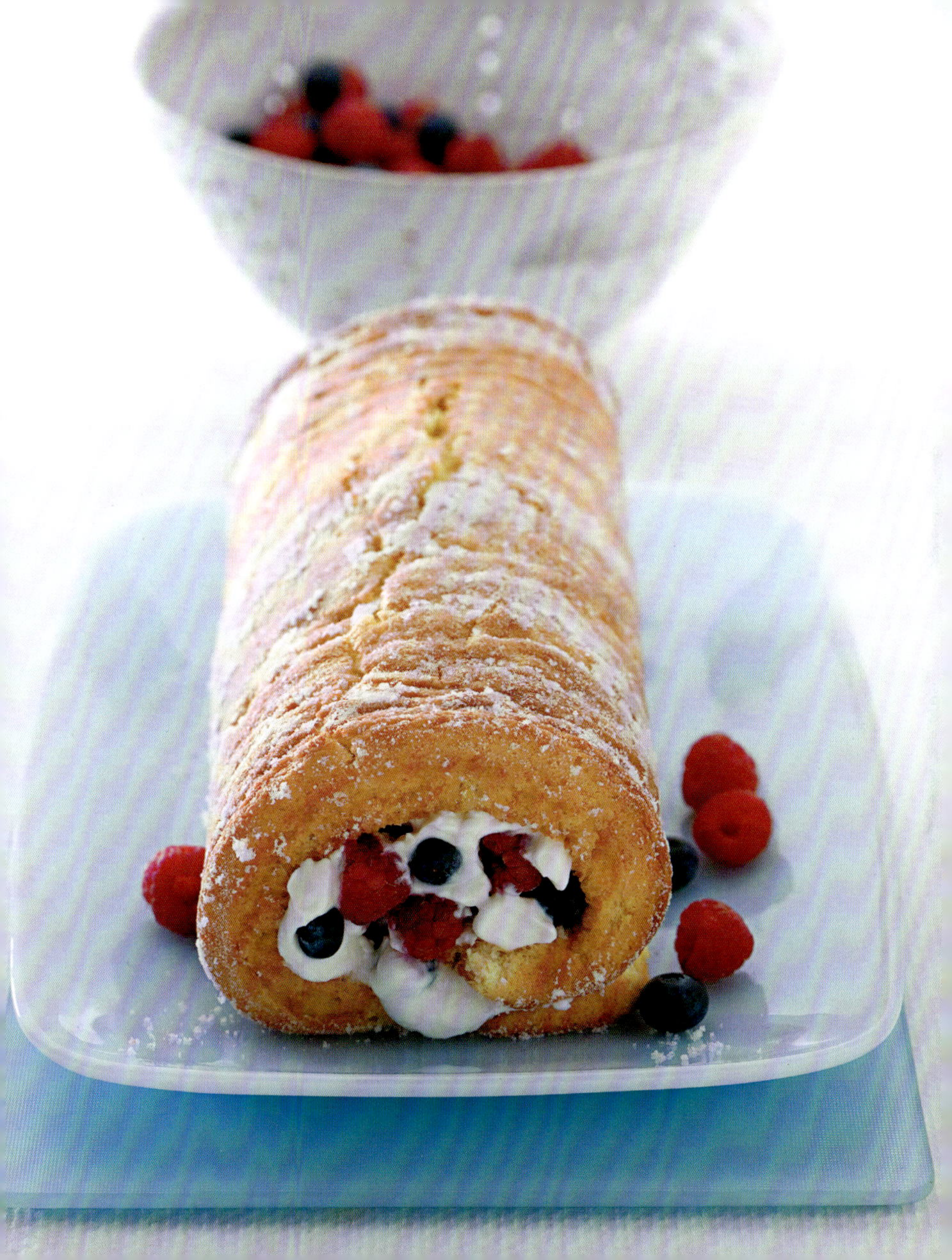

banana com purê de frutas e sorvete

4 porções
Preparo: **10 minutos**
Cozimento: **25 minutos**

200 g de **damascos secos**
200 ml de **suco de abacaxi**
1 colher (chá) de **canela em pó**
4 **bananas**
sorvete de creme

Coloque os damascos, o suco e a canela numa panela e leve ao fogo. Ferva, abaixe o fogo e cozinhe por mais 10 minutos, até que os damascos amoleçam. Deixe esfriar um pouco e bata no liquidificador ou processador para obter um purê.

Asse as bananas com a casca na churrasqueira quente por 4-5 minutos, virando na metade do tempo, até ficarem pretas.

Descasque as bananas. Sirva cada uma com duas bolas de sorvete e algumas colheres do purê de frutas.

Variação: calda de caramelo com nozes. Como alternativa para servir com as bananas, coloque numa panela 75 g de manteiga sem sal, 75 ml de melado e 75 ml de creme de leite e aqueça em fogo baixo. Ferva e cozinhe por mais 5 minutos até engrossar, depois acrescente 75 g de nozes. Deixe mais 1 minuto e sirva morno.

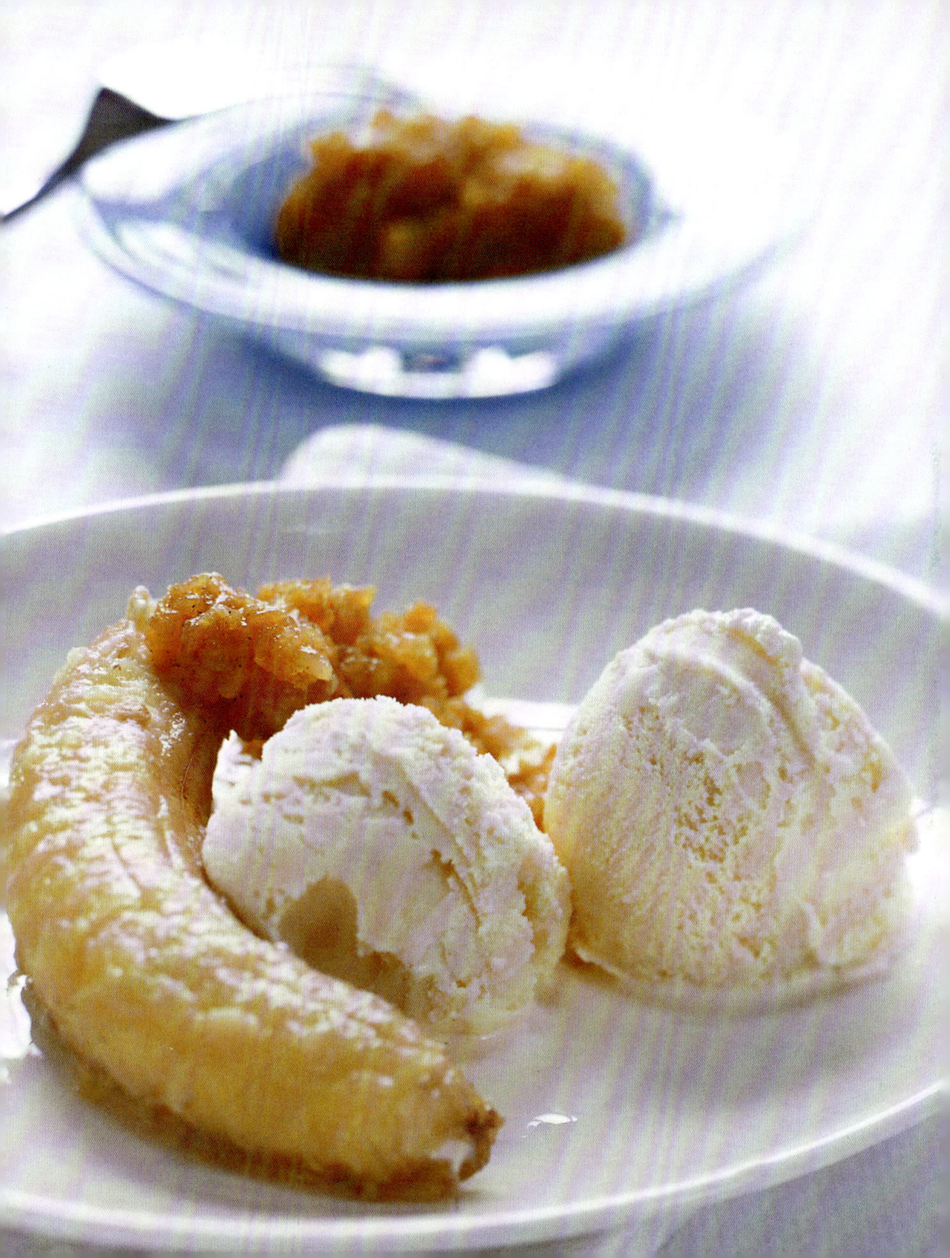

índice

abacaxi: abacaxi grelhado com granita 218
salada de frutas grelhadas 210
abóbora: abóbora apimentada com cuscuz 156
abóbora grelhada com salada de cebola e queijo 156
abobrinha: cuscuz mediterrâneo 180
salada com presunto cru 182
salada de abobrinha e folhas 162
sanduíche com pesto 158
acender carvão 11
acessórios: 13
aïoli: camarões salgados com aïoli 122
cauda de lagosta com aïoli 126
robalo com aïoli de limão 118
alecrim: tempero de alecrim, coentro e limão 192
alho: azeite caseiro de alho e açafrão 126
embrulhos de cogumelo com alho 154
massa de pizza com alho e alecrim 144
pão com manteiga de alho 28
pão de alho com queijo 36
salada caesar com alho defumado 174
steaks com manteiga de alho e ervas 52
vôngoles com manteiga de alho e cebolinha 110
amêndoa: salada de agrião, alface- -crespa e amêndoa 64

anchova: aspargos com presunto cru 38
salada caesar com alho defumado 174
aspargo: atum tataki com molho asiático 166
camarões com molho asiático 116
salada com presunto cru 182
salada de pimentão e aspargos 176
"soldados" de aspargos 38
atum: atum com molho de manga 120
atum grelhado com geleia de pimenta 166
atum tataki com molho asiático 166
teriyaki de atum 20
azeite aromatizado 196
azeite cítrico com tomilho 198
azeitona: pasta de berinjela, tomate e azeitona 30
pizza de tomate, pesto e azeitona 144
salada de tomate e azeitona 86
salmão cítrico com azeitona 128
tapenade caseira 50
tapenade de azeitona 50

babaganuche com pão torrado 30
bacalhau: bacalhau com soja, gengibre e gergelim 128
bacon: canapés de tâmara, queijo de cabra e bacon 18
espetos de camarão e bacon 18
salada caesar com alho defumado 174
salada de folhas com bacon e croûtons 162

banana: banana com purê de frutas e sorvete 232
bananas grelhadas com chocolate 214
sanduíche de chocolate e banana 208
batata: espetos de batatinha 148
batata-doce: batata-doce aromatizada 138
batata-doce assada 138
bolinhos de batata-doce e espinafre 140
berinjela: babaganuche com pão torrado 30
pasta de berinjela, tomate e azeitona 30
salada com presunto cru 182
salada de legumes grelhados, queijo e hortelã 180
sanduíche com pesto 158
beterraba: cordeiro com salada de beterraba e queijo 66
salada de raízes e rúcula 170
bife com batatinhas 68
bife com chimichurri 48
brioche com pêssegos grelhados 228
bruschetta: bruschetta com erva- doce 142
bruschetta com pimentão grelhado 142
bruschetta com salada de pera e pecorino 164
bruschetta italiana 32

cachorro-quente: cachorros- -quentes com molho barbecue 72
cachorros-quentes com mostarda e picles 72
cachorros-quentes de bacon 92

calda balsâmica caseira 124
camarão: camarões apimentados 22
  camarões com molho asiático 116
  camarões grelhados com manteiga de pimenta e alho 122
  camarões salgados com aïoli 122
  espetos de camarão 100
  espetos de camarão e bacon 18
  espetos de camarão e pintado 96
canapés de tâmara, queijo de cabra e bacon 18
caramelo 224
carne de boi: bife com chimichurri 48
  bife com molho verde 48
  carne enrolada com presunto 60
  cheeseburger 78
  espetos de carne à tailandesa 102
  filé grelhado com pesto de nozes 178
  hambúrguer clássico 76
  hambúrguer com cebola grelhada 76
  hambúrguer de beterraba e mostarda 80
  hambúrguer recheado com gorgonzola 78
  hambúrguer siciliano 80
  medalhão ao molho provençal 50
  salada de carne com molho de mostarda 178
  salada de carne e legumes 182
  steaks com cogumelos 52
  steaks com manteiga de alho e ervas 52
carne de porco: bife com batatinhas 68
  cachorros-quentes de bacon 92
  costela com maçã grelhada 90
  costela de porco assada 46
  costelas ao molho hoisin 54
  espetinhos de vieira e linguiça 24
  hambúrguer de lombo com pera 84
  hambúrguer para o lanche 88
  lombo com erva-doce e estragão 58
  lombo grelhado com melado 84
  lombo grelhado com molho de hortelã 66
carvão, acender 11
casca de batata com sour cream 148
cauda de lagosta com aïoli 126
cebola: abóbora grelhada com salada de cebola e queijo 156
  geleia de cebola 154
  hambúrguer de cogumelo com geleia de cebola 154
cenoura: cenoura grelhada com manteiga de mostarda e cebolinha 150
  salada marroquina de cenoura 150
cereja: omelete cremosa com cerejas e sorvete 206
cheesecake: cheesecake de framboesa 216
  cheesecake de limão com mirtilos 216
chocolate: marshmallow grelhado com calda de chocolate 208
  molho barbecue com chocolate 188
  sanduíche de chocolate e banana 208
churrasqueira a carvão 9
churrasqueira a gás 9, 11
churrasqueiras, tipos 9-10
coco: molho de pimenta e coco 140
  molho satay de coco 82
  vôngoles com coco 110
coentro: manteiga de coentro e pimenta 146
  tempero de alecrim, coentro e limão 192
cogumelo: bife com batatinhas 68
  cogumelos grelhados com limão e manteiga de tomilho 168
  embrulhos de cogumelo com alho 154
  espetos de camarão 100
  hambúrguer de cogumelo com geleia de cebola 154
  hambúrguer para o lanche 88
  salada de agrião e cogumelo 168
  sanduíche vegetariano 88
  steaks com cogumelos 52
combustível 10
cordeiro: cordeiro com salada de figo 44
  souvlaki de cordeiro 86
costela com maçã grelhada 90
costela de porco assada 46
cuscuz: abóbora apimentada com cuscuz 156
  cuscuz mediterrâneo 180

damasco: salada de frutas grelhadas 210

embrulhos de cogumelo com alho 154
erva-doce: bruschetta com erva-doce 142
  lombo com erva-doce e estragão 58
  tempero de erva-doce 192

espetos: espetinhos de frango 40
espetos de camarão e bacon 18
espetos de pão, tomate e mussarela 36

figo: cordeiro com salada de figo 44
figos grelhados com creme de amaretto 224
figos grelhados com sorvete 220
frutas com molho de caramelo 224
filé grelhado com pesto de nozes 178
folhas de salada: atum tataki com molho asiático 166
hambúrguer de frango tailandês 82
peixe-espada com molho de tahine 98
salada asiática de folhas 116
salada de abobrinha e folhas 162
frango: asas de frango com mostarda e mel 46
asinhas apimentadas 22
espetos de frango à tailandesa 102
espetos de frango com iogurte 40
espetinhos de frango 40
espetos de frango e mussarela 74
espetos de frango yakitori 20
frango com queijo de coalho e salada 184
frango com salada marroquina 62
frango no espeto com limão 64
hambúrguer de frango tailandês 82
salada caesar com frango grelhado 174

salada de grão-de-bico com legumes 172
sanduíche rápido de frango com molho de pimenta doce 82
sanduíche de frango ao molho de tomate 92

geleia de pimenta: abóbora apimentada com cuscuz 156
atum grelhado com geleia de pimenta 166
lula grelhada com geleia de pimenta 114
gengibre: bacalhau com soja, gengibre e gergelim 128
cheesecake de limão com mirtilos 216
filés de robalo com soja e gengibre 118
granita: abacaxi grelhado com granita 218
grelhado: abacaxi grelhado com granita 218
abóbora grelhada com salada de cebola e queijo 156
atum grelhado com geleia de pimenta 166
bananas grelhadas com chocolate 214
bananas grelhadas com sorvete 214
brioche com pêssegos grelhados 228
bruschetta com pimentão grelhado 142
cenoura grelhada com manteiga de mostarda e cebolinha 150
cogumelos grelhados com limão e manteiga de tomilho 168

costela com maçã grelhada 90
figos grelhados com creme de amaretto 224
figos grelhados com sorvete 220
filé grelhado com pesto de nozes 178
hambúrguer com cebola grelhada 76
lombo grelhado com melado 84
lombo grelhado com molho de hortelã 66
lula grelhada com geleia de pimenta 114
marshmallows grelhados com calda de chocolate 208
morangos grelhados com sorvete 220
pirulitos de abacaxi grelhado 218
queijo de coalho grelhado com limão 184
salada caesar com frango grelhado 174
salada de trigo com legumes grelhados 172
sanduíche de peixe-espada grelhado 98
sardinha grelhada com molho verde 132
grelhar 11-12

hambúrguer: cheeseburger 78
hambúrguer clássico 76
hambúrguer com cebola grelhada 76
hambúrguer de beterraba e mostarda 80
hambúrguer de frango tailandês 82
hambúrguer de lombo com pera 84

hambúrguer para o lanche 88
hambúrguer recheado com
 gorgonzola 78
hambúrguer siciliano 80
hortelã: filés de cordeiro com
 manteiga de hortelã 44
granita de hortelã e limão 218
kebabs de cordeiro com hortelã
 86
kebabs de peixe e hortelã 100
lombo grelhado com molho de
 hortelã 66
salada de legumes grelhados,
 queijo e hortelã 180

iogurte: espetos de frango com
 iogurte 40
iogurte de caramelo e canela 210
molho de iogurte e limão 186
sorvete de iogurte e morango 212

kebabs: kebabs clássicos 94
kebabs de cordeiro com hortelã
 86
kebabs de peixe e hortelã 100
sanduíche de kebab 94

lagosta: cauda de lagosta com aïoli
 126
limão: bruschetta com creme de
 favo de mel e limão 222
cheesecake de limão com mirtilos
 226
cogumelos grelhados com limão
 e manteiga de tomilho 168
frango no espeto com limão 64
granita de limão e hortelã 218
molho de iogurte e limão 186
queijo de coalho grelhado com
 limão 184

robalo com aïoli de limão 118
sorvete de mel e limão 212
vieiras com molho de limão em
 conserva 112
tempero de alecrim, coentro e
 limão 192
limpeza de churrasqueiras 14
linguiça: cachorros-quentes com
 bacon 92
espetinhos de vieira e linguiça 24
lombo grelhado com molho de
 hortelã 66
lula: lula grelhada com geleia de
 pimenta 114
lula para molho piri-piri 114

maçã: costela com maçã grelhada
 90
maionese 158
manga: atum com molho de manga
 120
manga com sorvete de morango
 202
salada de frutas grelhadas 210
manteiga de ervas: steaks com
 manteiga de alho e ervas 52
melado: bananas grelhadas com
 sorvete 214
hambúrguer de lombo com pera
 84
lombo com molho de rum e
 melado 56
lombo grelhado com melado 84
mirtilo: barquinhas com salada de
 frutas 226
cheesecake de limão com mirtilos
 216
rocambole de frutas vemelhas
 230

surpresa de frutas com caramelo
 224
molho asiático: atum tataki com
 molho asiático 166
camarões com molho asiático 116
salada asiática de folhas 116
molho balsâmico 100
molho barbecue 46
molho barbecue ao estilo asiático
 194
molho barbecue com chocolate 188
molho butterscotch rápido 202
molho nam jim 112
molho para salada: molho de
 gergelim, soja e gengibre 166
molho de hortelã 66
molho de limão grelhado 64
molho de mostarda 178
molho de nozes e framboesa 66
salada caesar com alho
 defumado 174
salada de raízes e rúcula 170
salada de abobrinha e folhas 162
salada de agrião 68
salada de legumes grelhados,
 queijo e hortelã 180
vinagrete de mostarda 170
morango: espetos de morango com
 calda de chocolate 204
manga com sorvete de morango
 202
morangos grelhados com sorvete
 220
musse de morango 204
omelete cremosa com morangos
 206
sorvete de iogurte e morango
 212
mostarda: asas de frango com
 mostarda e mel 46

cachorros-quentes com mostarda e picles 72
cenoura grelhada com manteiga de mostarda e cebolinha 150
hambúrguer de beterraba e mostarda 80
manteiga de tomilho e mostarda 138
salada de carne com molho de mostarda 178
tempero de churrasco defumado 194
vinagrete de mostarda 170

nectarina: salada de frutas grelhadas 210
nozes: filé grelhado com pesto de nozes 178
calda de caramelo com nozes 232
peixe-espada com nozes 124

ovo: cheesecake de framboesa 216
cheesecake de limão com mirtilos 216
maionese 158
omelete cremosa com morangos 206
omelete cremosa com cerejas e sorvete 206
rocambole de frutas vermelhas 230
salada caesar com alho defumado 174

pasta: pasta apimentada de ervas 190
pasta de berinjela, tomate e azeitona 30
pasta de temperos marroquina 190
peixe *procure* pelo nome do peixe
pepino: frango com queijo de coalho e salada 184
tzatziki caseiro 152
pesto: filé grelhado com pesto de nozes 178
pizza de tomate, pesto e azeitona 144
sanduíche com pesto 158
vieiras ao pesto 24
pimenta: azeite cítrico de tomilho 198
camarões salgados com aïoli 122
manteiga de coentro e pimenta 146
manteiga de pimenta e alho 122
milho com sal picante 136
molho de pimenta e coco 140
piri-piri 198
salada de grão-de-bico com legumes 172
pimentão: bruschetta com pimentão grelhado 142
molho de pimentão 22
salada de aspargos e pimentão 176
salada de pimentão assado, pimenta e manjericão 34
sanduíche enrolado de pimentão, aspargo e queijo de cabra 176
pintado: espetos de camarão e pintado 96
piri-piri 198
pizza de tomate, pesto e azeitona 144
presunto: aspargos com presunto cru 38

carne enrolada com presunto 60
enrolados de salmão e presunto cru 106
peixe branco com presunto cru 96
quesadillas de presunto e queijo 26
salada com presunto cru 182
salada de melão e presunto 34

queijo: abóbora grelhada com salada de cebola e queijo 156
brioche com pêssegos grelhados 228
brioche de framboesa e mascarpone 228
canapés de tâmara, queijo de cabra e bacon 18
cheeseburger 78
cheesecake de framboesa 216
cheesecake de limão com mirtilos 216
cogumelos grelhados com limão e manteiga de tomilho 168
cordeiro com salada de beterraba e queijo 66
enrolados de queijo de cabra e folha de uva 108
espetos de frango e mussarela 74
espetos de pão, tomate e mussarela 36
frango com queijo de coalho e salada 184
hambúrguer recheado com gorgonzola 78
massa de pizza com alho e alecrim 144
pão de alho com queijo 36
pizza de tomate, pesto e azeitona 144

queijo de cabra temperado 28
queijo de coalho grelhado com limão 184
quesadillas de espinafre e queijo 26
quesadillas de presunto e queijo 26
rocambole de frutas vermelhas 230
salada de agrião e cogumelo 168
salada de legumes grelhados, queijo e hortelã 180
salada de pera e pecorino 164
salada de rúcula com parmesão 74
sanduíche enrolado de asparago e queijo de cabra 176
queimar madeira na churrasqueira 11

repolho: salada de repolho 90
robalo com aïoli de limão 118
rocambole de frutas vermelhas 230
rúcula: salada de raízes e rúcula 170
 salada de rúcula com parmesão 74

salada: salada caesar com alho defumado 174
 salada de batatinha 56
 salada de Chipre 184
 salada de melão e presunto 34
 salada de pimentão assado, pimenta e manjericão 34
 salada de raízes e rúcula 170
 salada de repolho 90
 salada fatuche 106
 salada marroquina de cenoura 150
salada de frutas: barquinhas com salada de frutas 226
 salada de frutas grelhadas 210
salmão: enrolados de salmão e presunto cru 106
 filés de salmão ao molho hoisin 54
 salmão assado com manteiga de estragão 58
 salmão cítrico com azeitona 128
 salmão com zimbro e pimenta 130
 salmão marroquino com fatuche 106
salmonete com folha de uva 108
sanduíche: sanduíche aberto de atum 120
 sanduíche com pesto 158
 sanduíche de frango ao molho de tomate 92
 sanduíche de pernil 90
sardinha: sardinha grelhada com molho verde 132
sardinha com salada cítrica 132
segurança 14
segurança com o fogo 14-15
sorvete: banana com purê de frutas e sorvete 232
 bananas grelhadas com sorvete 214
 figos grelhados com sorvete 220
 manga com sorvete de morango 202
 morangos grelhados com sorvete 220
 omelete cremosa com cerejas e sorvete 206
 sorvete de iogurte e morango 212
 sorvete de mel e limão 212
surpresa de frutas com caramelo 224

trigo: salada de trigo com legumes grelhados 172
tabule 152

vagem: peixe-espada com nozes 124
vôngole: vôngoles com coco 110
 vôngoles com manteiga de alho e cebolinha 110

zimbro: salmão com zimbro e pimenta 130

créditos

Editora executiva: Nicky Hill
Editora: Amy Corbett
Editor de arte executivo: Mark Stevens
Projeto gráfico: Rebecca Johns para Cobalt id
Fotografia: Ian Wallace
Estilista de culinária: Louise Pickford
Coordenação da produção: Carolin Stransky

Fotografias especiais Octopus Publishing Group Ltd/Ian Wallace, exceto estas:
© Octopus Publishing Group Limited / Graham Kirk 35; Gus Filgate 51, 127, 141; Ian Wallace 109, 119, 147, 213; Lis Parsons 207, 223; Peter Myers 95, 101, 131, 217; Sean Myers 103, 165, 169, 173, 177, 181, 183, 185, 211, 221, 233; Stephen Conroy 81, 85; William Lingwood 69, 205, 227, 231; William Reavell 23